U0516977

国家社会科学基金项目 （09BSH031） 研究成果

男女平等就业的社会政策研究

余秀兰 等◇著

中国社会科学出版社

图书在版编目（CIP）数据

男女平等就业的社会政策研究／余秀兰等著．—北京：
中国社会科学出版社，2015.6
ISBN 978 - 7 - 5161 - 6230 - 9

Ⅰ.①男…　Ⅱ.①余…　Ⅲ.①男女平等—就业政策—
研究—中国　Ⅳ.①F249.20

中国版本图书馆 CIP 数据核字（2015）第 123581 号

出 版 人	赵剑英
责任编辑	姜阿平
责任校对	林福国
责任印制	张雪娇

出　　版	中国社会科学出版社
社　　址	北京鼓楼西大街甲 158 号
邮　　编	100720
网　　址	http://www.csspw.cn
发 行 部	010 - 84083685
门 市 部	010 - 84029450
经　　销	新华书店及其他书店

印　　刷	北京君升印刷有限公司
装　　订	廊坊市广阳区广增装订厂
版　　次	2015 年 6 月第 1 版
印　　次	2015 年 6 月第 1 次印刷

开　　本	710×1000　1/16
印　　张	15
插　　页	2
字　　数	215 千字
定　　价	48.00 元

凡购买中国社会科学出版社图书，如有质量问题请与本社联系调换
电话：010 - 84083683
版权所有　侵权必究

目　　录

引　论

一　问题提出的背景

（一）我国政府对男女平等就业问题的高度重视

我国政府一直非常重视女性与男性平等的社会地位与就业参与，新中国成立以来在支持女性就业的社会政策方面做了很多努力。关于平等权利与地位方面，1949 年的《中国人民政治协商会议共同纲领》就规定："妇女在政治的、经济的、文化教育的、社会的生活各方面，均有与男子平等的权利。"1995 年在北京召开的联合国第四次世界妇女大会开幕式上，时任国家主席的江泽民代表中国政府向全世界郑重宣告："把男女平等作为促进中国社会发展的一项基本国策。"2001 年第二个《中国妇女发展纲要（2001—2010 年）》将"男女平等基本国策"写进了总目标。2005 年的《关于修改〈中华人民共和国妇女权益保障法〉的决定》也规定："实行男女平等是国家的基本国策。国家采取必要措施，逐步完善保障妇女权益的各项制度，消除对妇女一切形式的歧视。"关于平等就业方面，1958 年的《宪法》就规定："中华人民共和国公民有劳动的权利"，"劳动是中华人民共和国一切有劳动能力的公民的光荣的事情"；1988 年的《女职工劳动保护规定》确定："凡适合妇女从事劳动的单位，不得拒绝招收女职工"；1992 年的《中华人民共和国妇女权益保障法》规定："各单位在录用职工时，除不适合妇女的工种或者岗位外，不得以性别为由拒绝录用妇女或者提高对妇女的录用标准"；1994 年的《中华人民共和国劳动法》规定：

"劳动者就业,不因民族、种族、性别、宗教信仰不同而受歧视";
2007 年的《中华人民共和国就业促进法》则再次强调了《劳动法》
的规定。

除了规定女性有与男性平等的就业权益外,国家还保障女性因
生理特点而导致的特殊权益;尤其是妇女在怀孕期、产期、哺乳期
等特殊生理期,其劳动受到特别的保护。如我国女性一直享受带薪
产假和相关福利待遇,带薪产假从新中国成立初的 56 天提高到 90
天再到现在的 98 天。还有各种对女性劳动保护的规定,专门的法规
就有《中华人民共和国女职工保护条例(草案)》(1956)、《女职工
保健工作暂行规定》(1986)、《女职工保健工作规定》(1993)、
《女职工劳动保护规定》(1988)、《女职工禁忌劳动范围的规定》
(1990)、《中华人民共和国妇女权益保障法》(1992)和《关于修改
〈中华人民共和国妇女权益保障法〉的决定》(2005)、《女职工劳动
保护特别规定》(2012)等。各种劳动保护的条款非常细致,如仅
产假就有产假、难产假、多胞胎产假、流产假、上班哺乳假、产前
检查假等。

(二) 就业市场中女性受歧视现象顽固地存在

一些调查数据反映了女性在就业中面临歧视的状况。2009 年 9 月
全国妇联发布的"女大学生就业创业状况调查"显示,女大学生就业
难主要表现是遭受就业性别歧视,有 91.9% 的被访女大学生感受到用
人单位的"性别偏见"。[1]。2009 年 6 月北京大学法学院妇女法律与研
究中心发布的"中国职场性别歧视调查"表明,有 23.6% 的被调查者
表示在应聘过程有过因为自己是女性而被拒绝的经历。[2] 2010 年 8 月
中国政法大学发布的《当前大学生歧视状况的调查报告》指出,性别
歧视是各类就业歧视中最严重的一种,43.27% 的大学生被访者遇到用

---

[1] 全国妇联妇女发展部:《女大学生就业创业状况调查报告》,转引自韩湘景《2009—2010 年:中国女性生活状况报告》,社会科学文献出版社 2010 年版,第 54—80 页。

[2] 李莹主编:《中国职场性别歧视调查》,中国社会科学出版社 2010 年版,第 18 页。

人单位明确要求是男性，而只有 6.16% 的用人单位明确要求是女性。①
中国政法大学（招生办）宪政研究所 2011 年发布的《2011 年国家公
务员招考中的就业歧视调查报告》显示，2011 年中央国家机关公务员
招考所涉及的 9762 个岗位中，性别歧视比较严重的占总职位数的
15.6%，高于 2010 年的 12.96%；而在人民代表大会、人民法院、人
民检察院、妇女联合会、残疾人联合会、工会六个本应是消除就业歧
视表率部门的公务员招考中，就业歧视也比较普遍，如人民法院、人
民检察院系统招考中，性别歧视岗位分别占到 31.2% 和 32.7%。②

　　除了招聘过程中的性别歧视外，性别歧视还反映在就业的整个过
程中。2009 年 6 月北京大学法学院妇女法律与研究中心发布的"中国
职场性别歧视调查"表明，分别有 4.1% 和 3.4% 的女性被迫签订过
"几年内不得结婚"和"几年内不得怀孕"的合同或协议；被调查者
所在单位女职工在怀孕、产假及哺乳期内被单位强行调岗降薪的占
20.9%；被调查女性本身曾遭遇因孕、产假及哺乳期被解雇的占
6.7%；有 15.0% 的被调查者认为在其所在单位存在相同工作男性比
女性获得更高报酬的情况；有超过 36.0% 的被调查者认为他们所在单
位存在"女职工在高薪岗位或管理层明显偏少"的状况；15.7% 的被
调查者认为本单位存在"女职工比男职工获得培训机会少"的情况；
33.9% 的被调查者认为本单位"男职工获得提拔的机会比女职工
多"。③

　　全国妇联和国家统计局 2011 年 10 月 21 日发布的全国性大型抽样
调查"第三期中国妇女地位调查主要数据报告"调查则显示，在就业
方面遭遇过性别歧视的女性占 10.0%，男性仅为 4.5%；在工作/劳
动/学习中，遭遇过性骚扰的女性占 7.8%；在有求职经历的女大学生

　　① 中国政法大学宪政研究所：《当前大学生就业歧视状况的调查报告》（http：//cjrjob. cn/
html/79/n-36679. html. 2010 - 08 - 16）。

　　② 中国政法大学（招生办）宪政研究所：《2011 年国家公务员招考中的就业歧视调查报
告》（http：//edu. qq. com/a/20111125/000311. htm），（http：// cjrjob. cn/html/79/n - 36679.
html. 2010 - 08 - 16）。

　　③ 李莹主编：《中国职场性别歧视调查》，中国社会科学出版社 2010 年版，第 26—46 页。

中，24.7%曾经遭遇过不平等对待。即便是女性高层人才，也有19.8%认为性别给自己的职业发展带来阻碍。[①]

（三）男女平等就业问题的社会政策研究视角

对于现实就业市场中的男女不平等或女性受歧视问题，人们往往从传统观念、认知心理及人力资本理论等视角来分析。但越来越多的人认识到，这些理由已经不足以解释问题的全部，一国的社会政策和福利制度是其中的重要因素，因而从社会政策的角度对男女平等就业问题进行分析，非常有必要。如有研究者提到，"人们逐渐认识到，用经济发展的不同阶段和传统的性别观念的影响为理由，已经不能完全解释改革中日益凸显的性别问题，必须正视并深入研究当今社会性别不平等的再生产因素，特别是社会制度、公共政策和主流观念体系在其中所起的作用"[②]。

从前面的分析中我们可以看到，一方面，政府非常重视女性的平等就业机会，出台了各种政策法规以约束就业中的性别歧视；另一方面，从现实看，我国女性还远未获得与男性完全平等的就业机会，职场中的性别歧视依然存在。那么从社会政策的角度，我们需要追问，为什么会如此？国家政策法规为什么不能被完全贯彻与执行？国家政策法规在现实就业市场中遇到哪些障碍和抵制？人们为什么会抵制？其中的权力博弈是怎样的？如何进一步完善国家政策以使女性拥有更加公平的就业机会与待遇？

公平正义是现代社会的重要追求，我国领导人多次表达这样的理念。2010年两会期间，国务院前总理温家宝在北京人民大会堂与中外记者见面并回答记者提问时，说道："公平正义比太阳还要有光辉。"[③]

---

① 中国妇女研究网：《第三期中国妇女地位调查主要数据报告》（http://www.wsic.ac.cn/staticdata/84760.htm）。

② 周敏：《中国参政、就业政策中的性别平等问题研究》，博士学位论文，吉林大学，2011年，第6页。

③ 《"公平正义比太阳还要有光辉"——温家宝总理答中外记者问》，《新华每日电讯》2010年3月5日第1版。

前国家主席胡锦涛 2010 年 9 月 16 日出席第五届亚太经合组织人力资源开发部长级会议开幕式，发表致辞《深化交流合作　实现包容性增长》，并提出："坚持社会公平正义，着力促进人人平等获得发展机会，不断消除人民参与经济发展、分享经济发展成果方面的障碍。"①国家主席习近平在 2014 年新年贺词中则提到："我们推进改革的根本目的，是要让国家变得更加富强、让社会变得更加公平正义、让人民生活得更加美好。"②

　　而公平正义正是社会政策的基本价值理念。社会政策目标就是国家运用立法和行政手段来调节社会不公，干预社会问题，以增进社会福祉。所以我们从社会政策角度来研究男女平等就业问题，对于解决男女就业不平等、女性就业受歧视问题，以促进社会的公平正义，便十分重要。

二　相关研究综述

（一）国外研究状况

　　从实践上看，女权主义运动从一开始就是与社会政策相关的。19世纪末 20 世纪初的第一次浪潮就是以 20 世纪 20 年代妇女获得参政权为标志。20 世纪 60 年代后妇女将权利的争取扩大到教育、就业、法律等各个方面。不过在很长一段时间，社会政策并未关注到性别。联合国第一个十年发展行动计划（1961—1970）就因妇女"缺位"的现象在 20 世纪 70 年代遭到严厉地批评，勃斯鲁普（Ester Boserup）在1970 年发表了《经济发展中的妇女角色》，呼吁国际发展计划的制订者和决策者承认和肯定妇女在经济发展中的作用，把妇女纳入发展政策中。1979 年，联合国大会通过了《消除对妇女一切形式歧视公约》，

---

　　① 胡锦涛：《深化交流合作　实现包容性增长》，2010 年 9 月中国共产党新闻网（http://theory. people. com. cn/GB/12749264. html）。

　　② 习近平：《习近平主席发表 2014 年新年贺词》，2014 年 1 月新华网（http://news. xinhuanet. com/video/2013－12/31/c_ 125941734. htm）。

这是第一部从性别视角去审视和实现男女地位平等的国际公约。1995年第四次世界妇女大会之后，联合国把性别问题作为评价一国人文发展状况的重要领域，并在定期发布的《人类发展报告》中增加了性别（Gender）的内容，确立性别发展指数 GDI 和性别赋权指数 GEM，将其列入联合国人文发展的指数系列。性别因素逐渐成为影响各国社会政策的重要因素。[1]

从学术研究领域看，从社会政策的角度研究性别问题，或是对社会政策进行性别分析，时间更迟。有学者梳理文献后认为，尽管女权主义、性别视角自20世纪60年代以来在社会科学领域独树一帜，但在社会政策、福利国家研究中，对性别的关注则是20世纪70年代之后的事。第二次世界大战后，福利国家所实现的全部就业也仅限于男性。随着女权主义运动和女权主义理论的发展，社会政策涉及社会性别才渐受关注。1972年美国成立了第一个女性主义政策分析和研究组织，即妇女政策研究中心（the Center for Women Policy Studies），其目标是监督、引导公共政策向有利于提高妇女生活水平和维护妇女权利方向发展，研究领域非常广泛，而与女性就业相关的有福利改革制度、工作与家庭平衡、工作场所多样化等方面。此后，性别关系的话题不断升温，20世纪90年代后，性别关系与福利国家的关系成为研究热点。[2]

学者吴小英（1998）把女性主义认识论所关注的社会政策中的性别问题分为三类：一是决策队伍的性别结构失衡以及由此造成的社会政策条文中体现的性别偏见；二是决策对象的女性缺失，即社会政策往往将男性统治群体的利益作为普遍利益强加于公众，忽视与贬低女性的需求与利益，从而将女性排斥在社会政策服务对象之外；三是决策进程的男性化倾向，即在父权制社会中，社会政策的制定过程包括设定决策目标、确定决策方案、收集资料证据、评估可行性及可能结

---

① 陈方：《性别与公共政策对话》，《中华女子学院学报》2011年第3期。

② 刘军强：《社会政策发展的动力：20世纪60年代以来的理论发展述评》，《社会学研究》2010年第4期；陈方：《性别与公共政策对话》，《中华女子学院学报》2011年第3期。

果等，都体现了男性中心主义。[①]

　　而从性别与社会政策的关系来看，又可以把这类研究分为两类，一是性别关系及其话语对社会政策的影响，一是社会政策对性别关系的影响。[②] 有学者认为，20 世纪 70 年代和 80 年代最具有开创性的工作是建立了这样的认识，即性别与国家社会福利制度之间的相互影响与促成。[③]

　　关于前者，性别观念及女权运动实践都对国家的社会政策议程和结果产生了影响。如第二次世界大战后，家庭结构主要是"男性养家"（male bread winner），男性在外挣钱养家，女性在家照顾家庭。社会福利政策所假设与支持的也是这种男性为主要地位的核心家庭，支持的是男性在劳动市场的优势地位，并不着力改善女性由于照看家庭带来的经济与其他弱势。而随着女性劳动参与的日益增加，家务劳动、市场以及福利国家之间的关系也发生了改变，并促进了国家相关的社会福利政策，例如非家庭的家庭劳动服务的增加。[④] 再如，英国一些女性主义成立了一个组织——女性预算团体（London-based Women's Budget Group，WBG），致力于在财政官员和部长间创造对话，影响社会政策，为女性服务。WBG 做了很多事情，如促使重视女性投入在家庭中的无报酬劳动的重要性，为女性争取更长的带薪产假，促进政府对照看孩子的公共投入，为老年女性争取更多资助。WBG 还积极促进社会政策的性别主流化，提出要进行性别审计，要检查政策对男性和女性的影响，检查政策中多少钱用于女性。认为性别审计可以看到政府花多少钱去取得性别平等目标，其实际努力与政策规划是否相符。最终的目标是实现社会政策的性别主流化，即性别观点贯穿于政策制定的整个过程，这就是说不仅已形成的政策要接受性别审计，还要有

---

　　① 吴小英：《女性主义认识论与公共政策》，《妇女研究论丛》1998 年第 1 期。

　　② 刘军强：《社会政策发展的动力：20 世纪 60 年代以来的理论发展述评》，《社会学研究》2010 年第 4 期。

　　③ Ann Shola Orloff, "Gendering the Comparative Analysis of Welfare States：An Unfinished Agenda", *Sociological Theory*, Vol. 27, No. 3, 2009, pp. 317 - 343.

　　④ Ibid. .

积极的政策来促进性别关系的重构。① 一些研究也证明了性别关系及其
话语对社会政策的具体影响，如佩德森（Pedersen，1993）分析了英法
两国在福利国家发展早期，女性团体政治策略的差异和劳资力量的对
比，及对两国家庭政策的影响②。斯特罗恩（Strachan，2007）等分析
了过去50年中澳大利亚平等就业机会立法与政策过程及其影响因素，
指出国家政策从支持女性工作者不平等到消除不平等的转变，反映了
社会态度的转变。③

　　关于后者，一些研究证明了社会制度与政策因素对女性就业的影
响。这其中最有影响的是艾斯宾·安德森（Esping-Andersen，1990，
1999）的福利政权理论。安德森根据一些国家的福利制度发展情况，
区分了三种不同的福利制度国家：保守福利制度、自由福利制度和社
会民主福利制度④。一些国际比较研究证明了在不同福利制度的国家，
国家关于女性就业的社会政策是不一样的，因而女性的就业参与也是
不同的。在自由福利制度的国家，市场起主要作用，国家对女性就业
的支持是有限的；女性参与劳动的情况由市场原则决定，女性要衡量
参与市场劳动和在家负担家务的利弊。在社会民主福利制度的国家，
社会规则超越了市场原则，国家为了男女平等而采取积极的措施支持
女性就业，因而女性的就业参与率也高。而在保守福利制度的国家，
国家支持传统的性别分工，鼓励女性退出劳动市场，女性处于经济的
边缘。即制度因素是决定妇女在劳动市场中位置的重要因素。⑤ 还有

① Mary Mcintosh, "Engendering Economic Policy: The Women's Budget Group", *Women: A cultural review*, Vol. 12, No. 2, 2001, pp. 147 – 157.

② 转引自刘军强《社会政策发展的动力：20世纪60年代以来的理论发展述评》，《社会学研究》2010年第4期。

③ Glenda Strachan, John Burges, Lindy Henderson, "Equal Employment Opportunity Legislation and Policies: the Australian Experience", *Equal Opportunities International*, Vol. 26, No. 6, 2007, pp. 525 – 540.

④ G. Esping-Andersen, *The Three Worlds of Welfare Capitalism*, NJ: Princeton Univ. Press, 1990, pp. 1 – 34.

⑤ Haya Stier, Noah Lewin-Epstein, Michael Braun, "Welfare Regimes, Family-Supportive Policies, and Women's Employment along the Life-Course", *American Journal of Sociology*, Vol. 106, No. 6, 2001, pp. 1731 – 1760.

些研究对不同国家的家庭政策、税收体制等进行比较，探讨社会政策对女性就业的影响。例如，斯蒂尔（Stier，2001）等学者通过对 12 个国家福利制度和女性具体政策的研究发现，国家福利制度类型及支持母亲工作的政策水平影响女性工作模式与收入水平。[①] 除了跨国间的比较研究外，一个国家的不同历史阶段的比较研究，也可以反映国家社会政策对女性就业的影响，如布鲁盖尔（Bruegel）和佩隆（Perrons，1998）考查了英国 2010—2015 年政策框架的变革及其对女性就业的影响。[②]

从女性主义角度来看，社会政策应该反映女性利益需求。早期的女性主义主张男女应有同样的权利和机会，把斗争目标集中于对不平等地位的谴责以及男女共性的强调上，所以要求政府通过政策法规的改革，为妇女提供投票、教育及平等就业的权利。其结果是至 20 世纪中后期，男女平等的原则在大部分西方国家的立法中都得到确立。但这些法律及社会政策上的男女平等并没有带来实质上的平等，一些女性主义者发现，这种平等对待是以男性为标准的，忽视了男女差异和性别角色的实际处境的差异，即使争取到平等的权利与机会，结果仍是不平等。如女性获得在外平等就业机会的同时，却仍然要承担过重的无报酬家务劳动，实质是负担加重了。女性主义学者批判这种政策观仍是父权制观点，而之后的女性主义则更愿意承认女性区别于男性的差异，以及女性自身的多样性，主张对女性的福利政策必须建立在多元化与差异性的基础上，将观念和实践进行转变，以适应女性经验的多样性。[③]

还有学者进一步研究了就业女性的需求以及社会福利政策的应对。

---

① Haya Stier, Noah Lewin-Epstein, Michael Braun, "Welfare Regimes, Family-Supportive Policies, and Women's Employment along the Life-Course", *American Journal of Sociology*, Vol. 106, No. 6, 2001, pp. 1731 – 1760.

② Irene Bruegel, Dianne Perrons, "Deregulation and Women's Employment: The Diverse Experiences of Women in Britain", *Feminist Econonics*, Vol. 4, No. 1, 1998, pp. 103 – 125.

③ 刘春燕、杨罗观翠：《性别与福利——对福利政策社会性别分析的评述》，《妇女研究论丛》2010 年第 4 期。

著名的如卡罗琳·摩塞（Caroline Moser，1989）把社会性别需求区分为现实性社会性别需求和战略性社会性别需求，并分析了性别需求与社会福利政策的关系。现实性社会性别需求是指在现存的社会性别分工下，妇女因已有的社会角色所产生的实际需求，这些需求的满足将使两性有效完成并继续完成现有性别角色要求，并不挑战现有的两性关系格局；相反满足这种需求的福利和政策还可能强化传统性别角色。战略性社会性别需求是指由于妇女在社会中相对于男性的领队地位而形成的需求类型，如法律权力问题、同工同酬问题；它着眼于如何改变根深蒂固的性别分工，改变妇女的从属地位。具体来说，就业女性的现实性别需求有：减轻因生育带来的经济压力、更多的照顾孩子的时间、让男性分担家务和照顾孩子的工作、工作得到丈夫和家人的支持和认可、家庭生活条件和水平的改善等。就业福利政策对以上需求的回应是：更多的生育津贴、更多的带薪产假、增加家庭津贴等。就业女性的战略性别需求有：提升就业满意度和自我成就感、增加对就业形式的自由选择、获得自我发展的平台、平等享有家庭福利资源和权利。就业福利政策对以上需求的回应是：改善就业环境（如家务劳动社会化，家务劳动去性别化）、保障弹性就业的福利水平、女性以独立公民水平获得保障。[①] 这引发了女性主义学者对妇女发展政策的反思，区别了有关妇女政策的两种策略，即"妇女在发展中"（Women in Development，缩写为 WID）和"社会性别与发展"（Gender and Development，缩写为 GAD）。前者关注使妇女进入原有的发展，广泛参与，但不挑战传统的社会性别分工和结构。后者强调不应只考虑如何让妇女融入发展，还应当看到妇女难以融入发展是因为发展政策和机制不利于妇女参与。故在增强妇女能力的同时，更要改善发展的政策和环境。20 世纪 90 年代以来，"社会性别与发展"逐渐取

---

① ［美］卡罗琳·摩塞：《第三世界中的社会性别计划：满足实用性和战略性社会性别需要》，载王政、杜芳琴《社会性别研究选译》，生活·读书·新知三联书店 1998 年版，第 266—340 页；刘春燕、杨罗观翠：《性别与福利——对福利政策社会性别分析的评述》，《妇女研究论丛》2010 年第 4 期。

代"妇女在发展中"的策略，成为公共政策制定的指导思想和评估的基本原则。①

除了对福利制度与性别之间的关系进行研究外，女性主义学者还对以前的福利国家的研究范式进行了批评，如仅聚焦于大结构、大制度，不关注具体情境和多样化、动态化，缺乏性别视角，缺乏性别背后的制度与权力分析。女权运动的发展，使得一些主流社会政策分析者也开始关注性别关系的某些方面，但他们只集中于女性区别于男性的个体特征，把一些特征如照顾家庭与孩子看成是女性性别的偏好。女性主义者对此进行了批判，指出性别不只是个体特征，还是一种社会关系；性别偏好与性别等级结构是相互建构的，福利供给制度及其他政治和社会制度参与了劳动性别分工与性别偏好的建构。随着认识的深入，女性主义不仅注重女性整体的权利，还注重女性群体的多样化，将社会政策和政治的研究建立在差异、多元的基础上，并且"性别"也不再是一个静态、固定的概念。②

总之，女性主义学者从最初"让女人在福利国家中被发现"，以"男性"为目标来争取与男性平等甚至相同的地位，逐渐演变到"性别单独成为一个分析维度"，从"性别议题"的角度强调多元性和差异性，打破单一的性别对立范式来对福利政策进行分析和研究。③ 女性主义者不仅研究了现有国家福利制度的缺陷，社会政策与性别的相互建构关系，还对已有社会政策研究进行了全方位的批判，甚至对社会政策研究领域的社会理论基础、方法论和认识论假设都提出了批判，提出新的研究范式。④ 女性主义认识论对社会政策的意义在于，通过对社会政策所依据的男性中心主义认识论传统的批判，基于女性独特

---

① 杜洁：《政策的社会性别分析：论国外相关实践及意义》，《第二届社会性别与公共管理论坛论文集》，2007 年 8 月，第 14 页。

② Ann Shola Orloff, "Gendering the Comparative Analysis of Welfare States: An Unfinished A-genda", *Sociological Theory*, Vol. 27, No. 3, 2009, pp. 317 – 343.

③ 刘春燕、杨罗观翠：《性别与福利——对福利政策社会性别分析的评述》，《妇女研究论丛》2010 年第 4 期。

④ Ann Shola Orloff, "Gendering the Comparative Analysis of Welfare States: An Unfinished A-genda", *Sociological Theory*, Vol. 27, No. 3, 2009, pp. 317 – 343.

经验，为制定非等级制、非性别主义的社会政策提供可选择的价值判断依据和实践方式。①

（二）国内研究状况

我国的性别研究始于 20 世纪 80 年代，政策研究在改革开放之后兴起，而性别政策与公共政策相遇于 1995 年。1995 年第四次世界妇女大会是个标志，一方面，中国政府宣布男女平等是基本国策，政府相关部门开始关注男女平等政策的贯彻与执行；另一方面，国内学者也学习借鉴了西方女性主义理论与分析方法。② 而 2001 年中央党校妇女研究中心召开首个"社会性别与公共政策"研讨会后，性别与公共政策研究领域开始兴起。具体来说，社会政策角度讨论女性就业问题，或是从性别角度分析社会政策或就业政策的研究主要有以下几类：

一是针对女性就业困境或就业歧视现象，探讨其政策原因。如认为原因在于推进女性就业的性别保障政策和措施的调整与修正滞后，保护女性就业的政策的粗括和国家干预机制的弱化亦无法使制度变成现实的动力③；"平等对待"不明晰，"性别保护"不适当，对于新经济条件下的性别利益需求不敏感，反就业性别歧视的政策衔接不到位④；政策内容流于空泛，政策执行及监督力度不够，某些看似性别中立，甚至是保护女性权益的政策，却产生负面效果等⑤；妇女劳动权益保护政策失于笼统难以产生积极效力，妇女劳动权益保护的立法滞后于经济社会发展进程，禁止就业性别歧视政策没有明确的专门立法，禁止就业性别歧视政策缺乏有效的申诉救济机制，现有法律法规

---

① 吴小英：《女性主义认识论与公共政策》，《妇女研究论丛》1998 年第 1 期。

② 陈方：《性别与公共政策对话》，《中华女子学院学报》2011 年第 3 期。

③ 梁丽萍：《女性就业与公共政策的选择——以山西妇女就业状况为例》，《山西大学学报》（哲学社会科学版）2006 年第 1 期。

④ 肖微、朱毅：《性别公正视角下的就业公共政策探究——关于就业性别歧视的政策反思》，《科技创业月刊》2009 年第 2 期。

⑤ 沈梓欣：《社会性别视角下公共就业政策与女性发展》，《中国城市经济》2010 年第 11 期。

和政策存在着隐性性别歧视的条款。①

　　二是从性别视角对现有有关政策法规进行分析与评估，指出其对女性的不平等之处。这又分为两类，第一类是将政策法规作为一个整体进行性别评估，如肖巧平（2006）从社会性别视野分析了中外法律，包括争取宪法上的性别平等，各种法律上对女性权利的规定，以及当前我国存在的问题②；而李慧英等（2002）对我国各种公共政策进行了性别分析，指出公共政策与性别规范之间的互动关系，还从性别角度将我国现有政策模式分为五类：①消极的差别对待政策；②性别平等对待政策，虽强调平等对待，但有时将平等等同于平均，忽视性别差异；③积极的差别对待，过度保护政策，认识到两性的差别并制定相应的保护政策，但有可能产生违背妇女真正利益的"弥补差别不当"；④性别中性政策，将男女两性假定为"无差别"的群体，容易产生忽视两性差异的性别漠视；⑤社会性别意识政策，以"积极差别的恰当保护"为基础，推动两性均衡发展的政策。③ 第二类是对政策法规文本进行分析，发现政策中的性别不平等或看似中立的政策法规中的性别偏见。④

　　三是探讨性别与社会政策之间的关系。如熊跃根（2012）从福利与性别关系的论述入手，探讨了在经济改革背景下中国社会变迁与转型时期，福利体制和社会政策改革的路径对妇女的生存和发展状况所产生的影响与后果。⑤ 赵夏芝（2010）运用案例研究方法对性别意识对村民选举的影响的研究表明，性别意识对公共政策制定和执行有着

---

① 周敏：《中国参政、就业政策中的性别平等问题研究》，博士学位论文，吉林大学，2011年，第88—93页。

② 肖巧平：《社会性别视野下的法律》，中国传媒大学出版社2006年版。

③ 李慧英主编：《社会性别与公共政策》，当代中国出版社2002年版，第274—284页。

④ 丁小萍：《从形式平等走向实质平等——我国妇女法的社会性别分析》，《浙江学刊》2007年第3期；杜洁：《以研究促进政策和法律纳入社会性别视角——社会性别与法律/政策项目的探索》，《妇女研究论丛》2006年第S2期。

⑤ 熊跃根：《中国的社会转型与妇女福利的发展：本土经验及其反思》，《学海》2012年第5期。

重要的影响。①

四是对国外发达国家平等就业政策或支持女性就业的社会政策进行介绍，并分析对我国的启示，或是一些政策比较研究。首先，大量研究对国外（主要是欧盟及美英等发达国家）的女性相关就业政策进行了介绍与分析，包括女性就业政策②、男女就业平等政策③、劳动力市场反排斥政策④、女性劳动权益保护政策⑤、平衡家庭与工作政策⑥、家务劳动两性共同分担政策⑦、反就业歧视法⑧等。其次是一些比较研究，如蒋永萍（2002）对中国与加拿大两国两性工资平等立法进行比较研究⑨，李炳安（2004）对欧盟与美国两性工作平等法制进行比较⑩。还有一些比较深入的比较研究，如林卡和唐琳（2006）以北欧4国（瑞典、芬兰、丹麦、挪威）为例，考察了这些国家的社会政策是如何改造了社会再生产体系，从而影响了妇女在社会中的地位的。⑪

① 赵夏芝：《性别意识对公共政策的影响》，硕士学位论文，山西大学，2010年。
② 王辉：《欧盟女性就业政策透析》，《中华女子学院学报》2007年第1期；卢萍、代春柳：《日本促进女性就业的经验对我国的借鉴》，《东北亚论坛》2009年第4期。
③ 许洁明：《欧盟就业男女平等政策浅析》，《思想战线》2006年第4期；景跃军：《欧盟解决就业性别差异的措施及评价》，《人口学刊》2007年第3期；伍劲松：《美国两性工作平等制度研究》，《法学家》2004年第3期。
④ 彭华民、黄叶青：《欧盟反社会排斥的社会政策发展研究——以劳动力市场问题为例》，《社会工作》2006年第7期。
⑤ 李新建：《欧盟一体化中的女性劳动权益保护》，《欧洲》2002年第3期。
⑥ 李亮亮：《欧洲四国家庭友好政策及效应分析》，《中华女子学院学报》2013年第1期；郭砾、赵云：《平衡工作与家庭：国际视角与中国政策》，《山西师大学报》（社会科学版）2013年第2期。
⑦ 谢棋楠：《加拿大妇女劳工生育与育儿两性共同责任政策》，《中华女子学院学报》2012第1期。
⑧ 曾恂：《美国反就业歧视立法的启示》，《南方经济》2003年第5期；雷云：《美国禁止就业歧视法律制度研究》，博士学位论文，重庆大学，2008年，第8页；谢增毅：《英国反就业歧视法与我国立法之完善》，《法学杂志》2008年第5期。
⑨ 蒋永萍：《中国—加拿大两性工资平等立法比较研究》，参见《女性权利——聚焦〈劳动法〉和〈婚姻法〉》，当代中国出版社2002年版。
⑩ 李炳安：《欧盟与美国两性工作平等法制之比较》，《武汉大学学报》（哲学社会科学版）2004年03期。
⑪ 林卡、唐琳：《妇女与社会政策——论妇女地位在北欧国家的变迁》，《妇女研究论丛》2006年第2期。

此外，还有学者翻译介绍了一些国外关于女性与公共政策的研究，如王金玲翻译的周颜玲、凯瑟琳·W.伯海德（2004）的《全球视角：妇女、家庭与公共政策》①，赛维·苏美尔（2013）对斯堪的纳维亚与欧盟"工作—家庭协调"政策过程的回顾与反思。②

五是政策建议和政策选择。武中哲（2008）指出，从计划经济的单位制度转向市场经济，保障女性平等就业要有相应的社会政策：通过社区建设减轻女性家务劳动负担、健全女性就业的社会化补偿机制、探索弹性的女性退休年龄、倡导社会性别平等的职业文化等。③ 此外，前面各类研究中，一般都会在研究的最后提出相关的政策建议。

学者们关于社会政策与女性就业方面的研究与讨论，不仅丰富了我国该方面的研究成果，还对政策实践起了重要影响。最成功的影响决策的案例是2000年伊始的关于"妇女回家、阶段就业"的讨论，这场以研究为基础、多方参与的大讨论阻止了已经写入《国民经济和社会发展第十个五年计划纲要（草案）》的"建立阶段就业制度"政策方案的通过，并将问题的讨论引向"性别劳动分工"、"公共政策的性别影响"、"体制改革的代价"等深层理论的辨析。而此后引起更大社会反响的关于男女同龄退休的讨论，虽然未能对制定中的《国家公务员法》产生实质性影响，但由此引发的关于"消极区别对待和保护失当"、"妇女群体利益差异"以及"性别平等政策行动的策略"等问题的思考则为将性别意识纳入决策主流提供了基于本土的经验。④

但是，仍然有一些值得继续研究的空间：

1. 在关于社会政策与性别关系的讨论中，对社会政策进行性别分析是近年来研究的热门话题，而对女性就业的相关社会政策进行专门

① 周颜玲、凯瑟琳·W.伯海德：《全球视角：妇女、家庭与公共政策》，社会科学文献出版社2004年版。
② ［挪威］赛维·苏美尔：《斯堪的纳维亚与欧盟"工作—家庭协调"政策过程的批判性回顾》，《公共行政评论》2013年第3期。
③ 武中哲：《单位制变革与男女平等就业的社会政策选择》，《求实》2008年第3期。
④ 蒋永萍：《社会性别与公共政策研究的兴起与发展》，《第二届社会性别与公共管理论坛论文集》，2007年8月，第2页。

研究不是很多，特别是从女性就业难、就业歧视角度去反思社会政策的研究较少。

2. 在已有的关于女性就业的社会政策研究中：（1）多是对文本本身的内容分析，或是对国外相关社会政策文本的介绍，缺少深入现实的实证研究，以了解雇主与女性求职者的真实想法与需求，以及国家已有政策在实际执行过程中的问题，即政策研究没有落到实处，未能与实践相结合。（2）多是对政策的静态分析，未能历史地、动态地分析，如对国外相关社会政策的介绍常常只介绍政策的内容，然后写出对我国的启示，并未对他国及我国的历史、福利制度作深入地分析。

本书试图克服以上的一些不足，首先，关注相关社会政策与女性就业难、就业歧视之间的互动关系，特别注重从就业现状来反思政策问题。其次，把政策文本分析与实证调查结合起来，不仅进行文本分析，而且调查雇主和女性求职者，从实践反思现有政策的不足及他们期望的政策。再次，进行历史的、比较的分析，注重分析不同社会政治背景与社会福利制度对女性就业社会政策乃至对女性就业的影响。

三 主要研究内容

本书期望通过分析我国关于男女平等就业的政策以及政策背后的福利理念、社会政策经济制度，调查就业市场中女性所遭遇的性别歧视，以及男女平等就业政策在就业市场中的执行效果与问题，从而反思社会政策与男女平等就业之间的互动关系，为国家制定更完善的男女平等就业的社会政策，提供对策建议。具体来说，研究内容包括以下几个方面：

1. 文本分析：新中国成立以来我国关于男女平等就业的政策规定及其特点，以及与欧美国家政策的比较。不仅试图发现我国男女平等就业政策随着政治经济制度变化的特点，而且分析与欧美国家社会政策差异之后的制度差异，并找到社会政策背后的公平理念的差异。

2. 实证调查一：我国就业市场中女性所遭遇的性别歧视和对歧视

的应对，她们对性别歧视、男女平等就业的理解，以及她们期望获得的帮助及所期望的平等就业政策。这是希望从平等就业政策的受惠者本身来反思现有社会政策可能存在的问题，以及某些男女平等就业政策为什么未能贯彻实施的原因。

3. 实证调查二：雇主对女性求职者的态度、做法，他们对性别歧视、男女平等就业的理解，他们对国家男女平等就业政策的执行与规避情况，以及他们在执行国家男女平等就业政策时的困难。这是从最一线的政策执行者角度反思相关政策问题。

4. 理论分析：男女平等就业的概念；我国男女平等就业政策的困境及其原因。这是基于政策文本分析和实证调查，对政策困境作较深入的理论思考。

5. 对策研究：如何完善我国男女平等就业政策。为了不使对策研究显得虚空，对策建议的提出，一方面基于前面的文本分析和政策困境的实证调查，另一方面基于对女性求职者和雇主的需求的调查。

需要说明的是，下面的章节并未完全按照以上内容的顺序安排，如理论分析除了比较集中于对政策困境的思考一章外，也穿插于前文文本分析和实证调查之中。

四　研究方法

由于本书希望深入了解女性求职者和雇主对于性别歧视问题的认识和感受，对男女平等就业政策的了解和态度（特别是雇主如何对国家政策进行规避），以及这些态度如何建构了社会现实的，所以本书主要采用质性研究方法，对女性求职者和雇主进行访谈。其次，对政策文本进行内容分析，了解政策背后蕴含的平等理念，分析政策的特点及其与社会政治经济制度与福利制度的关系。此外，也进行了少量的问卷调查，了解就业市场中女性受歧视状况。具体说来，运用了以下几种方法：

1. 文献研究。主要是对新中国成立以来与男女平等就业相关的 27

个政策文本、国外（以美国、欧盟及国际法为例）17 个相关政策文本进行分析。

2. 访谈。在劳务市场、综合性就业市场、大学生招聘市场及其他场合，对女性求职者和雇主进行访谈。由于本研究的主题是比较敏感的性别歧视，特别是关于雇主如何回避国家政策问题，被访的陌生人往往不愿真实回答。为弥补人才市场数据的不足，获得更真实和更多样的信息，课题组的人又在各自家乡或其他地方访谈了自己的同学、朋友或亲戚等比较熟悉的人。最终访谈了 35 名雇主和 92 名女性雇员，所得信息基本达到饱和。样本的选择采取目的性抽样方法，尽量考虑到研究对象年龄、受教育程度、行（专）业等的多样性，以为研究提供最大的信息量。

在文中，访谈内容以引号表达，并对受访者进行编号，"Y"表示女性求职者，如"Y094"表明编号为 094 号女性求职者或女性员工；"g"表示雇主，如"g004"表示访谈的第 004 号雇主。

3. 问卷调查，了解就业市场女性遭遇的性别歧视等基本状况。课题组成员于 2011 年在不同类人才市场，发放问卷 219 份，回收 218 份，扣除不合格的废卷 10 份，最后实得有效问卷 208 份，有效回收率达 95%。

4. 比较研究。主要是对国内外男女平等就业政策进行比较。

第 一 章

什么是男女平等就业
和性别歧视

弄清概念，是一切讨论的基础。但究竟什么是男女平等就业，什么是对女性就业的歧视，学者之间是存在争议的。[①] 而在实践中，人们"对自身拥有的公平就业权，究竟包含哪些内容，应该公平到什么程度，大多数人并没有概念"[②]。这样，便带来诸多的问题，一方面，人们可能会对现实社会职场中的性别歧视现象无法识别，甚至形成集体的无意识。女性对性别歧视的这种无意识，不仅纵容了雇佣单位的性别歧视行为，而且也影响了一些关于性别歧视的实证研究的信效度。而另一方面，当人们对平等就业权的定义还未达成共识的时候，有关的制度设计和政策制定便失去了理论基础。所以，澄清男女平等就业的概念，是保障男女平等就业的基础。

具体来说，我们需要了解：（1）人们到底是如何理解"男女平等就业"的：政策文本中体现的男女平等就业是什么含义？求职者和雇主是如何理解的？（2）这些理解之间有哪些分歧？这些分歧又导致了哪些问题？（3）如何合理地认识这一概念？当前中国需要追求何种意

---

① 周群英：《走出性别平等误区》，《中国妇女报》2004 年 7 月 20 日；李雄：《论平等就业权的界定》，《河北法学》2008 年第 6 期。

② 蔡定剑：《反就业歧视：别让"集体无意识"戕害公平》，《解放日报》2007 年 1 月 13 日第 5 版。

义上的男女平等就业?

我们采用质性研究的方法来了解人们对"男女平等就业"的理解。质性研究的目的是努力把握人们建构意义的过程以及解释意义的过程。① 我们希望了解不同人群对"男女社会平等就业"的理解,以及这种理解如何建构社会现实的,故质性研究方法是合适的。

收集的资料有两种,一是关于女性就业的政策法规文本,收集分析了中国 27 个②、美国 6 个③、欧盟 3 个④、国际 8 个⑤政策法规文本;二是访谈资料,是对民工劳务市场、综合性就业市场、大学生招聘市场及其他场合中 35 名雇主和 92 名女性求职者的访谈资料。

对资料的分析采用归纳性分析,没有先验的理论和概念,而是在

---

① [美]罗伯特·C. 波格丹,萨莉·诺普·比克伦:《教育研究方法:定性研究的视角》,钟周等译,中国人民大学出版社 2003 年版,第 34 页。

② 中国的 27 个政策法规文本包括:《中华人民共和国劳动保险条例》(1951)、《中华人民共和国劳动保险条例实施细则修正草案》(1953)、《国务院关于女工作人员生产假期的通知》(1955)、《劳动部工资局复女职工非婚生育时是否享受劳保待遇问题》(1965)、《女职工保健工作暂行规定》(1986)、《关于女职工生育待遇若干问题的通知》(1988)、《女职工劳动保护规定》(1988)、《女职工禁忌劳动范围的规定》(1990)、《中华人民共和国妇女权益保障法》(1992)、《女职工保健工作规定》(1993)、《企业职工生育保险试行办法》(1994)、《中华人民共和国劳动法》(1994)、《中国妇女的状况》(1994)、《关于进一步加强生育保险工作的指导意见》(2004)、《集体合同规定》(2004)、《关于修改〈中华人民共和国妇女权益保障法〉的决定》(2005)、《中华人民共和国就业促进法》(2007)、《中华人民共和国劳动合同法》(2007)、《女职工劳动保护特别规定》(2012)、中国妇女发展纲要(1995—2000 年、2001—2010 年、2011—2020 年),以及 1954、1975、1978、1982、2007 年的《中华人民共和国宪法》。

③ 美国的 6 个法规是:The Equal Pay Act of 1963,Title VII of the Civil Rights Act of 1964,Executive Order 11246(1965),The Pregnancy Discrimination Act of 1978(含 Facts About Pregnancy Discrimination),The Civil Rights Act of 1991,The Family and Medical Leave Act of 1993。

④ 欧盟 3 个法规或公约是:《男女平等待遇原则的指令》(1976)、《马斯特里赫特条约》(1992)、《关于建立就业与职业平等待遇总体框架的指令》(2000)。

⑤ 国际 8 个法规或公约是:《各种矿场井下劳动使用妇女公约》(1935)、《世界人权宣言》(1948)、《男女工人同工同酬公约》(1951)、《消除就业和职业歧视公约》(1958)、《就业政策公约》(1964)、《经济、社会及文化权利国际公约》(1966)、《消除对妇女一切形式歧视公约》(1979)、《消除对妇女的暴力行为宣言》(1994)。

数据中发现模式、主题和分类。具体的分析过程是：（1）阅读文本，进行初次编码。采取两组双盲编码的方法，每组 2 人，两组对同一内容进行编码，然后对编码结果进行比较，讨论有分歧的部分并决定最终的代码。具体编码，采用开放式编码，编码者怀着开放的心态，在编码前没有预建代码系统，而是关注资料本身，在阅读资料时不断为资料中出现的各种主题写编码标签，即让所收集到的资料去形塑出代码系统，从而使代码系统更能表征出资料本身的特色。① （2）对初次编码结果分别进行比较、分类、归纳，即二级编码的过程。（3）对这些不同文本的二级编码进行类比、归纳，得出结论。（4）对结论进行解释与讨论。

一 就业政策法规文本中的男女平等就业和性别歧视

我们对美国、欧盟、国际及中国政策法规中涉及的"男女平等就业"和"性别歧视"概念进行编码。首先根据法规文本之意进行初级编码，如将条文"禁止安排女职工从事矿山井下、国家规定的第四级体力劳动强度的劳动和其他女职工禁忌从事的劳动"编码为"劳动保护"；再将初级编码整理归纳为二级编码，如将"劳动保护"、"婴儿照顾"等归为"女性保护"。具体的编码过程整理归纳如图 1—1、图 1—2、图 1—3、图 1—4 所示。

对图 1—1、图 1—2、图 1—3、图 1—4 再进一步整理归纳成表 1—1。

---

① ［美］Matthew B. Miles & A. Michael Huberman：《质性资料的分析：方法与实践》，张芬芬译，重庆大学出版社 2008 年版，第 83 页。

原条文举例　　　　　　初级编码　　　　二级编码

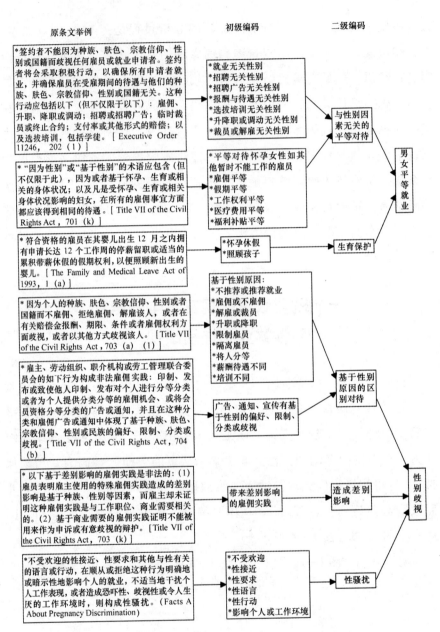

图1—1　美国法规文本中的男女平等就业与性别歧视

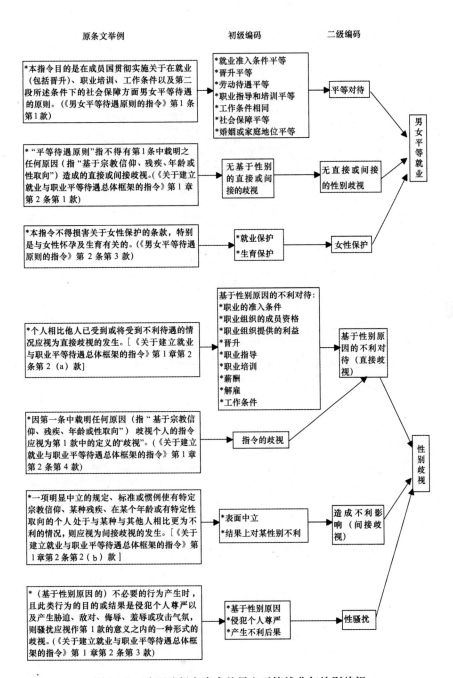

图1—2　欧盟法规文本中的男女平等就业与性别歧视

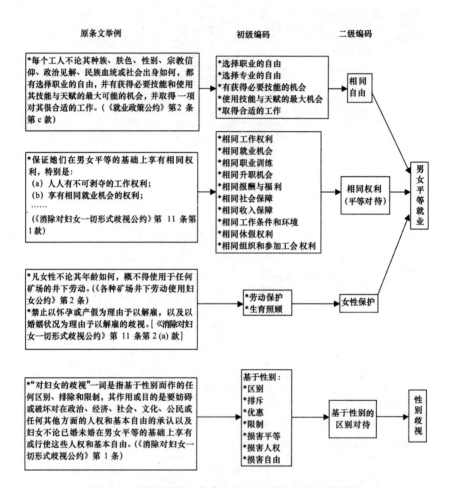

图1—3 国际法规文本中的男女平等就业与性别歧视

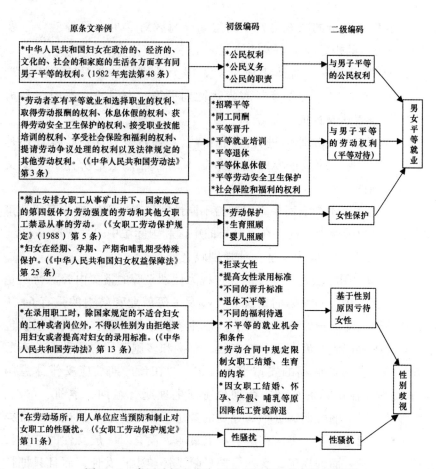

图1—4 中国法规文本中的男女平等就业与性别歧视

表1—1   不同国家或地区法规文本中"男女平等就业"

与"性别歧视"概念比较

	二级编码	美国	欧盟	国际	中国
男女平等就业	共同的权利			√	√
	基本的自由			√	
	与性别因素无关（平等对待）	√	√	√	√
	无差别的影响（无间接歧视）		√		
	女性保护	√	√	√	√
性别歧视	基于性别原因的区别（不利）对待	√	√	√	√
	造成差别（不利）影响	√	√		
	性骚扰	√	√		√

从我们所分析的文本看，不同国家或地区对"男女平等就业"及"性别歧视"的规定有如下特点：

1. 从用词上看，国外法规用"不因为性别"、"不基于性别"、"与性别无关"、"男女平等"等表达性别平等，中国的文本用"与男子平等"来表达女性的平等权利。

2. 是否基于性别原因进行区别对待，是判断是"性别歧视"还是"男女平等就业"的最重要的也是最基本的标准，也是所分析 4 类文本中最认同的。

3. 欧盟和美国把表面中立但却给不同性别带来差别影响的雇佣政策和实践，也视为性别歧视。在所分析的中国和国际法中未发现这一点。

4. 性骚扰也多被认为是一种性别歧视。

5. 中国和国际法将对女性的保护视为性别平等的重要内容。特别是中国的法规，从我们编码的情况看，涉及平等就业和歧视的只有 64 频次，而涉及劳动保护的有 195 频次，各种条款非常细致，如仅产假就包括带薪的生育产假、流产假、难产假、双生和多胞胎假、哺乳假、产前检查假等，甚至产假期的安排也有规定："在预产期前应安排休息两周"；而对女性禁忌的劳动，特别是特殊生理期（经期、孕前、孕期、产假刚结束时、哺乳期、更年期等）的禁忌工作和劳动保护也有非常详细的规定。相比之下，美国在这一点上最弱，没有对一般女性的劳动禁忌和劳动保护方面的规定，女性保护只限于怀孕生育女性，而且只把怀孕生育女性当作其他暂时不能工作的雇员一样对待，没有特别的照顾；即使为照顾孩子和老人而设的假期，男性也可以以同样的原因申请。

6. 国际法把平等就业还理解为一种选择职业的自由，每个人都有使用其技能与天赋的最大可能的机会，都有取得一项对其很合适的工作的机会。而歧视就是对人权和基本自由的妨碍或破坏。

二 雇主和求职者对男女平等就业与性别歧视的理解

我们对 35 名雇主和 92 名女性求职者关于"男女平等就业"的理解进行编码、整理和归纳如下见表 1—2、表 1—3。

表1—2 　　　　　35 名雇主对"男女平等就业"的理解

初级编码	访谈举例
招聘机会平等（根据能力而非性别公平竞争）12	g019：男女公平就业就是有一个岗位，不管男的女的，靠你的能力竞争，而不是性别
一定范围内的招聘机会平等（男女都适合的工作，根据能力而非性别公平竞争）7	g020：如果说这个岗位可以男同志做，又可以女同志做……应该是一视同仁嘛。当然岗位的不同，那必然男性、女性适合的不同，这是很正常的事情
同工同酬6	g021：同工同酬。什么样的岗位不能因为是女性就歧视她，工资方面、待遇方面
平等的晋升发展机会3	g029：在求职时都有平等的选择权，入职后享有平等的晋升、发展空间
不因女性生育而减少机会2	g031：相等条件下就业机会平等，就是一男一女去应聘，两个人条件差不多，不会因为女的以后会有生育假期而不录用她
区别就业，各司其职5	g016：我认为公平就业就是男的干男的行业，女的干女的行业。
适合自己的3	g032：根据个人能力、脑力、劳动力，选择适合自己的岗位

注：表中条目后的数字表示提到的频次；因为有些人未回答，有些人则提到不止1条，所以总频数不等于所访谈的总人数。表1—3、1—4 同。

表1—3 　　　　　92 名女性求职者对"男女平等就业"的理解

初级编码	访谈举例
求职机会平等（根据能力而非性别公平竞争）28	Y007：我认为啊，如果要是现在社会求职的话，你不管是男的女的，我觉得应该看重的是工作能力，而不是说从性别上来看
一定范围内的求职机会平等（男女都适合的工作不考虑性别）7	Y002：男女平等就业就是说，同样的工作，男女都可以去做的时候，都可以去做，这样的工作就不要以那种我非要男生，不要考虑到女生以后生孩子啊之类的，不要考虑这些情况下去招聘
同工同酬13	Y012：就按报酬来说吧，要同岗同酬

续表

初级编码	访谈举例
平等晋升发展机会 4	Y037：就业机会平等，工作过程中晋升机会平等
各就其位各司其职 5	Y082：男女平等就业？就是各司其职嘛！我就觉得男女要定位好自己的位置，你说女的去找男的（工作被拒），就说人家歧视的，这是你自己找错位置了
不因女性生育照顾家庭而减少机会 6	Y005：我觉得把不要考虑女的照顾家庭而让女性失去很多提升自己的机会 Y063：不能有因为女性怀孕等特殊原因辞退、降职的情况
做自己喜欢、擅长的、发挥自己价值的事 2	Y056：平等就业，即能力得到最大限度发挥 Y081：不管男生还是女生，干他自己比较喜欢干的就可以了。干他喜欢干的，而且有特长的事情就好
给女性选择的机会 1	Y048：给女性一个选择的机会，就是说我不支持你从事一些危险的行业或者怎么样，但是你可以做选择，如果你非常喜欢、非常热爱这个行业，那么你也可以选择去操作，从事这个行业。相应地带来的一些不利的一些反应的话，也是要自己去承担，去接受的，所以政策制定上可以给女性更多的空间吧
量力而行 1	Y038：每个人都量力而行就好了

将表1—2和表1—3的"男女平等就业"概念的初级编码进行进一步编码，整理归类见表1—4。

表1—4　　雇主和女性求职者的"男女平等就业"概念比较

二级编码	初级编码	雇主（人）	求职者（人）
平等对待	招聘机会平等（根据能力而非性别公平竞争）	12	28
	同工同酬	6	13
	平等的晋升发展机会	3	4
各司其职	一定范围内的机会平等（男女都适合的工作，根据能力而非性别公平竞争）	7	7
	各司其职	5	5

续表

二级编码	初级编码	雇主（人）	求职者（人）
女性保护	不因女性生育而减少机会	2	6
自由选择	做自己喜欢、擅长的、发挥自己价值的事		2
	给女性选择的机会		1
	量力而行		1
	选择适合自己的	3	

由表1—4可以看到，雇主和女性求职者对"男女平等就业"的理解基本上相似，主要指平等对待，即根据能力而非性别公平竞争。其次，强调男女工作类型不同，平等是指男女都适合的工作时，平等对待；平等是"各司其职"。另外，也有少数人提到"女性保护"和"自由选择"。

三　雇主和女性求职者实践中的"男女平等就业"观念

雇主和女性求职者虽然对"男女平等就业"都有自己的理解，但他们是否把自己的这种理解贯彻到实践中去呢？见表1—5、表1—6。

表1—5　　　　　35名雇主在实际工作中对性别的要求与态度

	做法与态度	访谈举例
招聘中的性别要求	无要求13	g005：没有特别的性别规定
	根据岗位要求19	g016：不同的岗位，不同的性别
	偏向男性3	g004：在发布招聘启事的时候不会注明的，但具体人选上，如果同等条件，会优先考虑男的
薪酬方面的性别考虑	按岗位与绩效，不考虑性别35	g010：完全一视同仁，对岗不对人

续表

	做法与态度	访谈举例
晋升培训的性别考虑	不考虑24	g018：都有晋升机会，都是平等的，而且都是一致的，这个跟性别没有关系
	考虑或实际上会考虑9	g004：在晋升、培训等对个人发展有利的机会上，同等条件下，男同志肯定比女同志优先，因为男同志工作年限比女同志长，从对企业的贡献来讲，愿意把机会给男同志
	未回答2	
对结婚生育方面的限制	没有限制18	g025：像我们这样一个商业企业，女同志不是主要的，不是占主要的岗位。文员，可以说你今天来，你明天走，明天换人，对我们公司不影响。我们有人传、帮、带。女员工怀孕期间，我们会不断地有人员储备，就算那个岗位有人，我们也会来招聘的，我们要在内部形成一个竞争机制，让每一个人不要翘尾巴
	无限制但会影响录用和工作安排11	g002：我们没有严格要求。如果感觉应聘者可塑性较强，可以招入。对于刚毕业的女孩子，一般情况下，不可能立即结婚。如果等两三年后再考虑婚嫁问题，我们会对她大力培养，尽快让她上手。对已婚，或刚结婚就来找工作的女性，如果感觉合适，我们就会问她们什么时候要小孩，尊重她们个人意见，如果短期内（半年内、一年内）要小孩，我们暂时安排她一些轻松的工作，但这种情况下，我们在招聘的过程中一般会回避
	有要求4	g006：我们是不希望在从业务员发展到经理这个阶段，结婚生育啊等情况出现。要生育要得到经理的批准，看他给不给你这个机会。因为像我们这个工作，主要就是年轻人做的工作……如果你刚来没多久（就怀孕），那我们就开除。如果时间长，都渴望有一个平台来发展的，可能就会对她的要求啊什么的放松一点
	未回答2	
对按岗位要求性别的看法	所有人都认同按岗位要求性别35	g020：应该说根据岗位不同的需要，有的需要男性，有的需要女性，这个是很正常的事情

续表

	做法与态度	访谈举例
对限招女性的看法	理解 24	g030：因为女生会面临生育的问题，单位从自己的利益出发是可以理解的
	不合理 3	g024：这个现象不合理，应该给予女生更多的关爱
	未回答 8	

注：表中条目后的数字表示持这种观点的雇主人数。

表 1—6　　92 名女性求职者在求职或工作中关于"性别歧视"的经历与态度

	经历与态度		访谈举例
是否遭遇性别歧视	是 23		Y018：那个招聘的人就说，如果你是男的，我们就招你了
	否 66	遭遇过不要女生 11	Y028：我遇到过一次，觉得还蛮好的，工作还蛮符合我的，我去面试，我还没讲，他就跟我讲，我招的是男生
		发现男性找工作比女性有优势 10	Y002：男生比女生有优势……就说我们这个财务吧，很多企业首先想要男生，也不是说歧视女生，很多企业说我们这个男女比例失调，所以想多要点男生
		有因生育怀孕受歧视的经历 19	Y043：我那个厂不是正规的，生孩子不放假的。生孩子的话就不做了 Y068：我们后来还签了那种像协议一样的（文件），保证两年之内不会怀孕
		发现男性升职空间更大 12	Y046：影响的话就是一些升职啦，对于你的培养啊可能会差一点
		有性骚扰经历 2	Y090：就我自己的切身经历吧，我有一个客户，说晚上如果你过来陪我一个晚上，我这个单子就给你
		只找适合女性的工作 26	Y033：虽然有的说要男的，但那个活儿女的也能干，但即便这样，我也不会去找这个工作的……他们要男的，肯定是不需要女的，女的不合适。男女是有差别的，反正我觉得男女是平等的
	未回答 3		

	经历与态度	访谈举例
只招或优先招男性	认可 17	Y087：如果我是老板我也不愿意要女的，就是这样还没结婚还没生孩子的女的。而且我觉得这个其实也不是歧视，我只是从我自身的利益出发
招聘的性别分工	认可 21	Y017：我觉得人家有人家的道理吧。需要男的时候，可能女的干的不合适就不要。这个不应该强求
女性从事低层次工作	认可 13	Y073：我的职业定位就是说我想做行政人士，在这方面的话，社会对这方面的定性是倾向女性的，女性比较偏多，像些比较初级的；可能到行政主管，行政经理就可能偏向于男性，但是目前比较低阶段的时候反而对女性的要求（需求）比较多
不平等	认可 6	Y017：几千年来的历史的发展规律，王者肯定是男人 Y039：其实只要给我钱多，歧视也无所谓，就是说说而已，不是很过分很明显就行。那个只要不是性骚扰就行

注：表中条目后的数字表示持这种观点的女性求职者人数。

虽然雇主认为"男女平等就业"最主要的意思是平等对待，即按照能力平等竞争而不考虑性别因素，但从表1—5我们可以看到，仍有不少雇主在招聘、晋升、培训方面对不同性别有不同对待，对女性的结婚生育方面也有限制；而且，他们一致认同按岗位要求性别是合理的，绝大多数人也理解限招女性或不招女性的做法。

从女性求职者来看，情况也大抵相似。表1—6表明，有23人明确表示遭遇过性别歧视；有66人认为没有遭遇过，但从这66人后面的谈话中可以发现，其中许多人事实上都经历过各种形式的性别歧视，不过她们并未意识到或并不认为是性别歧视。此外，也有不少人是认可招聘工作中的男性优先或只招男性的做法，认可招聘工作的性别分工以及女性从事较低层次工作，甚至认同性别不平等。

四 研究发现

通过对中国、欧盟、国际、美国相关就业法规的文本分析，以及35名雇主和92名女性求职者访谈资料的分析，我们发现：对于何谓"男女平等就业"，中国的政策法规文本与欧盟、国际、美国就业法规有不同的地方，而中国的政策法规文本、雇主和求职者的理解、雇主和求职者在实践中的态度之间，又有不一致的地方。具体表现在：

1. 从政策法规文本看，第一，中国把"男女平等就业"主要理解为平等对待，这是与欧盟、国际、美国就业法规都一致的地方；第二，中国的政策非常强调对女性的特殊照顾，各种劳动保护、生育照顾及婴儿照顾条款之细之多，为所分析的四地文本之首；第三，中国就业政策文本中未提及间接歧视，即未把表面中立但却给不同性别带来差别影响的雇佣政策和实践也视为歧视；第四，中国就业政策文本中对"男女平等就业"的界定也未提及自由选择之意；第五，用词上，区别于国外的"男女平等"、"不基于性别"，中国政策文本用"与男子平等"作为男女平等就业的目标。

2. 从雇主与女性求职者对"男女平等就业"的理解来看，也主要是指"平等对待"，即"根据能力而非性别公平竞争"；另外，也有少数人提到了对女性的特殊照顾，但主要指不因女性怀孕生育而减少其机会，如不录用、解聘、减少升职机会，而不是中国政策文本大量强调的劳动保护、生育照顾等。与政策文本不同的还有，所调查的雇主和女性求职者都比较强调男女工作种类和岗位的分工，认为"平等对待"指的是男女都适合的工作，甚至平等就是男女"各司其职"，就是"男的干男的行业，女的干女的行业"；虽然政策文本在强调平等对待时也指出"除国家规定的不适合妇女的工种或者岗位外"，但"不适合女性的工种或者岗位"毕竟很少。此外，少数被调查者也把自由选择、发挥自己才能、做自己喜欢的事视为平等就业，这也是我国政策文本中未显示的。

3. 尽管雇主与女性求职者认同"男女平等就业"就是要平等对待，但从工作实践上看，不平等对待仍然存在；而且，关键的是，他们中的很多人认为这种不平等对待是"可以理解的"，是"很正常的"，"其实也不是歧视，我只是从我自身的利益出发"；更值得关注的是，有很多女性在遭遇因为性别原因被拒绝录用、因为怀孕生育被歧视、性骚扰等明显性别歧视之后，仍然浑然不觉，对性别歧视存在集体无意识现象。

五　解释与讨论

平等，是现代社会的重要价值观。但什么是平等，古往今来的理解并不相同，丹尼尔·贝尔（Daniel Bell）曾说过：平等"从来没有一个明确的含义"。① 不过总体看来，我们可以把平等分为形式平等与实质平等两种类型。

形式平等的核心是"同等对待"。人们对于平等的认识始于形式平等，有学者认为亚里士多德是形式平等论的典型代表②。亚里士多德在其《政治学》中认为，"相等的人就该配给到相等的事物"③。但事实上，亚里士多德的平等对待是有限制的，是等级制度下的平等对待，如城邦外的奴隶是天生的低等人，不享有任何权利。所以，法国哲学家皮埃尔·勒鲁（Pierre Lerous）批评说"平等如此受到限制，实际上它成为一种没有价值的概念，它只能适用于人类的孩提时代"，亚里士多德"粗暴地否定了人类的平等。"④ 自 17 世纪开始，人类天生不平等的观念遭到抛弃，人们相信所有人都有同样的机会、尊严和权利，因而都要平等对待。要保证形式平等，机会均等和程序公正是必要的，即要给予每个人平等竞争的机会，程序上要对所有人一视同

---

① ［美］丹尼尔·贝尔：《后工业社会的来临》，高铦译，新华出版社 1997 年版，第 463 页。

② 周怀梅：《对平等就业权的简析》，《法制与社会》2011 年第 1 期。

③ ［古希腊］亚里士多德：《政治学》，吴寿彭译，商务印书馆 1965 年版，第 148 页。

④ ［法］皮埃尔·勒鲁：《论平等》，王允道译，商务印书馆 1988 年版，第 75—76 页。

仁，这样即使结果会不公正，也没有问题。

区别于关注主观动机的形式平等，实质平等则关注到客观结果，从结果上看是否公正。如果形式上平等对待每一个人了，但结果却会产生事实上的不平等，则是实质的不平等；这种情况下，为了达到实质的平等，需要区别地对待。对实质平等的论述最有名的当属美国著名政治哲学家罗尔斯（John Bordley Rawls）。罗尔斯提出正义的两个原则，第一个原则是用于处理公民政治权利的"平等自由原则"，"每个人对与其他人所拥有的最广泛的基本自由体系相容的类似自由体系都应有一种平等的权利"①。第二原则是用于处理有关社会和经济利益问题的"差别原则"和"机会公平原则"，"社会的和经济的不平等应这样安排，使它们：①被合理地期望适合于每一个人的利益；并且②依系于地位和职务向所有人开放"②，或表述为："使它们：①适合于最少受惠者的最大利益；②依系于在机会公平平等的条件下职务和地位向所有人开放"③。罗尔斯的社会正义观是："所有社会价值——自由和机会、收入和财富、自尊的基础——都要平等地分配，除非对其中的一种价值或所有价值的一种不平等分配合乎每一个人的利益"④。这样，假设最初情况相同，权利和自由、权力和机会、收入和财富都应被平等地分配；但是如果起始状况不同，处于不利地位者的利益就需要得到补偿。这称为"补偿原则"，即"为了平等地对待所有的人，提供真正的同等的机会，社会必须更多地注意那些天赋较低和出生于较不利的社会地位的人们。"补偿原则的观念是"要按平等的方向补偿由偶然因素造成的倾斜"⑤。从以上我们可以看出，罗尔斯把正义理解为两类：一是"均等性"，其核心理念是平等地对待相同者，如人生而平等、法律面前人人平等。另一类是"非均等性"的，其理念是

---

① ［美］约翰·罗尔斯：《正义论》，何怀宏、何包钢、廖申白译，中国社会科学出版社1988年版，第56页。

② 同上书，第56页。

③ 同上书，第79页。

④ 同上书，第58页。

⑤ 同上书，第96页。

不均等地对待不同者。后一种理解把平等转到了结果上，可以说是一种实质的平等观。

只是形式的平等肯定是有问题的，因为它忽视了每个人起点的不平等；一些多元文化主义者则认为绝对的同等对待，忽视了个体的差异和需求，有不尊重多元、民主而走向单一价值的危险①。而仅看结果的实质平等也是有问题的，因为对一部分人的补偿，即逆向歧视，同时可能意味着对其他人的不公平对待；而且，不利地位具体指什么？谁应该得到补偿？补偿到什么程度？如何处理平等的差异原则与平等的普遍性原则之间的关系？等等，都有含糊之处。②

女性主义对性别平等的看法也经历了与此相似的过程。早期的自由主义女性主义者认为，男女没有本质的差别，所以要相同地对待。她们非常看重机会的均等，反对对弱者的照顾，认为只要争取到男女平等的竞争机会，即使女性最终失败，也是公正的；所以性别平等应该是不考虑性别因素的公平竞争，而竞争的结果是能人统治。③ 后来的女性主义者承认两性差异，因而要保证男女实质的平等，有时需要对女性的特殊对待。如社会主义的女性主义认为，女性在生活中的不利地位不是女性个人能力造成的，而是历史和社会的原因造成的，所以要改变女性的不利地位，不能仅靠女人自身的力量和所谓的公平竞争，而是要为女性争取特别的法律保护和各种特殊的补偿措施。④ 但这种模式也是有问题的，因为仍然是以女性为弱势、以男性为平等的标准，目的仍然是设法让女性去适应一个由男性统治的社会。今天的女性主义理论则更加多元化，她们强调男性与女性多元不同的需求，认为真正的平等是按各人的需求而提供适当的资源。

用这些平等的理论去分析前文的结果，我们可以看到：

---

① Gosepath, Stefan, "Equality", *The Stanford Encyclopedia of Philosophy* (Spring 2011 Edition), Edward N. Zalta (ed.). (http://plato.stanford.edu/archives/spr2011/entries/equality/)

② ［美］丹尼尔·贝尔:《后工业社会的来临》，高铦译，新华出版社1997年版，第489—494页。

③ 李银河:《女性主义》，山东人民出版社2005年版，第41页。

④ 同上书，第53页。

　　从本书所分析到的法规文本看，美国主要是一个推崇自由主义，关注形式平等的国家；但在对歧视问题的认识上，关注到了同样对待可能造成的差异影响。欧盟法律明确关注形式与实质两种平等，非常清楚地界定了间接歧视，即可能使弱势人群处于更为不利结果的一种对待方式。国际法虽然没有对间接歧视的规定，但强调了对女性的保护，是一种对结果平等的考虑；而且国际法还关注到人的选择自由和潜能的发挥，这应该是对平等的更高一级的追求。中国的法规没有关注间接歧视，但有大量的关于女性劳动保护与生育保护的规定，所以说也兼顾了形式平等和实质平等。但其中也可能存在一些问题：（1）由于没有禁止间接歧视，一些看似中性、但实际上会伤害女性利益的规定即实质的不平等，就可能被合法化或不会被关注。（2）过多的保护措施也可能带来负面效应，首先会使用人单位的成本加大，因而加剧女性求职的难度[1]；其次，一些女性禁忌劳动的规定不仅为单位不招女性提供了合法化的借口，事实上也影响了女性选择的自由，而没有了自由的平等显然也不是真正的平等。所以有学者表示，特别保护女性的一些法律结果把女性推向了火坑，可能是一种隐性歧视。[2]（3）政策追求的目标是"与男子平等"的劳动权利，这种以男性为标准的平等目标也是有局限的。

　　从招聘者和女性求职者的理解来看，虽然个别人提到保护和自由选择问题，但大多数属于强调平等竞争机会的自由主义观点，即停留在形式平等阶段，而且是亚里士多德的"相等的人就该配给到相等的事物"的人类的孩提时代。因为大多数人都认为男女天生是不同的，所以不同的人应该不同地对待，"公平就业就是男的干男的行业，女的干女的行业"（g016）；"男女平等就业？就是各司其职嘛！我就觉得男女要定位好自己的位置，你说女的去找男的（工作被拒），就说人家歧视的，这是你自己找错位置了"（Y082）。

<hr>

　　① 黄冲：《63%的人担心生育政策加剧女性就业难》，《中国青年报》2011年11月29日第7版。

　　② 敖双红：《平等保护还是隐形歧视——以劳动法为例》，《法学评论》2008年第3期。

　　而从招聘者的招聘实践和女性的求职和工作实践看，形式平等也不能保证，"限招女生"、"男生优先"、"限招男生"这样的字眼公然地出现在各种招聘广告和宣传上，而提高女性录用标准、给予女性较少的培训与升职机会的现象更多地存在；更严重的是，无论招聘者还是女性求职者，大家对实践中的这种不平等对待大多持理解、认同的态度，以至于很多女性求职者在面对这些不平等对待时浑然不觉，根本没有意识到。至于实质的平等，迫于国家法规的压力，大多数单位都能保证对女性的一些基本保护如带薪的产假、不参与禁忌的劳动等内容的落实，但没有做到这些基本要求的也有存在，而且更多的是一些看不到的区别对待如因为女性生育而不培养和重用。而且，连形式平等都未保证的时候，想达到实质平等，几乎是不可能的。

　　那么我们现在应该追求一种什么样的男女平等就业呢？

　　第一步，要完全做到形式平等，同等地对待男性与女性。这首先指作为公民权的就业权利的保障，应该绝对的一视同仁；其次是就业过程中的机会公平与平等对待，即根据能力而不是性别因素平等竞争，杜绝招聘、岗位分配、加薪、培训、升职等方面因为性别原因的不平等对待，特别是招聘广告与宣传上对女性的限制。

　　第二步，禁止间接的歧视，关注一些表面中性的、但可能会给男性或女性带来不公平结果的规定或做法，追求实质平等。

　　第三步，考虑因体质、生育等因素给女性带来的不利地位，给予女性适当的照顾与保护，即通过差异的对待，追求实质的平等。由于女性体质、生育给就业带来的不利是天生的，并不是女性自己可以改变的，而且生育也是对整个社会做贡献，所以这方面带来的弱势必须给予补偿。我国在这方面已经做了很多的规定，但这种保护必须注意两点：一是不能因为保护女性而让女性所在的单位承担代价（应该让国家或社会共同承担），因为这样的做法很可能让招聘方想方设法少招女性，从而给女性带来更多的实质的不平等；二是不能因为保护女性而妨碍了女性的选择自由，如在禁忌劳动的规定上需要慎重。借用我国学者李小江的话，"在本质上，'平等'只服从于自由的目的，它是自由选择的基础。没有选择自由，'平等'便毫无意义……妇女在'被赐予'的同时，也平等地'被剥夺了'。"①

　　最终，能够达到理想的平等就业状态应该是，在平等对待与差异补偿的基础上，尊重多元与差异需求，男女两性都能自由选择职业，并能获取可以最大限度发挥其技能与天赋的、对其很合适的工作。

---

　　①　李小江：《女性／性别的学术问题》，山东人民出版社 2005 年版，第 75 页。

第 二 章

我国男女平等就业政策文本分析

2012 年 4 月 28 日，国务院颁发了《女职工劳动保护特别规定》，这是对 1988 年《女职工劳动保护规定》的修改与完善。事实上，新中国成立 60 多年来，国家对女性的劳动权利和劳动保护方面出台了很多政策与法规。保护女性的政策与法规在不断完善与强化，但现实中女性就业受歧视现象却依然顽固地存在着，甚至出现保护越多，女性就业越难的状况。如何来分析和看待这样的现象？我们首先需要来梳理与分析一下新中国成立 60 年来我国政府颁发的对女性就业进行保护的政策法规，并特别关注随着政治经济制度从计划经济转为市场经济，就业政策而随之发生的变化。

对于女性就业保护政策的分析，主要借鉴美国学者内尔·吉尔伯特（Neil Gilbert）和保罗·泰瑞尔（Paul Terrell）对社会福利政策进行分析的框架。吉尔伯特和泰瑞尔认为，在津贴（benefit）分配框架中，社会福利政策可以被视为那些决定提供什么、为谁提供、如何提供、如何筹集资金之原则之间的选择①。根据本书的主题，拟从政策保护的对象、保护的内容、资金的筹措几方面来梳理女性就业保护政策。

新中国成立后，我国政府非常重视妇女解放和女性的平等权利，1949 年通过的《中国人民政治协商会议共同纲领》就规定妇女享有

---

① ［美］Neil Gilbert, Paul Terrell：《社会福利政策导论》，黄晨熹等译，华东理工大学出版社 2003 年版，第 83—116 页。

"与男子平等的权利"，同时对女性的就业也做出了一系列的保护规定，如《中华人民共和国劳动保险条例》（1951）、《中华人民共和国劳动保险条例实施细则修正草案》（1953）、《国务院关于女工作人员生产假期的通知》（1955）、《中华人民共和国女职工保护条例（草案）》（1956）。改革开放以后，政府对女性就业的支持一如既往，重要的政策文本如：《女职工保健工作暂行规定》（1986）、《女职工保健工作规定》（1993）、《女职工劳动保护规定》（1988）、《女职工禁忌劳动范围的规定》（1990）、《中华人民共和国妇女权益保障法》（1992）和《关于修改〈中华人民共和国妇女权益保障法〉的决定》（2005）、《企业职工生育保险试行办法》（1994）和《关于进一步加强生育保险工作的指导意见》（2004）、《关于切实做好国有企业下岗职工基本生活保障和再就业工作的通知》（1998）、《女职工劳动保护特别规定》（2012）、《中国妇女发展纲要》（1996、2001、2011）等；此外在《中华人民共和国宪法》、《中华人民共和国劳动法》（1994）、《中华人民共和国劳动合同法》（2007）、《中华人民共和国就业促进法》（2008）中都有对女性就业保护的规定。

一 保护的对象

对于女性的就业保护政策服务对象自然主要是女性①，但事实上并不是所有时候、所有女性都能享受到同等待遇。

（一）不同单位性质的员工待遇有差异

《中华人民共和国劳动保险条例实施细则修正草案》（1953）规定："在实行劳动保险的企业中的供给制人员，仍应按供给制的规定

① 有时候男性也享受一定待遇，如《中华人民共和国劳动保险条例》（1951）规定"女工人与女职员或男工人与男职员之妻生育时，由劳动保险基金项下发给生育补助费四元。"而各地的《人口与计划生育条件》也对晚婚晚育的男方给予一定的假期。这里主要讨论不同女性的待遇差异。

办理，不适用劳动保险条例。厂矿企业的武装警卫人员，如系属于人民解放军建制的现役军人，仍应享受人民解放军的各种待遇，不适用劳动保险条例。"这表明供给制单位、军队的女性，享受的待遇与企业不一样①。即使同是企业，女性的待遇也不相同。《中华人民共和国劳动保险条例》（1951）规定条例的实施范围之一是："甲、有工人职员一百人以上的国营、公私合营、私营及合作社经营的工厂、矿场及其附属单位。"这样，100 人以下企业的女员工可能不能享受相关保险待遇。不过，这种限制越来越少，1988 年的《女职工劳动保护规定》指出"本规定适用于中华人民共和国境内一切国家机关、人民团体、企业、事业单位的女职工。"2012 年的《女职工劳动保护特别规定》又完善为"中华人民共和国境内的国家机关、企业、事业单位、社会团体、个体经济组织以及其他社会组织等用人单位及其女职工。"而随着政府机构和事业单位的改革以及国家女性就业政策的完善，不同单位间女性员工的待遇差距会越来越小。但是，在农村女性与城市女性之间，正规职业与非正规职业之间，所享受的待遇仍有差异。如1995 年起实施的《企业职工生育保险试行办法》，其对象只限于城镇企业及其职工。

（二）不同身份的员工待遇不同

1953 年的《中华人民共和国劳动保险条例》规定了女员工带薪假和相关生育补助待遇，其中工资方面规定："女工人与女职员生育，产前产后共给假五十六日，产假期间，工资照发。"但随后的《中华人民共和国劳动保险条例实施细则修正草案》（1953）则补充规定，临时工身份怀孕及生育的女工人女职员，其怀孕检查费、接生费、生育补助费及生育假期与一般女工人女职员同；产假期间产假工资，其

---

① 北京大学历史系杨奎松教授的论文《从供给制到职务等级工资制——新中国建立前后党政人员收入分配制度的演变》（《历史研究》2007 年第 4 期）提到：新中国成立初的供给制下，"因为生一个孩子就可以享受一笔生育费、保育费、保姆费，一个普通干部生养一个孩子所得保育费和保姆费，接近于自己的全年津贴，因此，多生孩子也可以在相当程度上改善生活条件。"

数额为本人工资的 60%。后来的政策文本中没有看到这样的规定，但是否体制是内正式员工，所享受的待遇在实际上还是不一样的。

（三）非婚生育和违反计划生育的女职工不享受劳保待遇

1965 年劳动部工资局回复甘肃省劳动局女职工非婚生育时是否享受劳保待遇问题时回答："女职工非婚生育时，不能按照劳动保险条例的规定享受生育待遇。其需要休养的时间不应发给工资。对于生活有困难的，可以由企业行政方面酌情给予补助。"1988 年的《女职工劳动保护规定》也规定："女职工违反国家有关计划生育规定的，其劳动保护应当按照国家有关计划生育规定办理，不适用本规定。"不过，2012 年的《女职工劳动保护特别规定》取消了这一规定。

二 保护的内容

（一）平等就业权益的保障

1949 年的《中国人民政治协商会议共同纲领》就规定："妇女在政治的、经济的、文化教育的、社会的生活各方面，均有与男子平等的权利。"2005 年 8 月 28 日颁布的《关于修改〈中华人民共和国妇女权益保障法〉的决定》更把实行男女平等提升为基本国策，"实行男女平等是国家的基本国策。国家采取必要措施，逐步完善保障妇女权益的各项制度，消除对妇女一切形式的歧视"。

平等的就业权和就业机会。1954 年的《宪法》规定："中华人民共和国劳动者有劳动的权利。"男女平等的就业权和就业机会在计划经济体制下得到了较好的贯彻，但市场经济体制下，这一原则遭遇挑战。所以，1988 年 6 月国务院颁发的《女职工劳动保护规定》规定，"凡适合妇女从事劳动的单位，不得拒绝招收女职工。"1992 年的《中华人民共和国妇女权益保障法》，更清楚地规定"各单位在录用职工时，除不适合妇女的工种或者岗位外，不得以性别为由拒绝录用妇女或者提高对妇女的录用标准"。此后的相关法规都重申、补充、强化了这方面的规定。

平等的工作待遇和福利。1978年的宪法规定:"男女同工同酬。"以后的《宪法》都延续该规定。1992年的《中华人民共和国妇女权益保障法》除规定"实行男女同工同酬"外,还增加"在分配住房和享受福利待遇方面男女平等"。2005年8月修订的《中华人民共和国妇女权益保障法》对这条规定稍作修改,但仍然保持原法的精神:"实行男女同工同酬。妇女在享受福利待遇方面享有与男子平等的权利。"

平等的晋升机会。1992年的《中华人民共和国妇女权益保障法》规定"在晋职、晋级、评定专业技术职务等方面,应当坚持男女平等的原则,不得歧视妇女"。此外,国家还特别注重任用、提拔女干部,1982年的《中华人民共和国宪法》就规定要"培养和选拔妇女干部";1992年的《中华人民共和国妇女权益保障法》继续重申这一点,指出"国家机关、社会团体、企业事业单位在任用干部时必须坚持男女平等的原则,重视培养、选拔女干部担任领导成员";2005年8月修订的《中华人民共和国妇女权益保障法》更明确规定要确保女性干部和女性代表的适当比例,"全国人民代表大会和地方各级人民代表大会的代表中,应当有适当数量的妇女代表","居民委员会、村民委员会成员中,妇女应当有适当的名额","国家机关、社会团体、企业事业单位培养、选拔和任用干部,必须坚持男女平等的原则,并有适当数量的妇女担任领导成员"。

(二) 特殊就业权益的保障

女性除了享有与男性平等的就业权益之外,国家还保障女性因生理特点而导致的特殊权益。这主要包括妇女在怀孕期、产期、哺乳期"三期"的就业权、待遇,以及对女性的劳动保护,特别是特殊生理期间的劳动保护。

"三期"的就业权利与机会。市场经济体制下,女性因生育而被解雇的现象出现,1988年的《女职工劳动保护规定》便规定不得在女职工怀孕期、产期、哺乳期"解除劳动合同"。1992年的《中华人民共和国妇女权益保障法》重申"任何单位不得以结婚、怀孕、产假、哺乳等为由，辞退女职工或者单方解除劳动合同"。2005 年新修订的《中华人民共和国妇女权益保障法》增加了在合同中不得出现限制结婚、生育的内容，指出"各单位在录用女职工时，应当依法与其签订劳动（聘用）合同或者服务协议，劳动（聘用）合同或者服务协议中不得规定限制女职工结婚、生育的内容"。这一点在 2007 年的《中华人民共和国就业促进法》中也得到重申。

"三期"的假期和待遇。我国女性一直享受带薪产假和相关福利待遇，《中华人民共和国劳动保险条例》（1951）及其《实施细则修正草案》（1953）、《国务院关于女工作人员生产假期的通知》（1955）、《中华人民共和国女工保护条例（草案）》（1956）及其附件《中华人民共和国女工保护条例说明》等对新中国成立初期的生育待遇作了规定，如产假 56 天（难产或双生时，增加假期 14 日；怀孕不满 7 个月流产有 30 日以内的产假）；产假期间工资照发，并发生育补助费。以后，女性在孕产期的待遇不断改善和提高，1988 年的《女职工劳动保护规定》和《关于女职工生育待遇若干问题的通知》确定了此后 20 多年女性孕产期的待遇：一是相关假期。产假为 90 天；难产假，增加 15 天；多胞胎产假，每多生育一个婴儿，增加 15 天；流产假，怀孕不满 4 个月流产 15 至 30 天产假，满 4 个月以上流产 42 天产假；上班哺乳假；产前检查假。二是休假期间工资照发，"不得在女职工怀孕期、产期、哺乳期降低其基本工资"，"哺乳时间和在本单位内哺乳往返途中的时间，算作劳动时间"，"怀孕的女职工，在劳动时间内进行产前检查，应当算作劳动时间"。2012 年新修订的《女职工劳动保护特别规定》则将产假从 90 天提高到 98 天，而难产、流产、生育多胞胎、哺乳、产前检查的休假一如从前。

对女性的劳动保护。1956 年《中华人民共和国女职工保护条例（草案）》起草完毕，1960 年中共中央批转了劳动部、全国总工会、妇联党组《关于女工劳动保护工作的报告》，这两个文件奠定了我国女工劳动保护的基本框架，它规定："女工从事有害于健康的工作必须加以保护，特别繁重或有害妇女生理机能的工种，禁用女工"。改革开放以后，政策对女性禁忌的工作做了更具体的规定，1988 年的《女职工劳动保护规定》规定："禁止安排女职工从事矿山井下、国家规定的第四级体力劳动强度的劳动和其他女职工禁忌从事的劳动"。1990 年的《女职工禁忌劳动范围的规定》界定的女职工禁忌从事的劳动范围为："（1）矿山井下作业；（2）森林业伐木、归楞及流放作业；（3）《体力劳动强度分级》标准中第 Ⅳ 级体力劳动强度的作业；（4）建筑业脚手架的组装和拆除作业，以及电力、电信行业的高处架线作业；（5）连续负重（指每小时负重次数在六次以上）每次负重超过二十公斤，间断负重每次负重超过二十五公斤的作业。"但 2012 年的《女职工劳动保护特别规定》将上面的第（2）、（4）条去除了，保留了（1）、（3）、（5）条，禁忌的劳动少了。

特殊生理期的劳动保护。妇女在经期、孕期、哺乳期受特殊的劳动保护。《中华人民共和国女工保护条例（草案）》（1956 年）及其附件《中华人民共和国女工保护条例说明》就规定了对怀孕和哺乳妇女的保护，如禁止让怀孕女工和哺乳未满六个月婴儿的女工延长工作时间，禁止怀孕七个月后和在哺乳未满六个月婴儿的女工从事夜班工作，对不能胜任原工作的怀孕女工要"予以减轻工作或调换轻便工作，照发原工资"。1986 年的《女职工保健工作暂行规定》延续了对特殊期女性的劳动保护，并且对禁忌从事的工作标准有了具体规定。1988 年的《女职工劳动保护规定》、1990 年的《女职工禁忌劳动范围的规定》、1993 年的《女职工保健工作规定》、2012 年的《女职工劳动保护特别规定》都重申、强化了对女性特殊时期的劳动保护。较 1990 年的《女职工禁忌劳动范围的规定》，2012 年的《女职工劳动保护特别规定》对女员工经期禁忌从事的冷水、温水作业范围做了更具体的规定，扩大了孕期禁忌从事的劳动范围，补充了冷水、低温、高温和噪声作业的禁忌规定。

母婴设施的建立。1953 年的《中华人民共和国劳动保险条例实施细则修正草案》规定，"实行劳动保险的企业的女工人女职员，有四周岁以内的子女 20 人以上，工会基层委员会与企业行政方面或资方协商单独或联合其他企业设立托儿所（如尚未具备设立托儿所条件，而有哺乳婴儿 5 个以上须设立哺乳室）"。1986 年的《女职工保健工作暂行规定》延续关于设哺乳室的规定："有哺乳婴儿五名以上的单位，应建立哺乳室"，但关于托儿所的设立，未提及。1988 年的《女职工劳动保护规定》确定："女职工比较多的单位应当按照国家有关规定，以自办或者联办的形式，逐步建立女职工卫生室、孕妇休息室、哺乳室、托儿所、幼儿园等设施，并妥善解决女职工在生理卫生、哺乳、照料婴儿方面的困难。"不过没有具体指定达到多少婴幼儿必须办这些设施。1993 年《女职工保健工作规定》再次重申"有哺乳婴儿 5 名以上的单位，应逐步建立哺乳室"。2012 年的《女职工劳动保护特别规定》也规定"女职工比较多的用人单位应当根据女职工的需要，建立女职工卫生室、孕妇休息室、哺乳室等设施，妥善解决女职工在生理卫生、哺乳方面的困难"。不过也比较笼统和模糊，同样对幼儿园、托儿所也无规定。

三　经费负担的方式

《中华人民共和国劳动保险条例》（1951）和《中华人民共和国劳动保险条例实施细则修正草案》（1953）对新中国成立初期的企业女职工生育费用来源作了规定：（1）工资，产假期间工资由单位照发。（2）检查费与生育费，"女工人与女职员怀孕，在该企业医疗所、医院或特约医院检查或分娩时，其检查费与接生费由企业行政方面或资方负担"，"女工人女职员生育，如该企业医疗所、医院、特约医院、特约医师无法接生时，其接生费用，亦由企业行政方面或资方负担"。（3）生育补助费，由劳动保险基金项下发生育补助费。"女工人与女职员或男工人与男职员之妻生育时，由劳动保险基金项下发给生育补助费四元"，"如系双生或多生时，其生育补助费应按其所生子女人数，每人发给 8 元"。（4）相关设施建设费用，托儿所和哺乳室的

"房屋设备、工作人员的工资及一切经常费用,完全由企业行政方面或资方负担,托儿饮食费由托儿父母负担,如托儿父母经济确有困难者,得由劳动保险基金项下予以补助,但对每个儿童的补助不得超过托儿饮食费的三分之一"。

可以看出,新中国成立初期女性的生育费用主要由用人单位承担,用人单位负担女性产假期间工资、相关生育费用及设施费;但同时劳动保险基金也负担部分费用,如生育补助费、困难家庭的托儿饮食费。劳动保险基金虽然也主要由企业缴纳,但全国实行统筹和调剂。

但是,到了"社会主义改造"与"文化大革命"时期(20 世纪60 年代初—70 年代),社会保险变成了企业保险,每个企业只对本企业职工负责,原来的统筹互济机制取消了,生育保险制度由社会走向企业①。这种由用人单位负担女性产假期间工资、相关生育费用及设施费用的模式一直沿用很长时间,而 1988 年的《关于女职工生育待遇若干问题的通知》则正式认可这种费用承担模式。该《通知》对怀孕、生育费用的规定如下:"女职工怀孕,在本单位的医疗机构或者指定的医疗机构检查和分娩时,其检查费、接生费、手术费、住院费和药费由所在单位负担,费用由原医疗经费渠道开支。"

1994 年 12 月劳动部颁发《企业职工生育保险试行办法》,试行社会保险,生育保险费用实行社会统筹。生育保险根据"以支定收,收支基本平衡"的原则筹集资金,由企业按照其工资总额的一定比例向社会保险经办机构缴纳生育保险费,建立生育保险基金。职工个人不缴纳生育保险费。产假期间的生育津贴按照本企业上年度职工月平均工资计发,由生育保险基金支付。女职工生育的检查费、接生费、手术费、住院费和药费由生育保险基金支付。超出规定的医疗服务费和药费由职工个人负担。2012 年新修订的《女职工劳动保护特别规定》关于生育费用的规定分两类,"女职工产假期间的生育津贴,对已经参加生育保险的,按照用人单位上年度职工月平均工资的标准由生育

① 潘锦棠:《中国生育保险制度的历史与现状》,《人口研究》2003 年第 2 期。

保险基金支付；对未参加生育保险的，按照女职工产假前工资的标准由用人单位支付"，"女职工生育或者流产的医疗费用，按照生育保险规定的项目和标准，对已经参加生育保险的，由生育保险基金支付；对未参加生育保险的，由用人单位支付"。而生育保险基金的构成一般有4项：（1）企业缴纳的生育保险费；（2）基金的利息；（3）滞纳金；（4）依法纳入生育保险基金的其他资金。

四　小结

通过对我国女性就业保护政策的分析，可以发现：

1. 从保护的对象看，各种就业保护政策对女性身份的限制越来越少，受保护的女性人群在扩大。不同单位性质、不同身份、不同地区的女员工的相关福利待遇的差距在缩小，而对于特殊人群如违反计划生育女工待遇的限制也在减少；但是，差距仍然存在，如城市女性与农村女性之间、正规就业与非正规就业之间、正式员工与非正式员工之间。

2. 从保护的内容看，主要分为两个方面：（1）平等就业权的保障。男女平等就业，一直是我国就业政策强调的思想，男女平等已经成了国家的基本国策。随着市场经济体制的确立，在女性有可能遭遇就业歧视的情况下，国家进一步加强了平等招聘、平等待遇与福利、平等晋升权方面的规定。（2）女性因生理原因而导致的特殊就业权益的保护，如带薪产假，从新中国成立初的56天提高到90天再到现在的98天；各种女性禁忌劳动的规定越来越具体，特别是特殊生理期的保护在逐渐加强；随着就业竞争的日益市场化，还加强了不得以结婚生育等为由辞退女职工的规定，也禁止在劳动合同中规定限制女职工结婚生育的内容。

但女性劳动保护方面，我们也看到一些犹疑。如：女性禁忌从事的工作范围方面，2012年的《女职工劳动保护特别规定》一方面增加了女性特殊生理期的禁忌劳动范围，但另一方面又减少了一般女性的禁忌劳动范围。为女性员工提供便利方面，对用人单位建立女职工卫生室、孕妇休息室、哺乳室、幼儿园、托儿所等设施的规定有所反复，而2012年的新规定则有些笼统与宽松。

从女性平等就业权保障和女性特殊就业权益保护的比较来看，显然国家政策更多关注的是对女性特殊就业权的保护。从我们对27个有关女性就业的政策文本的编码情况看，涉及平等就业和歧视的只有64频次，而且规定也比较粗略、原则化。涉及劳动保护的则有195频次，各种条款非常细致，如各种带薪产假的规定，甚至产假期的安排也有规定："在预产期前应安排休息两周"；对女性禁忌的劳动，特别是特殊生理期（经期、孕前、孕期、产假刚结束时、哺乳期、更年期等）的禁忌工作和劳动保护也有非常详细的规定。

3. 从经费的负担方式看，在很长一段时期中，女性产假工资以及相关的生育费用一直由单位承担。试行生育保险以后，虽然用人单位仍是缴费主体，但显然均衡了企业间生育保险费用的负担，减少了因为雇佣女性而直接产生的相关生育费用。

第 三 章

就业市场中性别歧视状况调查

一 是否遭遇性别歧视

首先看问卷调查情况。我们在各种人才市场调查了 208 位求职者。被调查者的基本信息见表 3—1。

表 3—1　　　　　　　　　调查样本的基本信息

性别	百分数（%）	受教育程度	百分数（%）	年龄	百分数（%）
男	37.5	未受大学教育	35.6	<25	52.2
女	62.5	大专及以上	64.4	26—30	26.1
户籍	百分数（%）	婚姻状况	百分数（%）	31—35	8.4
城镇	57.1	未婚	65.2	36—40	6.9
农村	42.9	已婚	34.8	>40	6.4

208 份调查问卷显示的就业市场发生的性别歧视状况见表 3—2。

表 3—2　　　求职者遭遇的或所在单位实际发生的性别歧视情况

	歧视类型	百分数（%）
1	所在单位存在女员工在高薪岗位或管理层明显偏少的情况	48.3
2	有因性别而被拒绝录用的经历	41.9
3	所在单位从事相同工作的男职工比女职工获更高报酬	34.0
4	所在单位女职工是否比男职工获得的培训机会少	30.0

续表

	歧视类型	百分数（%）
5	所在单位女职工在孕、产假、哺乳期存在被调岗降薪的情况	29.4
6	签过"几年内不得结婚、怀孕"的合同或协议	4.90

注："是否有因性别而被拒绝录用的经历"和"是否签过'几年内不得结婚、怀孕'的合同或协议"两题回答者是女性，其余题回答者为全体调查者。

从表 3—2 可以看到，职场中性别歧视现象是存在的。而就各种歧视类型的发生率来看，女性员工在高薪岗位或管理岗明显偏少，这是最认同的；其次是求职时因为是女性而被拒绝；再次是薪金不平等与培训不平等；而"三期"被调岗降薪虽然被排在较后，但承认本单位有这种现象的也达 29.4%；最少的是被迫签订"几年内不得结婚、怀孕"合同或协议的情况。

而从对 92 名女性求职者和 35 名雇主的访谈情况，我们可以把女性所遭受性别歧视的情况归纳如下。

从雇主的情况看，35 名被访者有 13 名表示自己在招聘时不考虑性别因素。g005 表示没有特别的性别规定，"就是谁合适，谁上岗"。g007："我们搞仪表还好一点，算跟体力没什么关系，没什么歧视的。"g012："一般情况下不会，大多数情况下不会考虑到性别差异；在面试的时候，往往会考虑女性会不会适合做这个工作，但这个时候并不是性别的问题，而是个体的差异。比如说经常出差的或者是营销类的工作，她的性格，她是否能胜任这个工作。存在个体的差异不是性别的差异。"g024："我们是服务性的工作，不是体力劳动，所以没有岗位上的性别差异。"

从访谈女性求职者的情况来看，绝大多数的女性（92 名受访者中的 66 名）都认为自己并未遭受过性别歧视。

1. 如今社会没有性别歧视，男女都一样了。Y007："大家都是公平的，很少去歧视女性。"Y009："有说想要招男生，比较好一起出差，但是最后还是招我了。""现在估计很少有男女关于工作方面的性别歧视了。"

2. 性别歧视在本行业或专业未遇到。几乎各种职业的女性都有这种看法，做保洁工作的 Y011："我们这边男性很少，好像还没有发现。"Y048："至于性别因素，因为我找的工作是事业单位嘛，所以我觉得大体情况上来说不太存在这个问题。"行政管理专业的 Y073 认为她所在的专业没有性别歧视："为什么我觉得不存在？（因为）这个性别歧视没发生在我们身上。"酒店管理类的 Y077："我觉得从我这个角度来讲，可能是我们这个行业比较特殊吧，可能不太存在这种性别歧视的问题。"商务英语专业的 Y078，寻找外贸类工作，虽然并不顺利，换了好几家，但认为男生的就业和女生的就业相比没有什么差别，"（在外贸行业）我觉得这跟性别没关系"。外语专业的 Y079："我一直认为这个歧视不是太多，我遇到的好像女的找工作比男的还好找，可能与我们的专业有关吧，我去的地方大部分（职员）都是女的。在这些教育啊、咨询行业也没什么歧视吧，你选的那个课题是不是选错了？"销售行业 Y090："没有，没有遇过这种情况。""销售的话性质不会那么大。""现在哪有这种情况？现在哪有说女的很难找到工作？除非说就是特定的工种。"城市规划专业的 Y091："这个可能跟专业相关，对我和我从事的专业，性别没有影响。""首先，据我个人的观察，规划行业内女生的就业率并不低，相对于其他行业甚至可以算是高了。"护理专业的 Y086，访者问"那你周围的同学就没有遇到过这个问题吗（指性别歧视）？"答："一般没有。医学类一般没有。"Y078 毕业于某市师范学院，后任某市重点小学数学教师，也持同样的观点："大多数学校还是欢迎女老师的"，"没什么歧视"，"对于教师来说是这样的"。

3. 没有性别歧视，歧视的是没有工作经验的。如 Y013："性别问题倒是不大，最大的问题是没有工作经验。"Y027："现在男女都一样了，现在都看你有没有经验。"Y065："其实最受歧视的不是我们女生，而是整个应届毕业生都受歧视，因为没有经验。""好像跟男女歧视没有关系。""我搞不懂为什么你们老师要你们搞这个课题？"Y066："人家都是招有经验的，可能不是像你说的，和男女歧视没有好大关系的。""这个找工作难呢，可能中间没有碰到你这样的一个性别问题。"

4. 没有性别歧视，关键看个人能力、个人的积极性。Y031："我们的工作主要是把塑料粉碎、甩干的"，"哪要什么面试。不讲什么年龄、什么性别的，只要能干，都可以进厂子"。Y045："我倒也没碰到过。我们做销售这个行业，主要是看能力。不管男的女的，只要你有能力，做出成绩就行。"Y092："我觉得和性别其实没有关系，和积极主动性有关系。你是不是积极主动地找工作投简历。"Y081："我觉得与纯粹的歧视没有多大的关系，还是与你个人的综合素质关系比较大。比如说，就像我们的工作性质吧，其实男女机会可以说均等着呢，但是就是说，你如果表现得特别好，就可以留很多女生，说不定留一点男生，完全是你个人的能力，其实从一开始到最后，每一次面试你的人都不一样的，而且体现的各方面的能力都不一样的。我还是觉得个人能力比较重要。""公司没有明显的性别要求的。"

5. 没有性别歧视，女性反而有更大优势。Y087："（性别歧视）比较少吧，我现在觉得女生是有自己的优点的，比如说比较心细，做事情的时候不会马虎。女的在社交方面有的也比男的更容易一些。"Y092："我觉得我们专业反而更倾向女性，因为行政管理嘛，可能是文秘啊什么的，所以要比较细心。"

但对这66名认为自己未遭受性别歧视的女性再进行访谈时，发现其中存在很多问题。

第一，一些女生在找工作时已经把自己限定在传统上的女性行业内，甚至某些较低层次的工作，所以遭遇"被拒"或"不要女生"的机会较少。如Y043说："我找的是服务员，没什么困难，服务员很好找的。"认为在求职过程中未遭遇过性别歧视，说"我搞不懂为什么你们老师要你们搞这个课题"的Y065说："我们女孩子去投的话，基本上一开始的话，我们肯定会投助理类，比如说经理助理啊这些方面的，或者是外贸业务员，或者是文员之类的，都有投。像这种行业是女孩子做的多一点"。Y066认为经验比性别重要，但当访者追问：

"你找工作，它的主要衡量标准是有否经验，而不是女的或者是男的，这样吗？"她回答："我找的文员那种啊，它可能对男女的要求不大。""得看你个人要求，你自己能找到什么样的工作。"她也承认："可能我们找的工作就是适合女性一点的"。Y073："我的职业定位就是说我想做行政人士，在这方面的话，社会对这方面的定性是倾向女性的，女性比较偏多，是些比较初级的；可能到行政主管、行政经理就可能偏向于男性。但是目前比较低阶段的时候反而对女性的需求比较多，你看10条信息（关于低层行政管理人员的），大概有6条要求是女性，有些说是男女不限，但在录取的时候更偏向于女性。"Y079 第一份工作在一家做出国咨询的公司，这家公司招聘就是女性优先，"那个老板好像不太喜欢男的，他觉得女生好做事，听话"。但她们充当的却是"廉价劳动力"，"我们进去以后还真的就是廉价劳动力，帮他发传单，招生啊"，"一个月也就千把块钱，保险没有，什么都没有"。

第二，一些女生本身有过因性别被拒的经历，但由于原本就认同招聘单位的性别要求，"（Y082）未必说是男女歧视吧，只是说男生更适合些了"；"（Y065）有些公司只招男性的话肯定有它的理由，我没有觉得他们有形成特别的歧视"，所以并不认为因为性别原因拒录女生是性别歧视。如认为没有遭遇性别歧视的 Y028 就有过因性别被拒绝的经历："我遇到过一次，觉得还蛮好的，工作还蛮符合我的，我去面试，我还没讲，他就跟我讲，我招的是男生。"认为自己和同学都未遇到过性别歧视的 Y065 提到一次去某公司面试销售工作的经历，"很多女孩子本来准备投的，然后那个经理说能吃苦，能长期出差，然后女孩子就立马把简历收起来了"，"我是想让我直接做销售的嘛，出去找订单的那种嘛，他们不让我做，他让我去做男孩子的销售助理，就是让我做他的助理，接电话"。承认"男士优先肯定是有的啊，男士优先呢，你知道在招聘会上有很多的那种牌子，牌子上就会说的男士优先"。再如强调个人素质比性别因素重要的 Y081 说："公司没有明显的性别要求，但是对客户服务，用（户）服（务）来说，男生优先一些。""用户服务（涉及医疗器械），它可能要成天去医院给人家修理仪器，搞维护，肯定是男生更好一些。"虽然面试很好却因为性别因素被拒后，也不认为是性别歧视，"我记得当时我在××面试更精彩，面试后面试官感觉都很好，但是后来打电话说人家就是要男生的，后来把一个有工作经验的男生留下来了，没办法，就是没办法"。不过后来她也承认："其实在找工作的过程中，会遇到歧视，只要你足够的优秀，还是可以的。对于大多数人来说，歧视还是有的，比如说我们有的男生成绩很差，但是找工作就比较容易，有的男生成绩一般就可以找到工作，而女生必须要优秀才可以的，女生如果很一般就比较难了，就是和男生相对来说"。再如 Y074 对招聘时性别上"只要男生"要求的态度是："也不是性别歧视，可能他们觉得男的适合啊。"Y082 也持这种观点，Y087 更是认可公司因女性生育等麻烦而不录用，"女的以后结婚、生孩子这些都是需要假期的，公司不可能浪费时间，另外找一个人来代替你的工作，而且也不可能空着一个位置，而且也不可能把人家辞掉再让你进来，这是不可能的。所以我觉得是有这方面的原因（不录用女性）。如果我是老板我也不愿意要女的，就是这样还没结婚还没生孩子的女的。我觉得我是老板我就是不要女的，而且我觉得这个其实也不是歧视，我只是从我自身的利益出发"。

第三，不少认为没有遭遇过性别歧视的女性都认同，如果是男性，会更容易找到工作。Y002："男生比女生有优势，不管工程的，就说我们这个财务吧，很多企业首先想要男生，也不是说歧视女生，很多企业说我们这个男女比例失调，所以想多要点男生。"Y046 也认为会计行业男性更有优势："我觉得就我们会计来说，男性如果当会计，他会在求职方面比女性有更大的优势。"从事贸易工作的 Y061："男性更容易啊"，"男性身体好，适合出差，适应加班"。还有一些人则认为男性的选择范围更宽，Y045："毕竟适合男性的工种比较多一点，女性在有些岗位会受一些限制的吧。"Y063："如果是男性，或许会好点吧，因为有些工种可能只是招聘男性，他们的就业面可能就更广了。比如技工之类的招男性比较多。"

第四，对于一些认为自己在求职过程中未遭遇性别歧视的女生，再追问同行业更多情况时，发现女性多聚集在低层，高层男性更多，男性晋升也更快。如会计行业的 Y046 承认男性空间更大，"影响的话就是一些升职啦，对于你的培养啊可能会差一点"。毕业于师范院校、当小学教师的 Y072，认为学校"没什么歧视"，但通过后面的谈话，了解到："我们学校的男老师都是领导"，"还是男老师升得快"。承认"重男轻女"，说"女老师全是被统治阶级"。问及男教师晋升快的原因时，她说："因为他是男人！就这么简单。"从事酒店销售部行政助理的 Y077 肯定地说她未遇到过性别歧视，酒店行业不存在这个问题。但进一步访谈后，我们发现："酒店的最高层，这些人里面，说实话就我们老板一个女的"，而助理多是女性，"（行政助理）基本上都是女的，除了工程部的那个秘书是男的以外，其他的都是女的。做秘书这个职位的男的少吧，应该"。最后也承认："我觉得作为一个女的来说，你确确实实不像男的那么占优势。"护理专业的 Y086 同样认为"医学类一般没有（性别歧视）"，但却同时提到："一般医生都是男的，男的会比较多一些，女的一般会去轻松的行业。"

第五，一些认为未曾遭遇性别歧视的女生，在后面的谈话中暴露可能与性别歧视相关的其他问题如限制结婚和生育、性骚扰等。Y019有流产被扣钱的经历；Y043 曾经上班的工厂没有产假，"我那个厂不是正规的，生孩子不放假的。生孩子的话就不做了"。而 Y068、Y069、Y083 都遭遇过应聘单位对生育的限制，Y068 被要求签订两年内不准怀孕的协议，"我们后来还签了那种像协议一样的（文件），保证两年之内不会怀孕"。Y069 提到应聘的一家单位，要求"如果你在这里上班的话，两年之内你不准结婚，不准生小孩。你如果要结婚也没有关系，就是那些什么产假福利什么全都没有"。Y083 也说道："就像我最后敲定协议的那家，就有说，就是三年之内不能要小孩，或者说会问成家立业啊这样的一些问题。"Y090 则有类似性骚扰的经历："就我自己的切身经历吧，我有一个客户，说晚上如果你过来陪我一个晚上，我这个单子就给你。"

此外，适婚适育年龄的女性比较难找工作，很多单位都要求招已婚已育的。如认为性别不是问题，主要问题是没有工作经验的Y013："像我这样，三十岁了，还没结婚、生小孩，现在找工作，他们面试时基本上就不会让你过。"Y025也说（性别）"这个倒没有什么"，但"有的单位招聘直接写在上面，要已婚已育的优先"。Y067虽然说："我想了一圈，你说，这个找工作难呢，可能中间没有碰到你这样的一个性别问题"，但提到"我觉得单位面试经常会问你有没有男朋友，有没有女朋友这种问题，这个应该说大家会考虑到的"，"他就是怕你，影响工作，女性有公假、产假，他要考虑这个问题"。当问及说自己"至少现在没有遇到（性别歧视）"的Y074在求职过程中是否遇到问及性别方面的问题时，她回答："是啊"，"要已婚已育嘛。我想拿个结婚证就算了，那个已育啊，哪那么快给你生孩子啊"。

由以上的分析可以看出，这66位并不认为自己在求职过程中遭遇过性别歧视现象的女性求职者，当我们进一步访谈和分析，却发现了许多事实上存在的问题：以各种"不合适"的理由拒录女生；同样条件，男性更易找到工作；女生聚集在传统女性职业内，并且多数是层次较低的岗位；同一单位中（即使是女性集中的行业），高层男性比女性多，男性晋升更快；结婚、生育等问题成为女性求职方面的障碍。

这些是否是性别歧视呢？

关于性别歧视，联合国1979年通过的《消除对一切妇女形式歧视公约》规定：对妇女的歧视是指"基于性别而做的任何区别、排斥或限制，其影响或其目的均足以妨碍或否认妇女不论已婚未婚在男女平等的基础上认识、享有或行使在政治、经济、社会、文化、公民或任何其他方面的人权和基本自由"①。而国际劳工大会1958年通过的《1958年消除就业和职业歧视公约》则对就业歧视作了具体的规定："基于种族、肤色、性别、宗教、政治见解、民族血统或社会出身等原因，具有取消或损害就业或职业机会均等或待遇平等作用的任何区

---

① 《消除对妇女一切形式歧视公约》（http://www.un.org/zh/globalissues/women/cedawtext.shtml）。

别、排斥或优惠。"①

　　国内有学者根据《消除对一切妇女歧视公约》和《1958 年消除就业和职业歧视公约》，并结合中国职场歧视的特点和对以往案例的研究，将中国并非基于工作本身内在的要求而作的以性别来区分、排斥或优惠的职场性别歧视归纳为 8 个方面：（1）招聘中的性别歧视，比如用人单位只招男性不招女性，或提高对女性的用人标准。（2）劳动合同中的性别歧视，如合同中有禁婚、禁孕、禁育条款等。（3）岗位、薪酬、待遇上的歧视，如同工不同酬。（4）职场升迁上的歧视，如男女提拔机会上的不平等。（5）对女职工特殊保护范畴中的性别歧视，如使用一些手段变相侵害女性在孕产期及哺乳期的合法权益。（6）同进同出的规定，即同一单位男方调离的，女方被解除劳动合同或待岗停薪。（7）职场性骚扰。（8）对女性退休年龄的限制。②

　　因此可以看出，被访谈者认为不是问题的都属于性别歧视。而从前文我们对国内外政策文本的分析来看，性别歧视，除了指基于性别原因的区别对待（直接歧视）以外，也指那些表面中立但却给不同性别带来差别影响的雇佣政策和实践（间接歧视）。这样，一些更隐蔽的行为也可能是性别歧视，如由于对身高的要求导致女性符合条件者很少。

二　就业市场中的性别歧视类型

　　从访谈来看，涉及的性别歧视类型主要有如下几种：

（一）雇佣性别歧视，以性别为由拒绝录用女性或提高录用标准

　　我们在招聘市场发现很多招聘都有明确的性别要求；一些岗位虽然没有明确提出，但也会以各种借口拒绝女性或提高女性录用标准。

---

　　①　《1958 年消除就业和职业歧视公约》（http：//www.npc.gov.cn/wxzl/wxzl/2005-10/20/content_ 343967. htm）。

　　②　李莹主编：《中国职场性别歧视调查》，中国社会科学出版社 2012 年版，第 8 页。

从我们访谈的雇主来看，只有极少数雇主表示招聘时会偏向男性。g004："现在不是规定不允许性别歧视吗？""在发布招聘启事的时候不会注明的，但具体人选上，如果同等条件，会优先考虑男的。"g013："性别是考虑的因素之一，但不是最终决定条件，优秀的女性我们会录用。"g020："这个我们一般的情况下，不明确的指出来，但是在招聘的时候有倾向性。"

但从被访的女性求职者来看，雇佣性别歧视显然更为严重。

1. 女性比男性找工作更难。Y008："很多招工，虽然写不限男女，其实他更愿选择男的不愿选择女的，因为招了女职工，她得有婚假产假，她走了她的工作就得找别人干，那样他就得发两份工资。"Y017："因为在体力上肯定不如男的，做体力活不比男的大，就是从农村来的体力也不比男的。""那肯定的，是我的话，同样的活，我情愿招男的不要女的，因为体力活嘛。"Y021："有些人可能就会想男孩子就比女孩子优秀嘛，虽然你没有工作经验，我把你招到公司，你可能上手的比女生强。"Y047："在大学里面，像一个理科类专业，女生拼命地去学习，在班里成绩非常优秀，基本上都是前几名的，男生相对来说不学习。但是找工作的过程中，男生在不学习的情况下更容易获得一个好的工作岗位，而女生反而更不容易获得。"Y055："很多我们专业能报的（岗位）都男生占优势。"Y070："像还有一家，我记得是一个高校，某大学财务处，当时他们来招人，他们说连女博士、女硕士都不要！他就这样说的，只要男孩子！"

2. 传统的"男性行业"不招女性是普遍现象。一些机械、制造、电子、计算机、工程、建筑、通信等专业的女生就业难以找到专业对口的工作。机械制造专业的Y018："在人才市场我投过一次偏机械方面的简历，当时那个招聘的人就说，如果你是男的，我们就招你了。""跟同学一起去找工作时，三菱就说，如果你们是男孩子我们就要你们了。要是女孩子，那就算了。专业特殊一点。"计算机应用专科的Y021："我的专业学的不是特别好，还需要经验，基本上都是找文职类的。"Y034："原来我在学校也是尖子生，我是××铁道车辆高级技

工学校毕业的。我在学校的时候参加活动比较广，老师说如果推荐学
生进厂的话，一定会推荐我的。我们学校的毕业生，好的优秀的就直
接进××车辆厂了。因为我们的学校是厂附属的学校，那个厂里的工
作量还好，福利也挺好的。老师说会推荐我的，但到最后没有进去那
个车辆厂，因为厂里规定了不要女孩子。当然以前厂里就不大要女生，
但我老师说我很优秀，推荐一两个女生进去应该没问题，但到最后都
没有进。""我们班将近二分之一的男生都进去了，有的理论跟实践都
不如我的男生都进去了。""我后来去找过老师，可老师说他尽力了，
也推荐了，可厂里明文规定的不要女生，老师也没办法吧。"Y037：
"做建筑的说起过，同样学的建筑，就是不要女生。后来学校为了解
决办理女生的就业问题，就明文规定，如果你这个公司要跟我们学校
某两个男生签订用工协议，那你必须再招聘我们一个女生。采取捆绑
式的方法，帮助女生就业。"通信工程专业的Y071："因为我的专业问
题，我很多同学刚出来的时候都是要求工作经历的，男的要工作经历，
女的基本不考虑。"女性即使到电信、移动类的部门工作，从事技术
工作的也较少，"女的也是在里面，可是就是变成话务员那种的"，
"这个专业可能男的比较适合点"。

　　3. 一些中性行业如销售、外贸，甚至传统上的女性行业如会计、
文秘，有时也不招女性。Y001的老师帮助联系一个医学院办公室工
作，因为性别原因未能成功，"那个院长想要一个助理，应该就是说
女性不太方便"。Y049："有的招聘条件明确提出收男性，尤其是秘
书。""你忘了咱们在学校收到的招聘信息，秘书基本都要求是男生。"
Y083："事实上，做到高管的，董事长秘书啊什么多半都是男生。"财
会专业的Y070："曾经我想找一个研究所待一待，这个研究所招三个
人，他们说只要男孩子。""很多研究所那样的机构只招男孩子的，性
别歧视！""他们就是要男孩子不要女孩子，其实按理来说我们这个专
业让女孩从事更合适一点，而且很多单位，而且从以往的经验看，女
孩子来干这个工作更有优势，你说一个男孩子，怎么会甘心从事这样
一个平淡的工作？但是他们这些好单位来招人就是要男孩子。"名校

的电气自动化专业 Y075 主动避开传统上认为是男性的行业，而选择一些中性的专业，但仍遭到拒绝："当时，唯一的想法，就是不想从事工程师之类的工作，因为这样的工作太理科性了，不适合女生，所以当时就偏向销售类的或者是商贸类的工作，但事实好像给我一个蛮大的打击"，"（一家公司招聘人员对我说）销售，陪客户喝酒，毕竟面对客户嘛，要满足他的需求，要建立起关系来，可能都是，大家先要娱乐娱乐什么的，女生在这个方面，可能相对于男人来说，还是不方便，然后，他就是挺明白地跟我讲这个事情嘛，之后可能蛮受打击的。以后又找了××、××这两家外企，发现它们都不太招收女生从事这方面工作"。再如某外贸学院英语专业的 Y076，想寻找外贸类的"跟单"工作，"刚开始还是信心满满地进去，觉得自己还不错啊，怎么怎么怎么样。可走进去以后呢，先是认准跟单，其他就不看啊。我说我应聘跟单，我一去，他一看，他就说我们这边不招女的跟单，一句话，当时我就不知道是为什么啊"。Y089："我记得就是前段时间吧，地铁在招地铁司机，其中的一条就是只限男性。实际上那个工作没有什么太多技术含量的，首先一个都是电脑控制的，其实它的门槛不高，唯一的要求就是只限男性不要女性。"

4. 育龄期女性难就业。Y004："目前公司在招聘时很少招 25 周岁以上的未婚未育的女性"，"因为要面临不久就要结婚生育的这样一个风险，所以女性的年龄的确是一个瓶颈"。Y008："排斥女性生过小孩，小孩年龄不大的，你这个小孩没有上幼儿园。没有结婚的到了结婚的，小孩子很小的。"Y014："单位招聘也很精明，要计算它的成本。像我这样，三十岁了，还没结婚生小孩，现在找工作，他们面试时基本上就不会让你过。"Y036："比如有的公司的招聘条件就会明确写着，已婚已育优先。我跑了好多人才市场，看到好多提这种要求的。"

5. 中年后女性再就业难。Y007："有一点，你年龄越大工作越难找，比方说酒店呢，一般都是要求比较年轻化的女士，如果一旦大概超过 30 岁啊，你找工作就比较难了。就有一个年龄，哎！但是男人呢，是你越有经验，你老了没关系的。但是像我们做这个行的，你年龄越大，你就越难找。"Y016："还一个困难就是性别，女性过 35 岁就很难找工作了，男的就不一样了，越老越吃香，越有经验人家越想要。"Y035："我今年 49 了，到了我们这个年龄后，工作就很难找了，工作范围就很窄了。我下岗后就一直做保险营销员，做了 9 年。所以最近才开始重新找工作。但是年龄大了，不好找了，好多单位都不要我们。"

6. 其他歧视与性别歧视叠加。如对身高、外表的要求，Y007："有身高上面要求的，我可能想去做，他可能会招 160cm 或 170cm 的。他会有这个限制。"Y013："困难，就是本身身高不够。刚毕业大学生什么经验没有。"Y036："反正给我印象最深的一次就是，我去一家在三山街那边的公司面试，我去的时候很多人在排队，是要招前台的，我们在那边大概等了快三个半小时，招聘的人员才出现，然后到我面试的时候，我把简历递给他，他看都没看，直接说我们不要戴眼镜的。而我前面那个女孩儿进去面试，招聘方竟然说她太高了，也不要。人家长得挺漂亮的，长得有 168cm 吧，可那家公司面试说就要 160cm 到 165cm 的。后来又进去一个女孩子，结果公司又嫌她太矮了。"

（二）职业性别隔离，女性集中某些低层次、低收入行业或岗位

格罗斯（1968）将职业性别隔离定义为在劳动力市场中劳动者因性别不同而被分配、集中到不同的职业类别，担任不同性质工作的状况，包含横向隔离和纵向隔离两种形式。[①] 安克（Anker，1997）将横向隔离定义为男性和女性在不同职业间的分布，即男性和女性在社会声望和地位等处于同一水平的不同职位、职业和行业的分布状况，如女性成为保姆或秘书，男性成为卡车司机或医生；纵向隔离是指，相同职业中男女分布可能是某个性别总是处于较高级别或水平，即男性和女性在社会声望和地位等不同的职位、职业和行业间的分布状况，

---

① Edward Gross, "Plus Ca Change...? The Sexual Structure of Occupations over Time", *Social Problems*, Vol. 16, No. 2, Autumn 1968, pp. 198 – 208.

如男性更可能是生产监督人员，而女性更可能是生产工人。①

这两种情况的性别职业隔离在我们的就业市场上都存在。

关于横向隔离，女性集中于文员、助理、中小学教师、护士等服务类岗位，男性集中于需要体力、工程、野外类职业。Y002："我们服务型行业嘛，总体就是女性比较多。" Y004："因为我所就职的是服饰行业，女性相对较多；（就职的）第一家半导体公司女性较少，（但其中）从事行政人事的女孩子会多一些。" Y016："女性一般都是会计、前台，销售的很少有女的，整天在外面跑，一般人都不愿意干。" Y024："女性基本都是做助理、客服之类的。" Y026："在苏果，女性收银、促销都有。""大部分都是女性嘛，一些比较重的活，让男性来做嘛。" Y028："像一些技术含金量比较高的活，一般像机械啊计算机啊，招的男的肯定比较多一些。""可能思维上不如男性敏捷吧。反正以我个人的（感觉）来看，我觉得男的是敢想敢做的那种，女的比较小心翼翼，比较谨慎的那种，这方面不如男性发挥得好。""我觉得60%的女生啊还是做文员啊、销售啊，这方面啊可能比男生好一些。但是计算机啊机械啊这类，还是女性比较少一些，男性偏多一点。" Y046："像我们单位里，女性像我们办公室就是会计呗，还有文员，还有打扫卫生的，没别的了。"同样是学技术的，女性不被安排到核心技术岗位，而是作为文员、助理等，如技术专业的 Y069："我刚开始出来的时候，我就没想找本专业方面的工作。因为我觉得我学得不好，人家肯定不会要我"，"去了我都不会做，我觉得是，反正我就没想找这方面的工作"。Y071："可是我们很多同学如果在电信的，都是在机房工作，移动的都是在支撑那边，女的也是在里面，可是就是变成话务员那种的。""但是女的方面他不会让你搞技术，让你搞文员什么的，可能就是搞一些设计方面的，就不会牵扯到技术，一旦招聘的话。"

更受我们关注的是纵向性别隔离，女性集中于低收入、低层次岗

---

① Anker R., "Theories of Occupational Segregation by Sex: An Overview", *International Labor Review*, Vol. 136, No. 3, Autumn 1997, pp. 315 – 339.

位，高层领导中女性偏少。Y002："最高管理者男性居多。""一般上升到主任级别的，女性偏少，男性偏多。"Y004（服饰行业）："目前，女性多集中于竞争力不强，执行力比较多的辅助部门。比如行政、人事，督导，但鉴于是零售业，也有很多女孩做直接的衣服销售的。"Y022："女性收银员、服务员、清洁工多一点；一个大的经理、项目男的多。"Y029："我想说的重点就是×××一个非常典型的特点就是管理层男女比例失调得相当严重。员工来说，女性居多，比如说收银员啊、迎宾员啊、前台之类的这些岗位，女性员工起码在 80% 左右，工作相对简单，但是工资就很低。然后后勤啊、人力资源之类的部门，也是女性居多。但是到了管理层的那一层，真的就是男多女少了。像×××一家店，一般就是五个分区的副总、一个常务副总、一个店总，相当于这七个就是一家店的老板级别。像我在的那家店，七个老板里面只有一个女的。然后在我在成都培训的那家店，也是同样的结构。"Y031："我这个工种一般是女的多，这个工作太苦了，一般都是四川、云南那边来的人在干。但整个厂子还是男的多。我们厂子没有女领导，我们就一个领导，那就是厂长。"Y060："单位女性居多。科长级别男女一般，经理以上级别男性居多。"Y071："像技术人员就很少是女的，就一两个，就很少了，各方面女的就是做协助方面的，招收的人员方面就文员的话都是女的。然后男的就都是技术方面的。""比如说有高级技术人员这样，基本这种高级技术人员就是看不到女的了，还有就是公司整体来看，女工是很少的。"Y073："社会对这方面的定性是倾向女性的，女性比较偏多，像些比较初级的。可能到行政主管，行政经理就可能偏向于男性。但是目前比较低阶段的时候反而对女性的要求（需求）比较多。"英语本科毕业的 Y079 应聘的第一份工作情况："我们进去以后也就被当作廉价的劳动力，一个月也就千把块钱，保险没有，什么都没有，就帮他开业。""我们主要做咨询，那个老板好像不太喜欢男的，他觉得女生好做事，听话。""他好像是觉得女的听话吧。觉得男的野心更大，干不了几天就跑了。"Y083："我有统计过，就是我们在咨询公司的时候，就是做项目的时候，他们的高管里面，就是那种相当于下属分公司的老总副总，还有起码中层以上的，我看里面只有一个女的，三十多个人中只有一个女的。"

从我们访谈的雇主来看，绝大多数雇主表示会根据工作性质来考虑性别问题。当然男女有差异，根据各自特点安排工作，很难说是一种性别歧视。如g003："我们只有文员要求女孩，因为大部分女孩都细心一点；其他岗位没有性别要求。"g013："因为我们是电力企业，都要在基层一线工作，体力要求高，女性在很多岗位不能胜任。女性主要放在后勤管理岗位。"g029："需求岗位以客服经理为主，女性无论是从性格还是沟通技巧上整体效果都略好于男性，因此招聘女性为主；但涉及招聘专员等需要经常出差的岗位，男性较为适宜。"g035："男性和女性应聘人员各有优势和缺点，用人单位肯定是根据自身的需求来决定选择的偏向性。"

但是，由于传统性别观点和女性怀孕、生育带来的客观问题，大多数雇主都认为相对于男性，女性的工作应该比较简单、低层次、劳动强度小。g002："打个比方，如果工作强度不大，一般考虑女性。或者技术含量不高，工作性质不太烦琐，可以考虑女性。"g025则是持这种观点的雇主的极端代表，他坚持女性只能做业务助理，而男性则做业务经理，而且两条渠道晋升，互不跨越。"我们公司做销售助理、文员、文秘工作的，要是找个男孩子，他肯定坐不住。"男性即使想做助理类的，也不行，"第一他不稳、坐不住，心浮气躁，现在是普遍现象。男孩子不适合做这种工作"，"而让他做销售助理，他觉得寄人篱下，也不是讲寄人篱下，就是说是地位低一点，他总觉得压抑，好像是你发现不了我的能力，我在你这里不被重视，不被重视那他最后就跟你拜拜了"。女性则可以安稳地从事助理工作，即使有能力做业务经理也不培养。助理"做一些文案的工作，客户档案整理，客户订单来了以后归类，需要什么产品，向销售经理汇报。具体有什么决断，由他（指男性经理）来做决定"。"女孩子最少50%是安于这样的工作的，女孩子一般从学校出来也22/23岁了，谈婚论嫁、生孩子也是这个时期，她们这个时期需要一个安稳的工作，那接着生完小孩子，她要哺育啊、带小孩啊、小孩子大了又要上幼儿园啊接送啊上学之类的，她没有时间在外面跑东跑西的，所以，就这样我们就安排女孩子做销售助理，你有能力做销售经理，从我们公司来说，我们不培养你。""女孩子做业务不行，男孩子有野心，他不愿意寄人篱下，不愿意被别人不重视，他希望得到别人的认可，他有这种冲劲，你让他去做销售经理是比较好的。这是从销售经理和销售助理的区别来看的。"

（三）女性培训、晋升机会受性别影响

绝大多数雇主表示培训、晋升方面不考虑性别因素，主要看绩效和员工的能力。g006："我们是良性竞争的，能力说话。"g007："（性别因素）这个倒没有，要看绩效的。"g018："都有晋升机会，都是平等的，而且都是一致的，这个跟性别没有关系。"承认这方面有区别对待，或者表面上无区分，实际上会更偏向于男性的雇主只有9位。如g003："表面上说一样，但内心还是不一样的。"g004："（性别影响）肯定存在"，"在晋升、培训等对个人发展有利的机会上，同等条件下，男同志肯定比女同志优先，因为男同志工作年限比女同志长，从对企业的贡献来讲，愿意把机会给男同志"。g014："应该说或多或少会有吧，因为我觉得男性相对于女性来说可能会有更多的魄力和创造力。"g026："我们在用人的时候也会考虑到，如果一个男性职员和一个女性职员在一块的话，那我需要从事一些比较有长进的或者有发展前景的岗位话，我会优先考虑男性，因为他能够放下家庭能出去，但女性她不能够，我让她出差两天，她跟我说家里有个小孩。我觉得这个先天性的条件造成的。"

从对女性求职者的访谈看，更多人认为女性在培训、晋升方面机会不如男性。Y004："培训方面也是低端的培训会比较均衡，但高端培训就会少一些。"Y018："我觉得还是以男孩子为主，女孩子升职空间比较小，很少，十个里面一个就算不错了，特别是销售和技术这方面。"Y029："如果这个升职的机会在你面前，你答应了，做出回应了，马上就是你的高薪厚职。但是如果有那个职位空缺的时候，自己

怀孕、休产假，那些职位就只有拱手相送了。如果要等下次升职机会的话，就不晓得是多久了，就完全看各人运气了。这一点在外企是特别残酷的。"Y038："就升职方面不太一样，男的更容易。""男的更会受领导的重视和栽培。"Y039："工资那个好像男的多，升职也是他们快。男的应该参加培训多吧，去外地男的方便。"Y046："影响的话就是一些升职啦，对于你的培养啊可能会差一点。"Y071："我有一个朋友，就是各个方面都很强，技术什么的，但是在晋升的时候，领导就是优先考虑那个男的。"

而有些处于底层劳务工作的女性，更是很难有升职机会。Y024："我们做这个职位，很少有升职的机会。因为你接触不到核心技术，很少有升职的机会的，都是做些杂的东西。"

（四）女性的怀孕、生育被限制，或因怀孕生育而降职、免职或调薪

35 位雇主中有 18 位表示对女员工的怀孕生育没有限制，这其中绝大多数是出于对女性权利的尊重，但也有是因为女性被视为次要的，才没有限制，如 g025："像我们这样一个商业企业，女同志不是主要的，不是主要的岗位。文员，可以说你今天来，你明天走，明天换人，对我们公司不影响。我们有人传、帮、带。女员工怀孕期间，我们会不断地有人员储备，就算那个岗位有人，我们也会来招聘的，我们要在内部形成一个竞争机制，让每一个人不要翘尾巴。"

另有 11 位雇主虽然对女性的怀孕生育没有限制，但表示生育会影响聘用、工作安排与培养。

1. 首先会关注女性怀孕生育状况，一般招聘时都会问及，倾向于回避育龄期女性。g002："在招聘过程中，我们会问及婚姻及生育情况，但不做口头协定或书面协定，双方互相尊重。""还有补充一个问题，从用人单位来看，更倾向用已婚的女性。未婚女性没有定数，会把生活情绪带到工作中，影响工作效率。而已婚女性投入工作的时间，总体而言是差不多的，但工作效率高，更稳定。"g019："没有。但是

我们在招工的时候也会考虑到这个问题，希望一个就是结婚的，有小孩的，小孩最好不要太小，因为我们工作时间、工作制度不允许你考虑太多的家庭问题，你只有把自己的小家安顿好了，大家才会好。"g026："我们可能就会要求一些年轻的、未婚未育的，因为一旦有孩子以后可能也会多多少少牵扯到工作上的精力。"

2. 一般会协调生育问题，如果很快怀孕生育或不按照协商计划怀孕，会影响培养晋升，或者调岗、解雇。g002："我们没有严格要求。如果感觉应聘者可塑性较强，可以招入。对于刚毕业的女孩子，一般情况下，不可能立即结婚。如果等两三年后再考虑婚嫁问题，我们会对她大力培养，尽快让她上手。对已婚，或刚结婚就来找工作的女性，如果感觉合适，我们就会问她们什么时候要小孩，尊重她们个人意见，如果短期内（半年内、一年内）就要小孩，我们暂时安排她一些轻松的工作；但这种情况下，我们在招聘的过程一般会回避。"g007："一般都有，她们来了，都有跟她们说清楚。""一般都以协商为主，就说大概能在这干几年，什么时候大概生孩子，公司有个数，对你的工作安排啊，还有培养啊，有个数。""一般是口头的，书面的也难办，按国家法律，这就违法了。""我们一般就调岗。""岗位一般是平行的，但工资会有所减少。""因为一般在我们看来，女同志一生了孩子，她们的性格啊工作态度啊各方面啊，都有很大很大的转变"，"所以一般把她们调到不是特别重要的岗位。"g009："（生育后）调岗的比较多"，"因为她毕竟生孩子了，和没生小孩的有区别的。从体力上啊，这个出勤方面都有差别。结过婚的人和没结过婚的人，生过小孩的人和没生过小孩的人还是有区别的。"g014："其他我不清楚，但是在我们这个行当里是需要的。比如说，结婚生子这些并不是很刻意，因为我们这个行业从业人员一般都很年轻，结婚还好，生孩子的话她一般就会考虑不做了。毕竟这个是长时间的，虽然体力消耗不大，但是有小孩之后就考虑没有时间带，好多人就考虑要了小孩就不干了。"g021："过去呢，有一个协议。现在呢，只能是拒绝"，"这种协议，没有任何意义"，"不可能约束。即使双方签字，国家也不认可。只能禁止协议。""如果发生这种情况（指突然怀孕），就该招人了。单位自认倒霉。如果对方也谈不上道义，只能说是……她真怀孕，作为企业来讲没有任何办法。你来了之后，最起码你不能来了一个月、三个月就怀孕，最起码做个一年两年。你要执意这要做，单位就不要你。"g026："进来的时候我们是要求她未婚未育的，但一旦怀孕，我们会考虑给她转岗，转到其他适合她的岗位去。"g034："我们没有这个要求，但是呢一般默认的情况下呢，在刚进公司的第一年，如果有怀孕这种行为的话，虽然公司不会说什么，但是的话会被默认为这个员工不太……其实这有点像个潜规则一样，就是说至少在刚换公司的这个情况下，就是这一年里你是不太应该有这样一个行为，因为这样的话对公司是不太有利的。"

　　还有 4 位雇主对怀孕生育进行限制的态度更强烈一些，g006："我们公司的员工，首先现在我们是不提倡结婚的。趁年轻干事业，恋爱结婚的对公司发展也不是很好。""会和员工签合同，但这方面没有特别强调，只是在她们面试时说一下，让她明白这样做的好坏。""我们是不希望在从业务员发展到经理这个阶段，结婚生育啊等情况出现。要生育要得到经理的批准，看他给不给你这机会。因为像我们这个工作，主要就是年轻人做的工作。在 20—30 岁期间，要多吃苦。我们不是传统行业，不像有些工作，还可以带子上班。""那就要具体对待了，要看她对公司的忠诚度。如果你刚来没多久（就怀孕），那我们就开除。如果时间长，都渴望有一个平台来发展的，可能就会对她的要求啊什么的放松一点。"g010："会的，一般是书面协商"，"比如说，像财务这种岗位的话，不能缺人啊。这样的话就完全可以把她放在一个储备的位置上。我们不可能还让她做这个工作，那前期的正常工作谁来做。""对，不可能完全按照她的意愿，我回来还要做原先的东西，那你不在的时间原先的东西谁来做，没人做当然要安排人来做。你回来把你安排在原来的岗位上，那顶替你的人我把人家安排在哪里，不能仅仅从你一个人的角度考虑问题。"g023："但是结婚还是要和公司协商，这样公司方便给你安排假期"，"公司没有硬性规定。进公司前会签合同，如果违反，要么辞职要么终止合同。""打算结婚的人一般都会换工作，因为我们的工作经常在外面跑，很辛苦。"

从女性求职者角度，她们在这方面遇到的问题如下：

1. 在应聘时，被问及结婚生育的事是普遍现象。Y004："在招聘时领导会问到你有没有结婚生子的问题，或者近期有没有结婚生子的打算。很大比例20多岁的女孩子都会遭遇这样的一个问题。"Y018："现在公司招人的时候，基本上年纪大一点的话，就会问生没生孩子，还是倾向于招一些生过孩子的。生孩子要休产假要三四个月，一般不怎么愿意的。"Y043："现在女性嘛，他老是问你多大了，结婚没有，有小孩没有，要么就是年龄小点没结婚，要么就是年龄大点生过小孩了。像我现在二十八九，他问我结婚没有，没有结不要，要是结了没有小孩，他也不会要。"Y089："一般都会问你有没有对象，有没有结婚，因为一旦你结婚了，女性嘛，毕竟结了婚以后就要涉及生孩子，这个就是一个很长时间的停滞期，很多用人单位会在这方面有很多考虑。"

2. 招聘单位回避怀孕女性及育龄女性。Y024："模具厂进厂之前，要进行体检。如果怀孕了，就不要了。"Y036："有的公司的招聘条件就会明确写着，已婚已育者优先。我跑了好多人才市场，看到好多提这种要求的。比如说我跟一个已婚已育的一起去应聘同一个岗位，那不用说，公司肯定会选已婚已育的。我觉得这是不平等的。我现在找工作，特地把订婚戒指都拿下来了，不然人家知道你订婚了，那很快就会结婚，工作半年你就结婚，然后接着就要生孩子，那公司肯定不会要你的。"

3. 被迫签订几年内不怀孕生育的协议。Y068单位发生女性未汇报就怀孕的事情，之后单位与女员工签订了"保证两年之内不会怀孕"的协议，"他规定你必须签，你不签你可以辞职"。"他就这样说的。他说你可以不签，你不签你辞职。他说你觉得你不会怀孕，不会这样，那你何必不签呢？当时没多想，就（签了）。（现在想）蛮弱势的。"Y083遇到的单位则是"三年之内不能要小孩"。Y080的实习单位也有生育限制，"我记得那天去××银行实习的那天，××银行就是有个规定，在两年或是三年内不能生小孩"。Y069 则说到求职时公司对女员工两年内不准结婚的要求："还有就是，如果你在这里上班的话，两年之内你不准结婚，不准生小孩。你如果要结婚也没有关系，就是那些什么产假福利什么全都没有。过两年（生）就有了。"Y070介绍的是她朋友被限制生育的事："我记得我有一个朋友做记者的，她到那个出版社什么的地方去工作，她们那个应该算事业单位了，她们规定进去三年不能生小孩。"

4. 已经工作的女性，生育需提前申请，上报单位，以便单位在工作、人事上作安排；而女性比较多的单位，生育则需要排队。Y006："我们这怀孕必须提前申请，这样相应的待遇如工资、产假，才会有。"Y005："因为学校女老师比较多，如果同时去生孩子会有很多休产假的，就会造成缺老师。如果再聘老师的话，产假结束就会老师多。所以我们女性多的组，会有要求的，一般要排队，就按结婚登记时间排。"Y044："如果是像我们在一线工作的，有一种潜规则，如果要是结婚，要提前三个月向单位提出申请。怀孕的话，因为人员有限，那肯定要服从工作需要的安排，我们现在的情况是要排队，先跟领导讲，领导根据实际工作情况进行安排。我们职员之间的年龄都差不多，大家都处于结婚生子的高峰期，只能说要根据工作需要稍微往后推一点。有一个类似于重大事项汇报的制度，就是说如果有结婚和怀孕的计划的话，要提前三个月向单位人力资源部做一个申请。"

5. 一些女性怀孕生育不能享受相关津贴待遇。Y019："之前我意外怀孕流产，把医院的单据什么的都拿去了，但是……他直接就扣掉了（相关津贴）。可能我的合同也要到期了，他想你就不干了就实打实地扣。"

6. 因为生育被调岗降薪。Y035："我当时生孩子的时候，就是因为我遭受了跟别人不一样的待遇，跟领导吵得一塌糊涂。我生完孩子后，就基本没怎么上班，上了半年的班，然后单位效益不好，然后也是我生完孩子回来后，我的岗位被别人顶掉了，他不可能让那个岗位空在那里没人干啊。生孩子前，厂里也没有跟我有什么协定，说我回来还会干原来的岗位。生完孩子回来，都不太记得了，反正是没上多长时间班，就没再干了。当时跟领导吵架是因为，同时间生孩子的，人家报销的钱比我多，我就跟领导吵起来了。我们那时候也是有带薪产假的。"Y068："我们交易部，就是柜台那块有个经理，她是……公司有规定，就是至少要提前跟公司说一声，我怀孕啦，换人接手啊什么的。她就是怀孕了五个月了，谁都没告诉。而且她是被别人发现的，后来别人捅到公司总部去了。然后总部再问我们老总，说：'你们那边那经理是不是怀孕了什么的。'然后他说'啊？'他自己都不知道。然后这件事情就是很火嘛，然后总部也就怪我们，说我们这边办事不力呀什么什么的。然而这件事已经发生了，当时都已经五六个月了。当时她就是因为这件事情给我们营业部带来了很多蛮负面的东西的。后来她就被调到一个闲职上去了，工资就被降到最低了，1200，就这样。"Y070："我有个亲戚就是做房地产的，他们公司有个女硕士生，后来碰见生育的问题，就把她调到很破烂的一个分公司去干活，干的都是一般性的杂活，相当于变相降薪。"

7. 因为生育被迫辞职。Y007："当时我在怀孕的时候，他就是想办法把我排挤掉，你知道吗？""不是说辞掉我，就是说从各方面让你自己离职。""比方说我的工作从来没有失误过，但是不知道怎么回事，就在我怀孕期间，就是隔三岔五地，时不时开始挑毛病啊，或者是怎么样，然后就让你心里面不舒服，因为你本来怀孩子就要个快乐的情绪。然后他就给你那个什么，当时就给你很不舒服。后来呢，我就想呢，我就算了，反正当时刚来南京不久，后来我就没有再去计较这件事。后来我从生完孩子一直在家。我也没有享受到，人家说生孩子是不允许辞职的，而且他得给你预产假的，对不对？他都没有给我。""唉，他就是不愿去承担，比如女性那种，结婚啊，生育啊这方面的事情。"Y043："我那个厂不是正规的，生孩子不放假的。生孩子的话就不做了。""生孩子一般我们都是自己走了，因为上班影响不好。家在农村，生孩子不工作了，工资没有也还是能过下去的。"

Y089："我就给你讲个实例，我现在的一个同学，她是在一家国企，工资待遇什么都是非常好的，但是有一点就是对于女性员工要生孩子必须打报告的。因为她也是做财务的嘛，她们办公室有一个女孩儿，第一次怀孕被迫把孩子流掉了，因为她们的那个领导正好要生小孩儿，这是要提前一年去打报告申请的。但是因为她年龄已经比较大了，而且再加上流过一次产，怕以后会出现问题，结果后来无意中怀孕了，她也没有跟单位领导去说，一直到大概三四个月就是不能再流产的时候才跟领导说。当时领导很生气，因为领导把整个一个财年的工作都安排好了，少一个人的话会损失很多，所有的事情都是要做的，她们的步调是非常紧的。当时领导就不高兴，但也没说什么，不过后来就把她变相地调岗了，把她调到外地去。""但她就不去，不去的话就让她去做看仓库类似的工作，逼得她没有办法，最后就辞职了。"

（五）性骚扰

提到性骚扰的人不多。Y065 提到自己的老板就属于那种"能占便宜就占便宜"的，虽然没占她自己的便宜，"可是我觉得之前那个女孩子会走，可能就是有这样的原因。他让人感觉就是那样的人"。Y085 则提到客户的性骚扰行为，"我发现有一例，只有一例。她为了完成业务跟谁谁谁……对我自己来说，我曾经也遇到过这样的事，就是这种客户有这种过分的要求"。Y090 也有类似的经历："就我自己的切身经历吧，我有一个客户，说晚上如果你过来陪我一个晚上，我这个单子就给你。"

三 性别歧视的策略

劳动用工中的性别歧视是国家明令禁止的行为，那么，用人单位是采取何种策略以对抗国家政策的呢？

（一）明显的歧视

雇主的行为明显违背了国家政策，是一种明显的、看得见的歧视行为。

如招聘时，在招聘广告上直接写"限男性"、"男性优先"、"已婚已育优先"等，或面试时明确告知"不要女性"。就业市场上这种现象并非少见，如 Y049："有的招聘条件明确提出招男性"。Y055："（公务员考试）报的岗位男士优先"，"报完才发现岗位要求男生优先"。Y036："有的公司的招聘条件就会明确写着：已婚已育优先。我跑了好多人才市场，看到好多提这种要求的。"Y042："现在大多数公司招女员工的条件很多都是已婚已育……有的公司在招聘启事上写的直截了当的。"Y018："跟同学一起去找工作时，××就说，如果你们是男孩子我们就要你们了。要是女孩子，那就算了。"Y028："它已经注明了招的是男生，女生再优秀，可能上面的你都符合，但是人家招的是男生。我遇到过一次，觉得还蛮好的，工作还蛮符合我的，我去面试，我还没讲，他就跟我讲，我们招的是男生。"一些雇主也认可这样的方式，如 g009："不需要找其他的理由，就直截了当地告诉她。"g018："直接告诉她，不适合。"g023："那么就直接回绝她，说我们公司有规定，不招女性。"g014："说实话直接标明出来就可以了，这样我们可以节省很多时间，也不会给人造成任何的让人觉得性别歧视，提前写明会减少很多麻烦。这样的话既然提前写明了，人家肯定会觉得你的工种可能会考虑到身体素质方面，或多或少女性会了（理）解的。"g026："我没有理由，就直接告诉她……我觉得可能有的时候反而是掩饰性地或者变换一个方法告诉她，可能会不便于这样的一个招聘的。"

再如要求女员工签订几年内不得怀孕生育的协议，或因为女员工怀孕生育而给她调岗降薪，甚至辞退。还有，不按照国家政策法规给怀孕女员工发生育津贴和补助，等等。这些行为在我们的访谈中都有发现（具体案例见上文），属于明显的歧视行为。

（二）隐性的歧视
更多情况下，雇主采用的是隐性歧视的策略，他们可以用各种理由来证明其行为的合法性或掩盖其歧视行为。Y008："很多企业不敢明目张胆地歧视女性，但是它就是潜规则去歧视女性，都给你面试的机会，让你回家等通知，但是它就是不要你。工资虽然表面上是一样的，但是男性更活跃，机会更多，所以实际上工资也不一样。很多企业表面上说没有性别歧视，其实很多都是表面上的。"Y039："这个暂时没有签合同，签过的也没有什么特别的，现在的人多聪明，才不会明摆着违抗国家规定呢。不遵循国家政策，但是不白纸黑字给你写出来，人家才不留证据呢。"Y055："就算用人单位没有明说要男要女，但是他们自己在心里有标准啊，你说不平等他肯定会说就是公平竞争来的。"g029："一般来说在招聘中不会明确提出只要男性，因为岗位描述中会出现经常出差等字样，通过应聘者的自我判断，一般女性求职者会自动避开该岗位。如确实有女性求职者应聘，最后也会以其他理由告知其不适应该岗位需求。""（回绝的理由）专业或经验等方面，尽量回避性别问题。"

从访谈中，我们发现雇主隐性歧视的策略主要有：

1. 用看似"合理"的拒绝理由使歧视行为合法化。各种拒绝的理由有：

（1）工作不适合。Y004："比如说得知你已结婚但没生育后，就会以各种其他条件不符合职位做借口，拒绝女性求职者。"Y070："问题是，他们会说，我们没有性别歧视啊，我们招聘启事中没有写啊，但是他们在招聘的时候就会不要女生，他会说你就是不适合，一句话带过。"Y084："有的时候它录取的，确实是不适合女生干的，比如说养殖场，这个确实不适合女生干的，因为它那个环境比较艰苦。"g020："办公室是男性，因为我们经常夜间要查岗，所以女同志不太方便。经常夜里要到各个小区检查工作，这样的话，她是不方便的，所以我们要求的是男性。这个一般是根据各个岗位的需要不同。""这倒并不是什么男女性别的歧视，确实根据岗位的需要。"

（2）经常加班、出差。Y052："校园招聘时，遇到××监理公司，到最后面试的时候只有我一个女生，当时表现得很好，但由于我是女生，最后没有得到机会，他们打电话解释说是女生，这个工地经常出差不方便。"Y002："经常加班出差也不适合女生。"g029："涉及招聘专员等需要经常出差的岗位，男性较为适宜。"

（3）需要体力。Y083："它这个写得很清楚，它这个也是做外包，外包也是到处跑，女孩子没有办法接触这样一个东西，而且它那个是做机器，经常扛着这个机器去拆那个机器，你想啊，女孩子啊，做不了这个。"g027："如果是招机械方面的，比如数控操作工、钳工之类的，那肯定是男生，女生根本就干不了，女孩子的劲那么小，加工零件的时候，一不小心就把零件废了。"

（4）累、辛苦。Y076："问了一下他为什么不找女的跟单，他就说，这个跟单呢，就是要两头跑，一头是要跟着客户跑，要跟客户说这个货有没有拿到；一头是要跟那个工厂跑，工厂码头这样子，那工厂码头要货赶工。有时候那个外贸客户说一定要做好，而那边看样子还可能没有拿到货……可能你其他衣服都做好了，就欠一个扣子，然后这个扣子就是买不到，就是不能按照他们的要求，所以要跑到他们工厂里去。我的一个学长他就是说忙到晚上的 12 点多，还是那种郊区，一般工厂都是在工业区，那时候他觉得要很晚了才回来……很累。"g013："那没办法呀，比如我们要招水轮机维修工，那一定是要男的，因为湿度很大，环境污染大，空气少，还要用很大力气，必须喝白酒、吃猪血等，才保证身体不受伤害，这种岗位对我们女性的确不适应。我们在招人时，会告诉女性应聘者我们岗位情况，一般情况下，她们都不愿上这样的岗位。"

（5）男女比例失调。Y002："就说我们这个财务吧，很多企业首先想要男生，也不是说歧视女生，很多企业说我们这男女比例失调，所以想多要点男生。"Y070："我问为什么只招男孩子？他们说已经有很多女孩子了，想均衡一下，这次只要男孩子。"

（6）需要喝酒。Y075："陪客户喝酒，毕竟面对客户嘛，要满足他的需求，要建立起关系来，可能都是，大家先要娱乐娱乐什么的，女生在这个方面，可能相对于男人来说，还是不方便。"Y083："我那次去面试有家公司的时候，是个国企，××电子集团下面的一家，它招总经理助理，当时就明确跟你讲没有半斤的酒量，就不要来应聘这个岗位，总经理助理……当时那个老总直接说，没有半斤酒量就不要来了。"

（7）治安差、危险。Y071："之前没有说男和女有什么差别，就是说我们从简历上看没有什么差别，后来就以金山那边治安比较差为借口不要女生……后来他就告诉我们说，这次我们只招男的，可能男的比较适合，就是前面说的借口，金山那边治安比较差。"g019："一些来面试的女同志，我会把一些情况给她讲清楚，比如我们需要倒班，有个女同志，她家住在浦口，我跟她讲得很清楚，我们这个倒班啊，你要早出晚归，路上会有安全问题。"

（8）男女比例失调，和谐人际关系需要。Y008："因为人力资源管理要调节人际关系啊，他觉得男性更善于处理这方面的事情，不会在公司里吵架，三个女人一台戏，女的会破坏公司的形象。"

以上拒绝理由除"男女比例失调"、"和谐人际关系需要"外，都是以保护女性的姿态出现的，非常容易被大家接受与认同，因而也容易合法化。

2. 以"等通知"、"等电话"、"结果出来电话通知"等方式拖延。g005："那就是在招聘简章上不规定招聘男性还是女性，但是在面试时，会说'你等我们电话吧'。比较委婉的，我们不会说'你们是女孩子，我们不要女性'……复试的时候说等电话，如果打了说明还有机会，不打就没有了，她就没有了质疑的理由和机会了。而且面试的时候说得很委婉，不会有让她觉得有被歧视的感觉。"g010："当时我不会非常刻意地说，'不好意思，我们只招……'毕竟她过来看见了，就好像我们出去招聘的时候不一定会要求今天必须招多少人，我们能做的就是，要有人来看我们的简章，对于我们来说就是一个宣传。既然她过来转了，也会一本正经地给她进行一个面试，我们会在哪天给你通知来面试。"（如果有人追问结果）"一般都是这么回答，不好意思，最终的结果还没有出来，如果有需要的话我会打电话给你，不会说你的岗位已经怎么样了，一般说这话就已经明白了的。"g016："不会马上要你，会通知，解释权在我这里。"g033："如果我去人才市场上招聘的话，如果真有，我可能不会告诉他我只需要女性或者我只需要男性，我总不能说当场一定答复你，我一定要你或者我一定不要你，这个都是回来等通知的……我们想招什么样的人，并不是说我们招聘你就一定要你，这个回来根据公司研究，您可能对我们公司不太合适，委婉地通知一下，我想这个是可以避开的。这个不会当场说我们只招男的，简历我们先收着，招聘者问的一些问题我会问她，这个程序还是要走的。"

3. 以"名额已满"为借口敷衍。g020："来的时候，表填了以后，我们就明确地跟她说了，我们现在已经招满了，就不需要了。我的名额有限，不可能大量招。"g027："如果有女性硬要打电话来咨询，那我会跟她说我们已经招满了，不会直接跟她说我们就是不要女性，因为女孩子的脸皮薄嘛，伤着人家也不好。或者跟她说我们如果下次招人的话，我们会主动联系你的，就把她的联系方式留下来。"Y090："那很简单啊，就是一通电话啊，就说不好意思不好意思，公司这边人员已经满了……不过就是花两分钟在面试的时候和你谈一下，我又没有说不要你们女的，只是在面试的时候多花点时间而已。"

4. 不提供任何理由。还有些雇主暗中操作，不提供拒绝的理由，求职者根本不知道自己是因为什么而被拒绝。采取的方式如面试时将女性分数打低，或有明显的倾向性，甚至在筛选简历时就将女性剔除，或不给女性面试的机会。Y047："我是觉得这个国家规定不了，即使他说我这个岗位我不写限不限男女，但是会在面试的时候或者招聘过程中就把你剔除了……你不允许规定男女，不允许性别歧视，男生女生同样可以接收简历，我接受了简历，我作为一个招聘者接受了简历之后我觉得这个岗位不适合女生干，我就把你剔除，你说这算不算歧视呢？它本身执行起来的话就很有可能有性别歧视。"g004："现在不是规定不允许性别歧视吗……在发布招聘启事的时候不会注明的，但具体人选上，如果同等条件，会优先考虑男的……在面试环节上，女同志的得分会低。"g020："这个我们一般的情况下，不明确地指出来，但是在招聘的时候有倾向性。"g030："在筛选简历时直接筛除就行了啊。"g034："嗯，这个很简单，这个你操作的时候可以在面试或者其他时候说出这个女的不合适的地方，或者有一些情况下你可以不安排女性的面试。这个因为没有办法去审核说我只招男性或者是……我的要求上面可以不写男女，但是我在面试的过程中可以说女的不合适，那我认为这个男的合适。"Y039："有招聘的，说上午男生下午女生，结果人家下午就回家啦，只招聘完男的就走啦。"

5. 隐性的歧视也表现在以各种合法理由，将女性安排在较低层次的工作、晋升机会上对女性不利、对女性怀孕生育的限制等方面。例如：对女性的工作安排可以解释为根据岗位需要和男女性别差异，g029："男性和女性在生理上会有先天的差异，在此基础上做出一些分工协调是合理的。"

对晋升加薪可以解释为是以能力、绩效为标准的，但是否真的如此，则很难分辨。而如Y018所言："我们主要是看能力的吧，但是升职的时候，公司说你就是能力不够才不升你，这个操作性挺大的。"

为回避育龄女性，也可采取各种隐性办法，如面试时询问婚育情况，招收年轻的、不可能很快结婚生育的女性，缩短劳动合同年限等。g014："我们这个行业从业人员一般都很年轻，结婚还好，生子的话，她一般就会考虑不做了。"g026："我们可能就会要求一些年轻的、未婚未育的，因为一旦有孩子以后可能也会多多少少牵扯到工作上的精力。"Y004："可能会缩短劳动期限，比如可以把三年的劳动期限缩短为一年。因为很多女性歧视的条款是不可能出现在合同这个法律文件中的，一般暗箱操作比较严重。""比如说得知你已结婚但没生育后，就会以各种其他条件不符合职位做借口拒绝女性求职者，或者年龄在25、26时，就会缩短劳动合同期限（因为这个是合法的，一年或三年都是合规定的）。总而言之，会把各种歧视弄得合理化。"Y019："就谈我签合同，能把合同缩短两三个月。好多单位合同上写的是一样，实际做的是一样。好多单位就给你两张白纸让你签名，然后所有的内容他自己填。好多单位的章都是私人的章，没有劳动部门的东西。"

而对怀孕女性的调岗降薪甚至解雇，也可以以其他理由，如劳动保护、工作不适合等。g013："怀孕了是受到照顾和保护的，会减轻工作量或调到相对轻松的岗位过渡。" Y007："当时我在怀孕的时候，他就是想办法把我排挤掉……不是说辞掉我，就是说从各方面让你自己离职……比方说我的工作从来没有失误过，但是不知道怎么回事，就在我怀孕期间，就是隔三岔五地，时不时开始挑毛病啊，或者是怎么样，然后就让你心里面不舒服。"

四　对性别歧视、男强女弱等观点的认同

一些被访者包括女性本身，除了对某些性别歧视有一种集体的无意识外，还认同这种歧视。如当问及"假如遇到了性别歧视，你会认为这是不平等的吗？" Y003 回答："不会啊。确实女生在很多方面不如男生啊。" Y005 则认为："其实性别歧视并不是不合理，也是量力而行，如果能够舍得家庭也不会出现歧视现象。大部分女性还是放不下家庭的，所以是企业才会有这种歧视。"当问及领导只提拔和自己能力相当的男性，Y012："那应该领导是考虑到了有些方面，是比我们考虑更周全的。"

下面分几个方面来看：

（一）关于招聘时只招男性或男性优先

有不少女性求职者理解和认同用人单位只招男性或男性优先的做法，其中的理由有：行业的需求、企业考虑效益的结果、解决男女比例问题、企业有理由和权利、男的适合等。

1. 行业或岗位需求。Y001："业务科室经常出差。像这些公司啦、企业啦，其实它们要求要男同志也是比较有道理的。" Y002："其实我觉得怎么说呢，有好多企业说我要男士，因为我这个工作要出差之类的，这个东西并不是说就有歧视。这不是有歧视的问题，它是觉得女

生出差的话确实不放心，这出于对女士的安全考虑，各个方面，出差，这个女士出差在外面，不光是不放心，也确实太辛苦，其实这个也没什么。"Y017："男的，那肯定的，是我的话，同样的活儿，我情愿招男的不要女的，因为体力活嘛。"Y048："机会不均等也是必然的，因为比如说一些销售啊这样的行业，跟人打交道的机会比较多，要吃饭喝酒这样子情况也比较多，我是说不是女性不能做，就我个人的角度来说，男性如果天天在外面吃饭喝酒本身就不是一个好的现象，更不用说女性了。所以在这些行业上如果存在性别的歧视，老板选择男性而不选择女性，我想这也不是没有任何缘由的。"Y065："就业方面男女平等，说实话这个方面是很难实现的，知道吗？有时候存在行业的区别……有时候作为行业的需求嘛，所以他不得不那么做。"

2. 企业考虑效益的结果。Y013："因为单位要招人的话，希望你能为它创益，但女孩子工作没几年要恋爱结婚生小孩都会影响（工作），所以很多单位宁愿要男性，还是利益的考虑。其实就是我自己开公司，我也会要男孩，因为他不要顾虑那么多，成本付出要算在里面。"Y021："我之前听人家讲过的。一个女同学好不容易托人找了一个工作，进去的时候人家要她保证三年之内不许怀孕，她也保证了。但是上了两个月的班就怀孕了。但是公司也没办法。我就想，有些公司确实多多少少有些那个的，比如你请个假期多少对公司会有影响的吧。男生又不会。"Y022："会考虑到女人的事情比较多，如果结婚、生小孩，不稳定，她找个对象是天津的，她可能马上到天津去了，所以不稳定，这是一个因素。第二个是生宝宝，一个产假，这是肯定的，这对公司来说是一个损失，不做事我还要养你几个月。"Y035："我要是领导，我也要用这种长期的，不想用这种断断续续的。我们作为女同志，有这种感受的。"Y038："男人在很多方面确实比女人强，选择男的也少了很多麻烦。""女员工要生孩子的。"Y040："那也不能算是歧视吧，那只能是为他公司的利益考虑。"Y074："（平等对待女工，照顾女工生育）你想想，本来就不现实啊，你看我说我回家结婚了，然后我怀孕了，我要生孩子了，又不是国企什么，非给你一个月或几个月那种产假，那种带薪产假，可能吗？不可能的。接受现实好点。"
Y087："如果我是老板我也不愿意要女的，就是这样还没结婚还没生
孩子的女的。而且我觉得这个其实也不是歧视，我只是从我自身的利
益出发。"

3. 企业有其理由与权利。Y001："企业如果是私人企业的话，人
家想限制就限制啊，就我感觉来说，如果这企业是我的，钱是我出的，
我想招谁就招谁，你说是吧？我觉得这方面你要求公平，人家企业解
决了男性的就很好了，那你要求人家再解决女性的，不是给人家增加
负担吗？"Y031："他要男的，肯定有他们的理由啊，这是合理的。"
Y033："那倒也不会（觉得不公平），他们有他们的想法吧。他们要男
的，肯定是不需要女的，女的不合适。男女是有差别的，反正我觉得
男女是平等的。"Y065："所以有些公司只招男性的话肯定有他的理
由，我没有觉得他们有形成特别的歧视。"

4. 解决男女比例问题。Y002："一些单位想招男生的原因，很可
能就是这个部门男女比例失调，所以想调节一下，有意识地找一些
男生。"

5. 男性更合适。Y081："我记得当时我在×××面试更精彩，面
试后面试官感觉都很好，但是后来打电话说人家就是要男生的，后来
把一个有工作经验的男生留下来了，没办法，就是没办法，未必说是
男女歧视吧，只是说男生更适合些了。"

从雇主来看，有更多的人（35人中的23人）理解、认同这种优
先招男性、限招女性的做法，其理由主要是岗位需求和效益考虑。

1. 岗位需求。g002："工作性质不同。最简单的例子，像一些体
力活不能要求女性去做，只能男性去做。"g011："我感觉很正常。"
"一个企业，我需要这个人，我招男性那个工种，你女性来，体力什
么的根本就达不到。"g025："我们会根据我们的实际情况，我们有我
们的招聘标准，我们需要什么就是什么，要求是不会放松的。女孩子
出去，（麻烦）多啦，根本没办法的。""我们制定这个是要符合我们
公司内部的运行的机制的，运行的实际情况的。我们是销售商业企业，

假如有些是工矿企业，下井是根本不让女同志（下），你偏要下井，那你怎么弄？这是不现实的。法律在这一块儿是没有规定的，这不属于性别歧视的范畴。"

2. 效益考虑。g004："可以理解，从用人单位的角度（看），女同志事情多一些，比如生孩子，会耽误工作，比如出差，一个人去不放心，比如加班等，中国的国情还是女同志在家庭里主内，相对顾家要多一些，那么在工作上的投入也会相对少一些。"g006："公司要考虑自己的需求，是从自己公司的发展前途考虑的。有些岗位就是男性能做的，但不适合女性……怎么说呢，对她自己肯定是不平等的，但如果从公司的情况考虑，也怪不得公司了。公司（要）发展，老板要赚钱，你这样影响了公司发展，社会就是这样，很现实。"g016："这就是企业考虑女性生理的自主性。起初是很公平，没办法，企业想到它的利润、背的包袱。"g028："女孩子到一个单位来，没结婚没生小孩，单位肯定不是很喜欢了。你以后结婚生孩子单位还要交保险啊什么的。""在同等条件下，公司对男的招的肯定多一些，女的比较少一些。女的生理方面的原因，要结婚生孩子啊，女同志在时间上对家庭的付出多一点，对工作的付出就不及男性，公司肯定希望你全心投入公司，那么公司也有它的考虑。"

3. 对女性的照顾。g005："如果说规定男性，公司肯定出于自身一定的考虑，另一方面也考虑到女性的身体状况、心理健康状况。公司有时也是为了给自己减少麻烦，万一工伤啊、生病啊对公司和个人都不好。"

当然也有少数雇主（35 人中的 3 位）认为这样做是不合理的。g024："这个现象不合理，应该给予女性更多的关爱。"g035："女性可以参军上战场，那么我觉得没有什么工作是女性不能胜任的，只是看应聘者是否能达到招聘单位的能力需求标准。"

（二）关于招聘中的性别分工

对于工作岗位、工作类型的性别要求，绝大部分女性求职者都赞同。Y017："我觉得人家有人家的道理吧。需要男的时候，可能女的干的不合适就不要。这个不应该强求的。"Y024："我感觉在机械方面，男女不平等，感觉也是很正常。因为你在车间里面，那么重的东西，你一个女孩子根本就搬不动的，做那些活，你确实又做不来，他只能去招聘男生，没办法的。"Y031："我觉得是合理的。男的跟女的就是该干不同的工作，合适干什么就干什么。"Y048："从我接触到的一些岗位来看，我不认为这是一种不平等的。因为毕竟男女是有差别的，无论是从生理上还是从心理上……这个事情本身就是适合于男的做，不适合女的做，这样子的情况我不会认为是性别歧视。从另外一个方面讲，他也是对女性的一种保护吧。我不觉得这是一种歧视。"Y090："法律中也可以写得很平等，现实中是不存在的。好啦，你说男的能做女的事情吗？女的能做男的事情吗？男的可以生孩子吗？全世界只有一种雄性动物是可以生孩子的，就是海马①。有些工作，真的是男人没法胜任，有些工作女人也没法胜任。"

　　事实上很多女性都是在所谓社会认定的"女性行业"或用人单位确定的招收女性的行业和岗位找工作。Y022："我可能找的都是女性从事的职业。"Y038："身为女性，很多工作我压根就不能考虑。比如跑业务的工作，女的就不太方便。女的不能干的工作，我本来也不感兴趣。"Y053："因为我从事的工作觉得挺适合女性的，如果我是男性的话，可能我会接受外派，那样担当的工作责任可能大些，更适合个人以后的发展。"Y075："当时，唯一的想法，就是不想从事工程师之类的工作，因为这样的工作太理科性了，不适合女生，所以当时就偏向销售类的或者是商贸类的工作。"

　　当然，也有少数人并不认同这种现象。Y019："我觉得不管做什么事情，男女孩是平等的好。男的能做的不一定女的不能干，女的能干的男的也不一定。像我在单位干的活好多男的就是干不下来。"

　　从雇主来说，几乎所有被访谈者都认同按岗位来要求性别是合理

---

　　①　海马只是雄性孵化。雌性海马将卵产在雄性海马的腹囊中，由雄性海马完成孵化工作，小海马最终从雄性海马腹囊中生出。——作者注

的。g001："它是工种决定的。钢铁厂的工人，挖煤的，哪有几个女的啊，幼儿园、医院的护士、饭店服务员哪有几个男的。"g020："应该说根据岗位不同的需要，有的需要男性，有的需要女性，这个是很正常的事情，要进行这样的调整。"g027："说实话，我也没觉得什么不平等。要看岗位性质，这肯定要分别对待的。"事实上不少雇主就把平等就业理解成各司其职，g016："我认为公平就业就是男的干男的行业，女的干女的行业。"g007："有些职业它就比较适合女的，有些它就比较适合男的。""应该是天生的，改变不了的事实，而且也没必要改变。自然规律吧。男女就是不一样。"

（三）关于职别、地位差距

对于女性较多集中于低层次工作，而在高薪岗位偏少，对这一现象，女性也比较认同和理解。

Y022："有的比如技术含量比较高的，那只有男的比较十分适合。"Y027："男的和女的学的不一样，男的倾向于选择技术性（强）的专业，女的选择的专业没什么技术（含量）。"Y073："你看我就打算做 3 年，我到时就不做了，这（就）到头了，为什么到行政主管男性多一些，可能是到那位置一些应酬啊，出差啊，一些事情的处理啊男性比较适合些，并且到行政主管一般在 30 岁左右，然而到这个年龄，女性因为婚姻啊、家庭啊要占据一定的时间和一定的精力，然后作为公司的老板他会觉得你的精力没有那么多，然后你的效率和对公司的价值就不如男性。……（对具备相当能力同时申请晋升职位，女性落选的现象）赞成吧，现在很多事情大家可能和我一样，大家下意识里还是接受，然后接受完了自己去寻找一个安慰自己的原因，当社会没法给你平衡的时候就自己去平衡一下，就这种感觉。不要让自己生活落差太大。……自己给自己一点心理安慰，觉得我在这方面不如男生发展得好是因为我怎么怎么。"

而不少女性也不愿意做更多的奋斗，力争更高层次的职位。Y069："如果我是男生的话，我肯定会更愿意吃苦一点。会找一个业务方面的那种（工作）。""我女生我就不愿那么累啦。我反正胸无大志。"学技术的 Y082："对自己也越来没有信心了，就有了回东北的打算了。投了几百份（求职简历）都有了，真的有，就是每天撒网似的，都是行政了，没有技术的……我是觉得，我自己肯定不过关的，不像男生似的，男生都可以的，我不行，我就是不自信的。" Y085："我们的市场总监说过，让我做区域经理。然后我一看我们公司的那个，就是我的领导啊，他们区域经理做得特别辛苦……所以就是说，我看他们也挺累的。我想着，我并不想着以后要做区域经理，要做市场总监，因为我觉得……其实我并不是事业心非常强的人。我就希望每个月，基本上我能挣个钱够我基本家庭使用就够了。所以我想呢，以后我的发展方向可能还不是往上爬，而是尽我的能力做点客户，然后拿点提成，谁也不要烦我。"

从雇主来讲，他们也比较认同女性应该从事"技术含量不高"、"工作性质不太烦琐"等低层次、辅助类工作。这在前文已经证明和论述。而认同的原因主要是家庭、孩子对女性工作的影响；其次，还有不少人认为女性工作能力本身就不如男性。g001："生育对进步是有影响，产假就半年，再看孩子，她肯定在工作方面和进步方面就受影响。""就像跑步，人家跑了 100 米，她再跑，不就赶不上了吗？"（是否可以再跑快点赶上？）"赶上，人家比她跑得还快，你还可能赶上吗？本身这个奥拓追奥迪，本身就赶不上，奥拓在中间还修了会儿车，你想再赶奥迪，它能赶上吗？它赶不上了！它本身就越落越远。"女性招聘者 g005 也说："你像现在女孩子结婚比较晚，30 多岁时事业高峰期，（怀孕了）你要在家里待一年，你就与社会脱节，回来以后，会发现很多都不适应。有些家庭还要求女性在孩子上小班时再工作，那是什么概念啊？像我现在 30 岁了没生孩子，所以我很担心我接下来生孩子会影响我的事业。因为我现在处于事业发展期。"

（四）关于传统性别分工

之所以认同岗位的性别分工以及女性职位的低层次，主要原因之一还在于人们大都认同"男主外、女主内"的传统的性别分工。

部分女性求职者的看法。Y022："女性家务事，琐事太多，男性可能没这么多事。中国还是比较传统。……不愿意违反'男外女内'的传统，如果我以后结婚，自己的老公在外面，我在家能做一些就做，做完以后，我出去做别的工作，比较轻松的工作。"Y075："我觉得，这个是合理的啊，各司其职吧，我觉得这个是合理的，男生、男性花那么多精力投入在工作上，女性投入更多精力在家庭上，我觉得是合理的，我可能更会倾向于家庭，但不会完全成为后者……现在的社会，虽然说不是封建社会，但是还是有那么一点，什么男主外女主内这样的观念，我本人还是有这样的观念的……我所说的我倾向于这个分工，并不是说……我就是说，在两个人都需要牺牲，在家庭需要一个人来牺牲一方面来成全的时候，我觉得女性，可能，OK了，这种牺牲是OK的。……我愿意做出这种牺牲。而促使我做出这个牺牲的原因，是不是因为女性，我不知道。但是我知道，可能是从对家庭，或者是对丈夫这个感情基础考虑，觉得这个是值得的，或者认为这并不叫作牺牲。"Y082："我不要赚很多钱的，我不是女强人，就是要平稳的生活的。让男的养去嘛，我就赚些小钱了，而且女的活那么累干吗？男的其实也不要活太累了。男女都出去干，总要有个人把主要精力放在家里的。"Y083是名牌大学毕业，经过激烈竞争进入一个大型企业做自己专业对口、一直心仪的管理咨询工作。但工作了一段时间后自己放弃了，选择去一所高校做教务员工作，她解释道："当然你找公司的时候肯定会考虑到发展前景，但是你作为一个女孩子，你肯定要考虑到以后你的家庭生活，家庭和工作的平衡问题对不对？""那如果两个人都长期在外地，那这个家的概念，那怎么来衡量，对不对？所以最后，那当然是我放弃了。"Y090："因为男的和女的嘛，在生理心理上是会有区别的，女人天生就是居家的动物，你让她外派，她行吗？就不行了，她生个孩子的话怎么办？"

部分雇主的看法。g018："从一开始到现在，中国的历史就没改变过，我上学那会儿就是这样，就没改变。就我看法的话，咱就说白一点吧，还是中国的传统道德，男当家的话，女的都想找一个轻松一点的工作，其他的都是靠老公，这就是中国一个传统的思想。"g025："家庭要生存必须具备这样两个功能嘛，一个外，一个内，女同志你说你什么方面都强势，后来两个人就……"不能接受"女外男内"的模式，不能接受事业上的女强人，"我觉得她们抢了男人的饭碗"，"作为社会的一个细胞——家庭来说，基本构成就是一个男人，一个女人还有孩子。基本上是男人特别弱，女人才特别强"。为什么有这种认识？很大原因是社会的规范，"男人是被逼无奈的，因为这个男人自觉不自觉是被社会规范同质化的，我们男人也想找个女人依靠的，但别人会说这个男人是吃软饭的，这个男人没用，这样这个男人走出去会没朋友，没地位，就缺乏自尊。这样男人就自觉不自觉地被社会这只无形的大手给规范过去了"。

（五）关于工作中的男强女弱

有不少被访者都认为工作中，男性比女性强。这是造成大家认同用人单位拒绝女性，以及女性较多聚集在低层次工作岗位的另一重要原因。

部分女性求职者的看法。Y017："我感觉男的比女的灵活吧，在应急方面比女的好得多。""我感觉是天生的。""几千年来的，历史的发展规律。王者肯定是男人。"Y022："男人是天，女人是地，永远改变不了。""改变，乾坤颠倒。这样的还不是少数。"（你认为男的天生比女的有优势吗？）Y027："是的，因为男的接受能力比较强，一点就通，还有就是沟通能力较好。"Y038："男人在很多方面确实比女人强。"Y067认为学英语的女性多，但学得最好的是男性，"为什么它会存在，存在就有一个适当的理由，就是符合自然的，是男性和女性之间的差距"。当问及学技术的Y082为什么不找技术类岗位而只投行政类岗位时，她说："我是觉得，我自己肯定不过关的，不像男生似的，男生都可以的，我不行，我就是不自信的。"

部分雇主的看法。g007："我觉得好像，我可能比较大男子主义，我觉得女性一结完婚、一生完孩子会比较笨。"追问"笨是体现在什么地方？"他回答："我打个比方。我们单位引进一个新仪器，我们是仪器仪表（厂），它不断地在更新。男同志很快就能熟练，女同志要手把手地教。这是打个比方。同样买一个新手机，他很快地什么功能什么功能就搞清楚了，那女同志要玩一个星期还不知道。"g009："因为从大多数看，男性比女性来说要活跃。还有工作能力，还有就是他的观念。"g014："我觉得男性相对女性来说可能会有更多的魄力和创造力。而女性相对于来说更细心，在细节上更注意，在竞争力晋升这方面男性竞争力可能更强一些，而且传统上有一个男上司要比女上司要常见一点。"追问"那您是比较认同这种情况？"回答："我比较能接受这一点，至于个人能力方面，要再看，不排除有个别女性很强势适合，适合做领导的，但是那种女性我见的不多。相对来讲女性是比较温柔的，比较忍让的，但是魄力上就很少。"g025："女孩子做业务不行，男孩子有野心，他不愿意寄人篱下，不愿意被别人不重视，他希望得到别人的认可，他有这种冲劲"，"女孩子没办法，结婚啦，生小孩子啦，带小孩子啦，女人结过婚以后60%以上的精力放在家庭上"，"很多时候，我是觉得男的比女的强，不是说我们看不起女同志或者贬低女同志"。

总的来说，有很大一部分女性求职者和雇主对就业市场中的性别歧视、男女不平等等现象比较理解甚至认同，如她们理解和认同单位从岗位需求和单位效益等方面考虑优先招男性、限招女性的做法，认同工作岗位的性别分工，理解男女职别、职位的差距，认同男强女弱及传统性别分工。

五 女性遭遇性别歧视后的应对策略

如果女性在就业中遭遇性别歧视，会采取什么应对策略呢？我们对92名被访女性的态度进行编码整理，有20位没有回答这个问题，其余72位女性的态度见表3—3。

表 3—3　　　　　　　　女性应对性别歧视的策略　　　　　单位：人

没想过 不知道 没办法	接受 理解 认可	无奈 忍受 顺从	逃避 辞职	证明自己 提升素质	向领导反映		向媒体、行政、 法律等部门 投诉
					沟通争取	向上级领导反映	
5	9	26	23	10	12	3	10

注：表中的数字表示频次。因为一个人可能提到多种策略（如先忍耐；忍耐不下去的话，辞职；非常严重，则投诉），所以数字之和不等于总人数。

（一）接受、理解与认可

遭受歧视后表示接受、理解与认同的态度，她们认为性别歧视有其合理性，是可以理解的，因而也对此比较认同，甚至表示如果自己是雇主，也会这样做的。这种态度在上一部分已经充分展示与证明，这里可以再举几例。Y005："不能仅从自身考虑，也要从企业考虑。"Y012："绝大部分还是默认了，因为企业是考虑到一些因素的，有的或估计就只有男性能做。"Y033："像那种需要男的不要女的，我们就不行了。虽然有的说要男的，但那个活儿女的也能干。但即便这样，我也不会去找这个工作的，就算去了，感觉着也不会怎么合适。""他们有他们的想法吧。他们要男的，肯定是不需要女的，女的不合适。男女是有差别的，反正我觉得男女是平等的。"Y040："那也不能算是歧视吧，那只能是对于他的公司利益考虑。""当然是可以理解的，他们要以最低的成本获得最大的效益吧。"

（二）无奈、忍受

被访的女性中，大约有 1/3 的人表示在遭遇歧视后很无奈、没有办法，只能忍受，也是最常见的一种态度。Y039："其实只要给我钱多，歧视也无所谓，就是说说而已，不是很过分很明显就行。那个只要不是性骚扰就行。"Y064："遇到的话，没办法。"Y068："我能怎么办？我是被挑选的呀，我做不了什么……很多人就是采取这种，不看不闻不问的这种态度。哎，不收我就算了，再去找其他的。就是不去抗争嘛。"Y070："当然不合理，但是没办法啊，社会就是这样，社会规则就在这。"Y073："虽然你们觉得这不合理，那不合理，但是没法改变的，是事实。"

可以说，忍耐是女性遭受歧视后的第一反应；一些表示会采取积极对抗措施（如向大领导反映、诉诸法律）或辞职的女性，也常常是先忍耐，忍无可忍之后，才会辞职或对抗。

（三）努力证明自己

一部分女性遭遇歧视后，在接受、认同雇主做法的同时，把问题的原因归结于自身的不足。于是，提高自身能力与成绩，努力证明自己成了她们的应对方法。Y003："看情况对待吧。如果是我觉得对我能力的否定，那我会努力证明给公司和领导看。如果确实有一定道理，我会认可的。"Y006："用自己的能力去证明。"Y024："他们公司有这种想法你是改变不了，你只能是接受。然后你提升你自身的素质，从其他方面就业了。"Y046："我觉得先是拿出自己的实力证明一下女性不比男性差。"Y049："用自己的实力证明女的工作能力不比男的差。"Y054："假如遇到的话，就证明给他们看（自己的能力）。"Y059："努力工作让领导认可啊。"Y061："用行动来证明一切。"

（四）辞职

一些女性在遭遇歧视和不公平待遇时，选择了辞职的办法。这是女性在遭遇歧视后除了忍耐之外的第二多的选择。Y002："如果是我的话，我就不会继续待在这里工作了，因为我觉得这样的公司，没必要在这待着了。"Y013："我会直接质问他，为什么会这样？我要看他的理由。如果合理，那我接受；如果不能让我信服，那就辞职。"Y021："我想我也不至于回去投诉吧，既然你不要我，我就走了。"Y031："以我的性格，那我肯定是辞职不干了。再去找一个不歧视我的地方工作。"Y035："像我这种性格是比较暴烈的，不会忍气吞声，会辞职不干。"

而辞职并不是女员工们最理想的办法，往往是她们忍无可忍或努力争取之后的无奈选择。Y018："我可能刚开始的时候忍忍，要是太过分的话，就要反击的，要到大领导那里讲讲的。如果到大领导那里还是那样，如果我觉得我工作能力还行的话，我就辞职了。"Y045："如果真的碰到了能怎么样啊，因为这种事情毕竟是少数，又不能去怎么样。如果你是因为钱的话就忍了，那您要么不认的话就放弃，就走了，你还去哪里告啊？"Y034："应该先是据理力争吧，如果实在不行了，得不到自己想要的答案的话，就会辞职。"Y037："有力抗争的去争取一把，无力抗争的，我会找一个欣赏我的（地方工作）。不愿意被歧视。"

（五）与领导沟通，据理力争

少数女性在遭遇歧视后，表示会与领导沟通，据理力争。Y007："你一定要争取，就算各方面你都不如的情况下，你一定要争取，就看你自己的表达。如果人家觉得你表达得非常好，那你以后能给他，能适应这份工作，并且能给他带来就是说她自己想要的那种。"Y009："当然据理力争啦。"Y030："如果是我在意的，我会据理力争。"

但也有一些人表示，如果抗争不成功，还是会选择放弃、忍耐或辞职。Y004："实在说不通就只能受着了。"Y027："那我会和雇主好好谈谈，实在不行就算了。"Y050："能争取就争取，实在争取不来的也不勉强。"Y034："应该先是据理力争吧，如果实在不行了，得不到自己想要的答案的话，就会辞职。"Y042："应该会争取自己的权利吧。那当然一开始是讲道理。""（谈不好）我肯定会辞职。因为如果一个公司因为你是女性而歧视的话，并且在你和领导沟通过后没有得到改善，这个公司你觉得还待得下去吗？"

（六）采取行政和法律手段

极少数的女性表示会采取行政或法律手段解决问题。Y009："用法律武器。"Y018："如果违反劳动法的，比如不给我按时交保险啊，那我要到仲裁机构的，也要分情况的。"Y051表示，在必要的情况下，采取法律措施，通过劳动法来保护自己的合法权益。

有些表示如果歧视严重的话，会采取行政或法律手段。Y007："比方说如果他过分的话，我可能会去某个地方投诉他。哎，对，我会去投诉他。如果他要是没有什么的话，我就觉得我为了找一份工作，我是看情况而定的。"Y049："要看事情严不严重，如果说不尊重人格的严重歧视或者不公平待遇的话，可以诉诸行政部门"，"不过现在大家都遵循多一事不如少一事原则，大多忍忍就过去了。"

也有女性表示尝试过投诉，但无效，最终还是选择了忍耐。Y020："我是觉得没有用，谁来管你这点小事啊。妇联？没有想过，我觉得这个是小老百姓的事情。有的时候打电视台的电话投诉什么的，他也不是不理但是就是不是很热情。他这样子我就挂了，不然还浪费我电话费。我打过好几次，后来我就再也不打了。就是自讨没趣。没意思我就不反映了，反正社会就是这样子。小老百姓只能忍着了。无奈的事情太多了。只能忍着，多一事不如少一事。"

由上面可以看出，女性在遭遇性别歧视之后，大多采取忍耐、顺从、逃避甚至认可的态度，采取行政法律手段来维护自己权利的人并不多。而之所以这样，除了受中国人传统的"以和为贵"、"息事宁人"等观念的影响，更为主要的原因在于，她们认为若是采取正面的对抗方式，需要付出很大的代价而且很难得到想要的结果。一方面主要是觉得代价太大，怕麻烦，怕失去工作；另一方面是认为成功的可能性小，是浪费时间和金钱，得不偿失。Y005："我觉得有时候胳膊拧不过大腿。即使诉诸法律也不会又什么好的结果，工作说不定都没了。""不论你怎么做都是无法抗衡的，只能是淡淡地一笑。"Y010："我这个人比较温和，我一般都不会那样做，除非不想在那儿干。不平等就不干了，想干就不说。不能得罪领导，要把饭碗保住，因为找份工作不容易啊。"Y011："那也没有办法。找份工作都挺不容易的。"Y017："一方面投诉挺麻烦的，要是不是很那个的情况下，一般就吃点亏也就算了。"Y019："像我们要是为了这个千把块钱去打官司，根本就没有这个时间（去）浪费。"Y022："不是我们考虑的事情。我们还是比较传统的，一般不会因为一点小事情，闹得这么大。反正我不在这边干，大不了就换家公司干……因为我也知道，国家这个一步一步，一级一级地上去，非常烦琐，谁花这个精力去搞这个东西，一点小问题嘛，自己忍一忍，就算了。"Y028："感觉不必要，因为你要在公司做；除非你不想做下去，而且在里面特别吃亏，你就告它性别歧视。一般的，你继续想委曲求全的话，一直想在里面做的话，你不可能把这个公司告到哪里去。你告的话，你工作就失去了，就没有工作了。"Y069："胳膊拧不过大腿，你一个人肯定不会跳出来……人家都不讲，你肯定也不讲，如果你一个人在那里跳呀跳，到时候把你开掉了，工作都没了。"

而从更深层次看，女性遭遇歧视后的消极态度则这可能是"男强女弱"、"男主外，女主内"等传统性别思想长期规训的结果。这一点，后文会谈到。

第 四 章

平等就业政策背景下的性别歧视

关于女性就业歧视问题，人们从不同的角度对性别歧视发生原因、动机等问题进行了解释。如人力资本理论从经济学角度解释了女性在就业中受歧视的原因，即女性因生育和照看孩子、承担过多的家务劳动，导致她们技术水平下降，对工作的投入减少，从而在劳动力市场中的竞争力降低。用人单位出于对女性投资的理性预期，不用或少用女性员工（Mincer and Ofek, 1982；Duncan and Prus, 1992）[1]。冲突理论从社会学视角，将歧视理解为当权者或利益获得者为了维护其既得利益而对服从群体采取的有意拒斥和剥削（Reskin, 1988, 2000）[2]，即性别歧视是男权制度的结果，是男性对女性的系统性压迫。社会认知理论则从社会心理学的角度，强调性别歧视产生于自动的认知过程而非有意识的动机，即人们为了应对复杂和苛求的环境，往往通过分类、组内偏爱（ingroup preference）、刻板印象（stereotyping）、归因偏

---

① Mincer, Jacob and Haim Ofek, "Interrupted Work Careers: Depreciation and Restoration of Human Capital", *Journal of Human Resources*, Vol. 17, No. 1, 1982, pp. 3 – 24; Duncan, Kevin C., Mark J. Prus, "Atrophy Rates for Intermittent Employment for Married and Never-married Women: A Test of the Human Capital Theory of Occupational Sex Segregation", *Quarterly Review of Economics and Finance*, Vol. 32, No. 1, 1992, pp. 27 – 37.

② Barbara F. Reskin, "Bringing the Men Back In: Sex Differentiation and the Devaluation of Women's Work", *Gender Society*, Vol. 2, No. 1, 1988, pp. 58 – 81; Barbara F. Reskin, "The Proximate Causes of Employment Discrimination", *Contemporary Sociology*, Vol. 29, No. 2, 2000, pp. 319 – 328.

见（attribution bias）等来进行认知（Fiske，1998；Reskin，2000）[1]；由于男性统治的社会文化和现实，这种认知更易对女性产生偏见和歧视；虽然其过程是无意识的，但客观上给女性带来了伤害。

区别于以上视角，本书并不想仅仅从雇主动机的角度来认识性别歧视行为，而是关注在国家政策明令禁止性别歧视，并且对女性就业有诸多保护的情况下，性别歧视为什么还会发生？首先，我们讨论在性别歧视是违法的情况下，雇主发生性别歧视行为的机会结构及其条件；其次，分析我国反性别歧视及保护女性就业政策本身的矛盾与困境，以及政策执行中的问题。

一 条件与机制：就业市场中性别歧视发生的机会结构

女性就业歧视是当前法律、政策一再禁止的行为，但就业中的性别歧视仍然每天都在发生，这是为什么？如果将就业看成求职（招聘）、培训、晋升、薪金获得、离职等的序列过程，性别歧视最容易发生在哪里？为什么？其中的机制又是怎样的？回答这些问题对我们进一步理解性别歧视行为，乃至识别、预防和禁止性别歧视，都有非常重要的意义。

一些学者关注到歧视发生的条件和可能性问题。艾普斯登（Epstein，1992）认为，比起晋升与解雇环节，多数企业更愿在最初雇佣上冒被起诉的风险。[2] 格哈特（Gerhart，1990）也认为，雇主更会在雇佣初基于一些特征如学位、成绩、经验而区别对待不同性别的员工，

---

① Susan T. Fiske, *Stereotyping*, *Prejudice and Discrimination in Handbook of Social Psychology*, edited by D. T. Gilbert, S. T. Fiske, G. Lindzey. New York: McCrawSHill, 1998, pp. 357 – 411. ; Barbara F. Reskin, "*The Proximate Causes of Employment Discrimination*", *Contemporary Sociology*, Vol. 29, No. 2, 2000, pp. 319 – 328.

② R. A. Epstein, *Forbidden Grounds*: *The Case against Employment Discrimination Laws*, Cambridge, MA: Harvard University Press, 1992, p. 58.

这时候的行为更好辩护。[1] 而特朗德·彼得森（Trond Petersen）和伊萨克·沙伯塔（Ishak Saporta，2004）更是专门探讨了就业中性别歧视的机会结构（opportunity structure）问题。他们假设歧视是违法的，而雇主只要能够逃避惩罚，就会歧视。基于此，他们从歧视发生的环境出发，提出了一个识别歧视可能发生的条件的三维度框架：（1）有关歧视行为的信息的收集（assembled）和证明（documented）的难易程度。当信息很难收集和证明时，歧视更可能发生。（2）收集到的信息的含糊性（ambiguity）。除非一种信息面对不同倾向和价值的可能的评估者，都有一个相对不含糊的解释，否则就可能无助于确立歧视的存在。（3）原告或投诉者提出歧视行为的可获得性（availability）。如果没有起诉人，歧视就更可能发生。彼得森和沙伯塔的研究发现，最大的性别差异出现在雇佣时的岗位安置和条件提供。一旦被雇佣后，迫于内外部的压力，待遇倾向于越来越公平，特别是薪金水平上[2]。

我国关于就业市场中性别歧视的研究也有很多，但多数是对歧视现状的调查和多种学科视角对性别歧视现象的解释，以及反对歧视的政策法规方面的探讨；对歧视发生的条件和结构的研究，笔者暂未发现。这里我们试图运用彼得森和沙伯塔的理论来识别和解释我国就业市场中歧视发生的机会结构。

（一）就业过程中的性别歧视结构

根据前文性别歧视的定义，我们主要从招聘歧视、薪酬歧视、晋升歧视、职业性别隔离、对女员工怀孕生育的限制等方面来考察女性遭遇歧视的状况。

通过对女性求职者的访谈，我们发现：（1）性别隔离现象比较普遍。一方面，横向隔离非常普遍，女性集中于文员、助理、中小学教

---

① Barry Gerhart, "Gender Differences in Current and Starting Salaries: The Role of Performance College Major and Job Title", *Industrial and Labor Relations Review*, Vol. 43, No. 4, 1990, pp. 418 - 433.

② Trond Petersen, Ishak Saporta, "The Opportunity Structure for Discrimination", *American Journal of Sociology*, Vol. 109, No. 4, 2004, pp. 852 - 901.

师、护士等服务类岗位，男性集中于需要体力、工程、野外类职业。另一方面，纵向隔离也比较多，表现在：高薪岗位或高层管理者女性少，女性较多地占据一些低层次、低薪岗位。（2）本人经历过因为女性性别原因而被拒录的比例约占所访谈女性总数的1/3，工科、文科及体力劳动方面，都有被拒的情况。而且绝大多数人都认同如果是男生，找工作会更有优势。此外，女性在找工作时一般都是寻找"女性适合"的工作，例如，文职、行政、助理。所以如果考虑到这个因素，因为女性性别被拒的实际比例可能更大。（3）大约有10%的人自身经历或见过，所在单位女职工在孕、产假、哺乳期被调岗降薪的情况。（4）关于对"结婚、生育"的限制不是很多，有1人表示签订了两年内保证不怀孕的协议；3人在求职时被要求过两年或三年内不结婚、生育；4人表示所在单位要求怀孕生孩子的人必须提前申请或需排队。但是，在应聘时被问及结婚、生育状况的比较普遍，还有不少单位明确指出只招"已婚已育"的或"已婚已育"的优先。（5）同工不同酬现象也不严重，所访谈的92名女性只有2名明确说到男性工资比女性多。另有2名表示表面上一样多，但由于机会不一样，实际上男性会更多。还有2名女性表示女性工资更多，多了女性补贴。

总体来看，对女性求职者的访谈结果显示，性别歧视按严重性程度排列大概为：性别隔离、招聘中对女性的拒斥、女性升职空间比男性小、"三期"女性被调岗降薪、对结婚生育的限制、同工不同酬。

从对雇主的访谈来看，（1）招聘阶段对性别要求比较普遍，共有62.9%的雇主是有性别要求的，其中偏向男性的占8.6%，按岗位要求性别的占54.3%，只有37.1%的人表示招聘过程不要求性别。（2）晋升、培训上，约有25.7%的雇主偏向于男性。（3）在对待女性结婚、生育问题上，明确要求或限制的不多，仅4人，占11%；但31.4%的雇主表示影响录用或对女性的工作安排，对短期有结婚生育状况的女性，用人单位在招聘时往往会回避或安排在非重要岗位上。（4）最无性别歧视的是薪金方面，几乎所有雇主都表示这方面是一视同仁的，完全按岗位与绩效决定薪金水平。（5）至于性别隔离方面，所有的雇主都认为应该按岗位来要求性别，不同的岗位对性别要求不同。这虽然并不等同于性别隔离，但由于传统性别观点和女性怀孕、生育带来的客观问题，大多数雇主都认为相对于男性，女性的工作应该比较简单、低层次、劳动强度小。

总之，对雇主的访谈结果显示，就业中的性别歧视，按严重程度排列是：性别隔离、招聘歧视、晋升歧视、结婚生育的限制、薪金歧视，总的趋势与对求职者的访谈结果相同。

综合访谈内容，我们如果将歧视分成三个等级，比较严重的是性别隔离与招聘过程中的歧视；其次是晋升与培训过程中的不平等对待，以及女性怀孕、生育后的调岗降薪；最后是对女性怀孕生育的限制以及薪金方面的同工不同酬。

（二）就业过程中的性别歧视的机会问题

我们用彼得森和沙伯塔提供的框架来分析和解释上文得出的性别歧视结构，即我国就业市场中性别歧视发生的机会问题。

1. 性别歧视行为证据获取的难易程度

相对来说，招聘过程中的性别歧视证据最难获得。

招聘时对女性的歧视主要表现在两个方面：一是是否因为女性性别原因而拒录或提高录用标准；二是对女性工作岗位的安置是否低于同资历的男性。女性是否因为性别原因而被拒录或被提高录用标准，其证据获取情况分两种：（1）有些招聘广告明确注明"限男性"或"男性优先"，或者招聘者明确告诉求职者"只招男性"、"不要女性"。这种证据获取的难度不大。（2）有些雇主并不明确说明不招女性，对于女性的拒绝是隐性的、暗中进行的。这种情况下，歧视证据的获取是非常难的，无法知道哪些人被录取了，哪些人被拒绝了，录取的条件是什么，拒绝的理由是什么。而对于新招聘女性岗位的安置，虽然很容易观察到岗位提供的条件、工资等，但岗位与应聘者的条件与资历是如何匹配的，是否有性别歧视的现象，则很难知晓。

在招聘时还有一种比较普遍的情况，就是对育龄女性的规避。有的直接在招聘启事上写出来，有的在招聘时直接告知，这两种行为的证据都比较容易获得。但大部分招聘者采取更隐蔽的方式规避，则很难获取相关信息。如我们在访谈中发现绝大部分女性在求职时都被问到孩子、家庭相关的问题，虽然可能女性求职者知道招聘方的用意，但招聘者并没有明确说出拒绝女性是基于这样的原因，所以要取证是很难的。此外，招聘者还通过其他途径来规避育龄女性，这些方法则更为隐蔽，更难以识别。如限制年龄，某贸易公司虽然不拒绝女性，但只招 25 岁以下员工；再如缩短用工年限，以确保所招女性不会在合同期内出现怀孕生育问题。

相对说来，就业过程中其他类型的性别歧视的证据更容易获得。工作中谁获得了晋升，其资历、条件、工作能力如何，同一个单位的人都可以相对比较容易地知晓。不过当晋升标准不是很清晰时，或者晋升以领导的主观意志为主时，证据就很难获得了。同样，同种岗位不同报酬，女性因怀孕生育、女性被调薪、调岗甚至解雇，对结婚、生育的限制，特别是被迫签订"几年内不得怀孕、生育"的协议，其证据都容易收集。而性别隔离则可以通过计算男女性在不同行业（职业）和相同行业的不同层次的分布人数，来测算性别隔离程度。

2. 性别歧视行为证据的模糊与否

从证据的模糊性来看，性别隔离和招聘歧视的证据最为含糊，其次是晋升歧视，再次是薪酬歧视、怀孕生育后的调薪调岗和对生育的限制。

关于性别隔离，虽然我们可以获得高薪岗位和高层管理者男性聚焦、低层次职业和岗位女性聚焦的数据，但对造成这些现象进行解释的证据是高度模糊的。以横向隔离来看①，无法证明女性聚集在某些职业和行业，或某些行业女性很少，是其女性特性使然，还是性别歧视造成的。典型的如一些需要重体力、需要长期野外的工作中女性很少，人们更容易把它理解为是女性身体特征的缘故，甚至是一种保护

---

① "纵向隔离"置于后文与"晋升"一起讨论。

女性的做法，而不是性别歧视。此外，女性聚集于护士、中小学及幼儿园教育、服务人员、秘书等行业，也可以由女性细致、耐心、善于沟通等特点得到解释。

关于招聘中对女性的拒绝，即使直接在招聘简章上写明"限于男性"或招聘时直接告知"不要女性"，对这种行为的解释也可能是多样的、含糊的。从我们访谈的情况看，雇主拒绝女性的理由有："专业不合适"、"已经有很多女孩了，想综合考虑一下"、"工作所在地治安比较差"、"经常出差"、"需要喝酒、娱乐，女的不方便"、"辛苦、累"等，这些理由常常以"保护女性"而不是歧视女性的形式出现的。至于委婉、隐性地拒绝女性，其拒绝的理由就更含糊了。

招聘时对女性工作安置，即使雇主是因为性别歧视而将女性安置在次要岗位上，他也可以辩解为是根据能力与资历或性格特征，被歧视的女性无法获得足够的、确实的证据来比较自己与他人的能力与性格。这与性别隔离的道理相似。而从我们的调查来看，女性一开始就被安排在次要岗位或"适合女性"的岗位如助理、文员、前台等，非常普遍。这一点，前文已有很多例证。

关于晋升，女性在高薪岗位和高层管理层人数较少，或者晋升了男性而不是女性，其原因是女性竞争能力差，还是晋升过程中对女性的歧视，有时是清晰的，有时是含糊不确定的。当一个单位有着明确的晋升标准时，晋升者和未晋升者的资格和水平是可以较清楚地比较的，如果有歧视行为其证据相对清晰。当晋升标准不是那么明确，对晋升的解释就可能是含糊的。从访谈情况来看，大部分认为是能力决定的；也有部分人认为性别因素在升职过程中起重要作用。但关键问题在于，即使用人单位是因为性别因素而不晋升女性的，也会使其行为合法化。

关于薪金歧视，如果相同工作岗位相同成绩却给予不同报酬，其歧视的证据是比较清晰的；特别当实行的是绩效工资、计件工资时，工作成绩的考核标准一般都比较具体、清晰。不过，当决定工资的标准不是很具体时，解释的空间就会加大；另外，不同岗位的比较也很困难，两种工作本质上是否相等重要或难度，很难评估，因而不同岗位的工资给予是否公平，也是不清楚的。

关于对怀孕生育女性的调岗调薪和解雇，以及对女性怀孕生育的限制，其证据相对是清晰的；特别是签订"几年内不得结婚、怀孕"的合同或协议，证据确凿无疑。但很多时候雇主并不直接以怀孕生育理由来调岗减薪或辞退女员工，而是找其他理由，证据就会变得模糊。

3. 反性别歧视行为发生的可能性

从反性别歧视行为的发生来看，遭遇性别隔离发生反抗或投诉的可能性最小；其次是招聘歧视，再次是晋升歧视；相比之下，遭遇薪金歧视、因怀孕被调岗减薪或解雇，反抗的可能必会更大一些。

关于性别隔离，因为首先这不是对个人的歧视，而是某个或某些低层次的女性聚集的行业受到歧视，因而反抗者或申诉者是群体而不是个体。它要求群体或群体组织代表众人的利益，提出反抗或要求对其工作、工资进行重新评估，其难度大、可能小。其次，更重要的，对于这种性别隔离现状，存在着一种集体的无意识，绝大多数人都持认同态度，根本不认为是一种性别歧视。从前文我们可以看到，雇主百分之百地认同按岗位要求性别；女性求职者也是如此。

而无论女性是遭遇拒录或被安排到次要岗位，其反抗招聘歧视行为的可能性也都比较小。从前文的访谈资料我们可以找到证据：首先，仍然是一种无意识，大多数女性并不认为这是一种违法的歧视现象，而是看作可以理解的习以为常的现象，因而也比较认可顺从。其次，即使感受到了歧视，也表示无奈、忍受、逃避，无力反抗。只有个别人有反抗意识，据理力争。

至于工作过程中的性别歧视，如薪金歧视、晋升歧视、因怀孕生育所遭受的歧视，如果女性遭遇到，一般会根据歧视的严重程度而采取措施。直接侵害个人利益如工资、待遇，有些人表示会反抗。

总的说来，我们可以看到女性对于性别歧视的态度：（1）有相当一部分女性对性别歧视有种集体无意识，不能意识到或识别性别歧视。宣称自己从未遭遇过性别歧视的女性，却被发现：有过因性别原因被拒绝的经历，怀孕、生育成为求职的障碍，女性集聚于传统女性职业且更多层次较低的岗位，女性升迁更为困难等等也就是说，很多女性并不能意识到性别歧视现象。（2）即使意识到了性别歧视，不少人却对这些现象抱着理解、认同的态度。她们理解雇主因为岗位、效益、男女比例等原因拒录女性，认同工作和岗位的性别分工，理解职位升迁中的男性优先，认同工作中的男强女弱，认同传统的"男主外、女主内"的性别分工，等等。（3）遭遇性别歧视，女性也主要采取接受、无奈、忍受、逃避等不反抗的态度，很少愿意采取行政及法律手段去反抗的。这其中的原因之一是代价太大，得不偿失：怕失去工作，怕麻烦，认为是浪费时间和金钱，"胳膊拧不过大腿"。原因之二是不知道怎样去投诉、反抗。

女性求职者对性别歧视的无意识、认同及不反抗，强化了女性就业中的性别歧视现象。至于为什么会采取这种态度，我们下文专门讨论。

（三）小结与启示

通过上文的分析，在性别歧视是违法行为的法律完善的条件下，我国就业市场中性别歧视的机会结构大致如下：（1）招聘时，由于性别歧视行为（包括拒绝录用女性和将女性安排在次要或低薪岗位）的证据获取的难度和证据解释的模糊度比较高，而且反抗的可能性小，所以歧视最容易发生。而由于表明性别隔离证据的高度模糊性，反抗的可能性非常小，性别隔离也普遍存在。（2）薪金歧视、对怀孕生育的限制，由于歧视证据获取难度低，证据相对清晰，因而歧视发生的可能性最小。（3）晋升歧视、怀孕生育后的调岗降薪，由于歧视证据获取的难度和证据解释的模糊度中等，所以发生的可能性也位于中间。

总的来说，招聘初的歧视比日后工作过程中的歧视更容易发生。也可以说，可能正是雇佣初对女性的低安置造成了大量的性别隔离，并且是以后男女两性在薪金和地位上差距的重要原因。一旦岗位确定，用人单位更有可能按照能力和绩效来决定加薪与晋升，歧视发生的可能性相对减少。而歧视行为证据获取的难易程度、证据的模糊程度以及受歧视女性反性别歧视行为的可能性，共同解释了歧视发生的机会结构。

与国外的情况相比，我国的情况有一些自身的特色：第一，因为集体无意识（并不认为是违法行为或无法辨别歧视行为），以及反抗的困难和代价太大等原因，我国女性受歧视之后普遍没有反抗意识和行为，大多数人采取忍耐、顺从、逃避的态度与行为。相较于证据获取的难易程度与证据解释的模糊程度，女性的不反抗可能是解释性别歧视发生的最主要因素。可以说，正是女性对歧视的容忍、顺从态度，再生和强化了就业市场中的性别歧视现象。第二，性别歧视证据的获取更容易一些，因为许多歧视都是公开的，如招聘时公开不要女性，公然签订限制生育的协议等。但是，由于女性对歧视的无意识、不反抗，以及法律约束力不强等原因，它对歧视发生机会的影响并不太大。

当然这只是根据我们的访谈资料得到的一个大致结果，更精细的结果有待更精细的数据资料。此外，还需要强调的是，以上对性别歧视发生的可能性探讨，是在性别歧视是违法行为的法律完善的条件下进行的。事实上，我国当前还存在法律不太完善、有法不依、执法不严的状况；这种情况下，即使证据获取容易，证据清晰，且有反抗者，歧视还是有可能会发生。

二 无意识、忍耐与日常反抗：女性面对歧视的主观态度

前面讨论了歧视发生的机会结构，其中之一是女性的对待歧视的无意识与不反抗态度。女性的对待歧视的态度是导致性别歧视发生的重要主观原因，所以这里更深入地对此进行专门讨论。

（一）女性对性别歧视的无意识与认同

调查表明，很多女性求职者对性别歧视采取了无意识、认同的态

度，而这种态度又再生和强化了女性就业中的性别歧视现象。这一点如同法国社会学家布尔迪厄（Pierre Bourdieu）所言，女人像男人一样参与了男性统治，"被统治者推进了对其自身的统治，他们促使统治延续下去，不断地参与令他们遭受统治的东西的构造"①。

那么，女性为什么要屈从男性，甘愿遭受不平等，甚至参与对自身的统治呢？

首先，要承认男女生理上的差异，但必须区分"生理性别"与"社会性别"。生理性别（sex），指男女在解剖和生理方面的差异，是生物学层面的差异；社会性别（gender）则是以社会性的方式建构出来的社会身份或期待，反映了人们对男女性别特征及差异的理解，以及对男女在社会各领域所扮演角色的固定期待。这就是说，社会性别是一种社会的建构，在建构时往往会比照男女生理性别特征，但比照的这种生理特征有时是真实的，有时则是假想的。

著名的女性主义学者西蒙·德·波伏娃（Simon de Beauvoir）在其《第二性》中指出"女人并不是生就的，而宁可说是逐渐形成的"②。她把性别建构分为两个方面或两个阶段，一是妇女所拥有的身体和心理是被建构出来的，二是妇女所面临的社会和文化也是被建构的，这两方面的相互作用共同强化了妇女的从属地位。从生物学和发生学来看，生物学的差异和原始社会艰苦的环境确立了社会性别差异的起源；之后，男性利用其权力、地位及社会文化等使其支配合法化，再生了不平等的男女关系。不过，在波伏娃那里，男性最初的生物学优势还是存在的，可以说正是男性生理性别上的优势，奠定了后来男性社会性别上的优势。但是之后的许多学者如美国女性主义学者米莉特（K. Millett），则严格区分了生理性别与社会性别，坚持认为社会性别是社会建构起来的，完全独立于生理性别；米莉特还提出"性政

① ［法］皮埃尔·布尔迪厄：《男性统治》，刘晖译，深圳海天出版社2002年版，第209页。
② ［法］西蒙·德·波伏娃：《第二性》，陶铁柱译，中国书籍出版社1998年版，第309页。

治”（sexual politics）概念，确立了男权制的社会结构形式。

在社会性别的建构过程中，建构出一种男性支配或女性被支配的文化意识，非常重要。英国 19 世纪杰出学者穆勒（John Stuart Mill）就讨论过这个问题，他在《女权辩护、妇女的屈从地位》一书中指出，“妇女从属于男人是个普遍的习惯，任何背离这种习惯就自然地显得不自然”。但是，“男人对女人的统治与其他形式的不同在于它不是暴力的统治，它是自愿接受的，妇女不抱怨并同意参与”。为了使女性自愿接受男性统治，要“采用一切办法奴役其头脑”，“所有妇女从最年轻的岁月起就被灌输一种信念，即，她们最理想的性格是与男人的截然相反：没有自己的意志，不是靠自我克制来管束，只有屈服和顺从于旁人的控制”①。

弗里丹（B. Friedan）也揭示了这种让女性甘愿始终接受次等、无权、受剥削地位的意识形态。她认为，使女性成为受害者的并不是她们自己的生物原因，而是一种特定的意识形态，她称之为“女性的奥秘”，即女性特质，如何为家庭、孩子、丈夫服务，如何保持美貌和吸引力等。《女性的奥秘》指出，“女人的最高价值和唯一使命就是她们自身女性特征的完善”②。妇女是一个弥天大谎的受害者，而正是这个谎言、这种意识形态使女性甘愿接受次等的地位。

建构女性被支配的文化意识，不仅仅在于让女性形成所谓的女性特质，还包括在社会性别分工、家庭角色安排、社会权力与机会获得等各方面形成女性被支配的意识，如米莉特就认为“性政治”通过形塑典型的性气质、确立性别角色和社会地位等途径，将两性朝着有助于男权制的方向社会化；而生物学、神话、宗教等也都从不同方面支持着男权制的观念③。

文化意识能够起作用的关键在于，它将社会性别建立在生物性别

---

① ［英］玛丽·沃斯通克拉夫特、约翰·斯图尔特·穆勒：《女权辩护、妇女的屈从地位》，汪溪译，商务印书馆 1995 年版，第 266—268 页。

② ［美］贝蒂·弗里丹：《女性的奥秘》，程锡麟等译，四川人民出版社 1988 年版，第 40 页。

③ K. Millett, *Sexual Politics*, New York：Avon/Equinox, 1971, pp. 26 – 27.

基础之上，让人们相信社会性别分工是有其生物学基础的，是自然而然的，这就将男女不平等合法了。布尔迪厄更提出了"因果关系的颠倒机制"，认为社会观念构造了解剖学差异，女性身体与男性身体之间的差别是依照男性中心观念的实际模式被领会和构造的，这样"将统治关系纳入一种生物学的自然中，将这种关系合法化，而这种生物学的自然本身就是一种自然化的社会构造"①。家庭、教会、学校、国家都参与了这种男性中心观的构造；而由于男性统治被构造成自然而然的，所以这就导致女性按照占统治地位的男性意识出发，来判断自己，自我贬值，从而不知不觉地成了统治她们的男性的同谋。

这样看来，女性甘愿屈从男性和遭受不平等，甚至参与对自身的统治，并不是因为女性天生有受虐的嗜好，而是社会意识的建构所致，这种布尔迪厄所声称的"男性中心无意识"是平稳地、弥漫地、深深地作用于人的身体和灵魂，以致实施统治的男性和遭受统治的女性都浑然不觉②。而这种意识的作用又是深远而长久的，如果说最初对男女性别的看法和传统的性别分工的观念可能多多少少与生物学因素有关，但随着科技的发展和家务劳动社会化等变革，生物学的差别在劳动分工中不再重要，意识形态的作用仍然有效。这也是本书所调查的生活在当代的女性包括女大学生仍然持有传统性别分工观念、能够容忍性别歧视的原因所在。

除此之外，中国妇女运动的历史与国情也影响了中国女性的性别意识。中国著名女性研究学者李小江认为，首先，不同于西方女权运动是女性追求自身权利的自觉自醒运动，中国妇女解放是中国社会革命而不是女权运动的结果：社会主义制度的建立首先确立了"男女平等"的合法的意识形态；其次，在法律上，"男女平等"的立法实现超前于广大妇女的公民觉悟和基本社会素质；最后，在行动上，由国家直接出面，通过政治运动和行政手段推进男女平等。这些使得女性

---

① ［法］皮埃尔·布尔迪厄：《男性统治》，刘晖译，深圳海天出版社 2002 年版，第 27—28 页。

② 同上书，第 246 页。

不需要通过自己的努力和斗争就能获得相关的权利，但也带来一些问题，如女性主体意识的淡漠，很多女性还持有"男尊女卑"、"男强女弱"等传统的性别观念，并无主动追求平等与解放的意识①。所以，李小江认为，当代中国妇女研究和妇女运动的一个重要任务，就是要在"被赐予的"权利基础上，找回曾经"被剥夺了的"自主意识和自由选择的权利②。

既然性别不平等、"男性中心"的性别文化意识，建构了女性对性别歧视现象的无意识和不反抗态度，从而助长和再生了就业市场中的性别歧视现象。那么，要解决性别歧视问题，女性主体意识（乃至女性群体意识）的觉醒是首当其冲的问题，特别是作为女性群体中知识最高层的女大学生更应充当意识觉醒者的先锋，并负有启蒙其他层次女性的责任。

（二）女性对性别歧视的日常反抗③

女性遭受性别歧视后除了表现为无意识与认同之外，多数表现为忍耐、逃避、辞职等，这些都被视作"不反抗"。但也有学者进一步区分了以上两种态度，把"认同"看作不反抗，而把"忍耐、逃避、辞职"等看作一种日常反抗。

詹姆斯·C. 斯科特（J. C. Scott）是美国耶鲁大学著名的政治学和人类学教授。他以东南亚农民为研究对象，提出了以"生存伦理"、"弱者的武器"、"隐藏的文本"等概念为核心的"反抗的日常形式"理论。斯科特的"反抗的日常形式"理论认为，面对强大而细密的统治，对立的双方因力量强弱过于悬殊，无从形成真正对垒的双方，因而弱势一方反抗的逻辑就会发生扭曲和畸变。历史上存在很多有组织的、正式的、公开的农民抗议运动，即使它们对统治者造成威胁，也

① 李小江：《女性性别的学术问题》，山东人民出版社 2005 年版，第 145—149 页。
② 同上书，第 83 页。
③ 这一小节以许家涛、余秀兰合写的论文《以日常反抗日常：女性应对就业歧视的方式》（该论文刊登在《山东女子学院学报》2014 年第 2 期）为基础改写的；这篇文章许家涛做了主要贡献，这里表示感谢。

只是短暂的，很快就会被统治者击败，即便是成功了，取得的结果也很少是农民真正想要的。因此农民更多采取的反抗方式是这些日常形式：偷懒、装糊涂、开小差、假装顺从、偷盗、诽谤、纵火、怠工，等等。这些阶级斗争方式具有的共同特点是：它们几乎不需要协调或计划，它们通常表现为一种个体的自助形式，避免直接地、象征性地与官员或精英制定的规范相对抗①。农民这种看似微不足道的行为却不容忽视，大量微不足道的小行动聚集起来就像成千上万的珊瑚虫形成的珊瑚礁一样，大量的农民反抗与不合作行动造就了他们特有的政治和经济的暗礁。②

斯科特在分析农民的日常反抗时，还提出了"公开的文本"和"隐藏的文本"的概念：如果从属群体和支配群体公开互动时的表现可以称之为"公开的文本"，那么，双方发生在后台（offstage）的话语和行为则可称之为"隐藏的文本"。在权力负载的情境下，"公开的文本"通常具有强烈的"表演性"。与"公开的文本"不同，"隐藏的文本"则是由后台的言说、姿态和实践所构成，它躲避了权力的直接监视和掌控，因此，它要表现得更为自然、真实，甚至会与"公开的文本"截然相悖。"隐藏的文本"的存在表明，从属群体在屏幕之后有可能创造且维持一个自主的社会空间，并通过自身独特的文化和实践形成一个属于自身的底层政治生活和底层意识形态③。"隐藏的文本"存在的关键意义并不是解释和阐明行为，而是有助于建构行为④。

我们可以用斯科特的日常反抗理论来分析女性遭遇性别歧视后的反抗行为。

斯科特并没有给日常反抗下明确的定义，从他对东南亚农民行动的分析来看，日常反抗是一种有别于公开反抗的弱者自我保护和抗争

---

① ［美］詹姆斯·C. 斯科特：《弱者的武器》，郑广怀等译，译林出版社 2011 年版，第35 页。

② 陈鹏：《作为一种底层政治的日常反抗》，《社会学家茶座》2009 年第 1 期。

③ 同上。

④ ［美］詹姆斯·C. 斯科特：《弱者的武器》，郑广怀等译，译林出版社 2011 年版，第480 页。

的"武器",它不同于政治领域中的激烈对抗和公开反叛,而是指在日常生活中对外在控制做出的持续性、隐秘性的抵制与不合作①。因此,本书中女性那些在日常生活中针对雇主施加的性别不公正待遇进行的持续性、隐秘性的抵制与不合作,可以称为日常反抗,具体包括无奈忍受、辞职和女性时间政治。

无奈忍受和辞职,我们在前文中谈到很多,下面重点解释女性时间政治的反抗。

在访谈中,被访者提到了另外一种"日常反抗"——女性利用生理特点和生命周期进行的抗争。之所以将女性利用生育等生命周期与雇主之间展开非正面的对抗称为"女性时间政治"的反抗,是因为女性时间是母性的时间,月经周期、婚姻与生育周期、青春期以及做母亲的周期等都是女性生命中至关重要的身体经验。女性的周期性时间感与男性化的、富有侵略性的线性累进式工业时间之间存在着必然的冲突②,有冲突就会产生反抗。

大多数雇主在选择女性雇员的时候,都会考虑女性是否已经结婚、生育,因为雇佣那些还未结婚或者未生育的女性雇员意味着他们将付出更多的代价。因此,一些雇主会不雇佣未婚育女性或者与雇员口头约定几年之内不得生育,还有的雇主会让女性雇员"排队"生育,以减少对企业效益的影响。从访谈内容和现实中我们都可以发现,一些女性会采取谎报实情或者"先斩后奏"的方式应对雇主的要求。

Y021:"我之前听人家讲过的。一个女同学好不容易托人找了一个工作,进去的时候人家要她保证3年之内不许怀孕,她也保证了。但是上了两个月的班就怀孕了,公司对此也没办法。"

为什么女性面对歧视不采取正面反抗,而是采取一种隐蔽的、不

① 葛春、费秀芬:《新课程实施中农村教师的"日常反抗"》,《教育发展研究》2009 年第 4 期。

② 潘毅:《中国女工:新兴打工者主体的形成》,任焰译,九州出版社 2011 年版,第 176 页。

易产生冲突的日常反抗？究其原因，一方面，是受中国传统文化"以和为贵"、"息事宁人"等观念的影响，受歧视的女性不愿"惹事"，宁愿忍气吞声。另一方面，更为主要的原因在于面对男性主导的社会，女性若是采取正面的对抗方式，需要付出很大的代价，却很难得到想要的结果，而日常反抗由于其隐藏性因而代价小、易操作。如果从更深层次看，则是一种规训的结果。如上文所言，在男性掌握主导话语权的社会中，有关性别差异的思想如"男强女弱"、"男主外、女主内"等已经通过社会制度、统治者政令、法律、文化、习俗、教育等等明确的或者隐晦的规训方式内化到普通民众的思维里。

日常反抗看似是一种消极的应对方式，但根据斯科特的理论，仍然会产生一些意义。

首先，女性在受到性别歧视的待遇后，即使是忍气吞声，默默忍受，也会在心理上产生消极情绪，既然因为性别而受到歧视，性别已经无法改变，那工作再努力还有什么意义呢？因此，女性可能会产生抱怨、消极怠工等行为，并且她们总能够想到不易被人察觉的方式。同时，女性这种消极的变化在一定的环境中是能够相互感染的，当大量的消极变化积累起来后，势必会影响公司的效率和产出。

辞职是一种更为强烈的应对方式，面对性别歧视，女性不愿意忍受，而正面的反抗需要付出的代价又太大，部分女性采取辞职的方式应对，这种方式带给女性的也许是暂时的失业，但毫无疑问的是，辞职将会给雇主带来更为明显的损失——招聘和培养新员工的成本、声誉的损害等。当大量的辞职发生时，会给企业乃至整个社会带来不容小觑的影响。

女性怀孕、生育以及生理周期时都会对工作产生影响，雇主采取各种方式尽最大可能地保护企业效益不受影响，而女性并不是逆来顺受的个体，为了自身的利益，她们会采取各种不易被察觉的方式反抗所遭受的不公正待遇。作为一种规训方式的工业时间与女性时间存在着显而易见的矛盾，女性尽管没有权力，她们仍然是主动而机灵的行动者，尽量在争取着自己的生活空间，在日常斗争中将那些压迫的力量化为己用①。规训的力量再强大，也无法消除女性特殊的生理特点与生命周期对工作的影响。

其次，这些行为是被女性群体共同分享的经验，如此就构成了群体意识形成的基础。虽然日常的反抗多数是个人化的行动，但斯科特的"隐藏的文本"这一概念表明，弱势群体在公开的背后有可能创造并维持一个自主的社会空间，并通过自身独特的文化和实践形成一个属于自身的底层政治生活和底层意识形态，从而形成群体的社会力量。"隐藏的文本"正是基于这样一种被弱势群体共享的经验形成的，它的关键作用在于建构新的行动。对于在就业过程中受到性别歧视的女性群体来说，形成群体意识形态是改变不公正的现实的重要环节，"隐藏的文本"不仅是女性开始觉醒和抗争的证明，更是促成更广泛的、更有力的抗争的关键。

此外，"日常的反抗形式"和"正面的反抗形式"并不是互相分离的两种抗争方式，女性采取任何一种方式都有可能转化为另外一种方式。现阶段的状况使得女性多选择"日常的方式"进行抗争，但一旦歧视过重或受到外界因素的影响，积累的、日常的反抗便可能暴发为正面的反抗。

不过，虽然女性的"日常反抗"在抗争职场性别歧视过程中有着不可替代的作用，她们用这些看似"默默无闻"的方式给雇主带来的损失逐渐使雇主明白她们的反抗意义之所在。但"日常反抗"所带来的成效终究是需要漫长时间的积累的，而且这些方式本身也会给女性带来不同程度的损失。斯科特在《弱者的武器》一书中也提到，"如果将'弱者的武器'过度浪漫化会导致很大的失误"②。他认为，它们仅仅对各种剥削农民的方式产生边缘性的影响，而且这些武器不仅仅

---

① 潘毅：《中国女工：新兴打工者主体的形成》，任焰译，九州出版社 2011 年版，第 62 页。

② ［美］詹姆斯·C. 斯科特：《弱者的武器》，郑广怀等译，译林出版社 2011 年版，第 35 页。

为农民所专有，官员和地主也经常抵制和破坏那些于己不利的国家政策。就业市场中的情形也是如此，女性"日常的反抗"的作用也是非常有限和隐蔽的，不积累到一定程度和一定范围，很难被雇主意识到，所以不仅很难改变雇主的歧视行为，而且常常被词语解释为"不反抗"因而纵容了歧视行为；同时，这些反抗方式并不仅仅只属于女员工，她们的雇主在应对于己不利的国家政策时也可能会使用类似的方法。显然，女性要想改变被歧视的现实，还需要另外一种与"日常反抗"相对的、正面的抗争形式。尽管我国已经进入了法制社会，但是女性在面对性别歧视时采取法律手段维权的少之又少。要想改变现状，通过法律途径发出自己的抗争之声，是女性必须要走的道路。

（三）教育与社会性别角色建构

女性对待性别歧视的态度与其社会性别意识有很大关系。要想改变女性的态度，必须改变其社会性别意识。社会性别意识是由多种因素建构而成，教育被认为是其中的重要因素之一。相比其他社会因素，教育相对可控和被改变，因而可以通过改造教育来改变人们的性别角色意识和行为。但是教育确实可以提升人们的社会性别态度和社会性别行为水平吗？又是如何提升的？

1. 社会性别与教育

社会性别（gender）是女性主义理论的一个核心概念，用以区分生理性别（sex），表达以社会性的方式对男性和女性建构出来的社会身份和期待[1]。世界卫生组织对 sex 与 gender 的区分是，前者界定的是男性和女性的生理和心理学特征；后者指的是社会建构的适合于男人和女人的角色、行为、活动及特征。[2]

与社会性别相关的两个重要概念是社会性别角色态度与社会性别

---

[1]　[澳]马尔科姆·沃特斯：《现代社会学理论》，杨善华等译，华夏出版社 2000 年版，第 266 页。

[2]　What do we mean by "sex" and "gender"？（http：//www. who. int/gender/whatisgender/en/index. html）

角色行为。社会性别角色态度通常指的是人们对什么是适合男性或女性行为模式的看法，反映人们对在社会文化中形成的两性行为规范的看法与评价。有学者将社会性别角色态度定义为，人们对两性在行为、活动及任务等方面的平等程度的知觉及所持有的态度倾向①。性别角色行为指个人行为中所反映出来的男性化或女性化的程度②。社会性别角色态度和行为的研究大约从 20 世纪 70 年代初开始受到较多的重视，主要原因是女权运动的兴起以及外出就业妇女的大量增加，使得人们更多地关注女性社会角色地位及其变迁问题。

在女性主义看来，社会性别主要是性别社会化、性别角色学习及社会建构的结果。著名的女性主义学者波伏娃在其《第二性》中指出，"女人并不是生就的，而宁可说是逐渐形成的"③。社会通过多种途径的影响，使人们逐渐内化了与其性别相符的社会规范和期望，形成其性别角色态度与行为。"按照那种为我们建构起来的所谓自然的想法，一个特征又一个特征，我们就这样被逼进我们的身体和心灵必须与之相符的身份之中。"④

女性主义理论关于社会性别、社会性别角色态度及社会性别行为等概念与思想的提出，使人们摆脱了从性角色（sex-role）入手来具体限定社会性别的理论思路，而发展出一些新的社会性别理论，考虑到由社会性别塑造的社会结构⑤。如康纳尔（R. Connell）指出，权力、劳动、欲力投入（cathexis）三个相互影响的层面构成了一个社会的性

①　郭爱妹、张雷：《西方性别角色态度研究述评》，《山东师大学报》（社会科学版）2000年第 5 期。

②　杨雪燕、李树茁：《社会性别量表的开发与应用：中国农村生殖健康领域研究》，社会科学文献出版社 2008 年版，第 25 页。

③　[法] 西蒙·德·波伏娃：《第二性》，陶铁柱译，中国书籍出版社 1998 年版，第309 页。

④　[法] 莫尼克·威蒂格：《女人不是天生的》，转引自李银河《妇女：最漫长的革命》，中国妇女出版社 2007 年版，第 33 页。

⑤　[澳] 马尔科姆·沃特斯：《现代社会学理论》，杨善华等译，华夏出版社 2000 年版，第 266 页。

别秩序①；而米切尔（Juliet Mitchel）认为，生产、生育、性和儿童的社会化，构成了女性受压迫境遇的四大结构，只有这四大结构同时改变，才能实现妇女的解放②。

在社会性别角色意识与行为的形成过程中，教育起着特别的作用，因为学校本身就是性别社会化的一个重要机构。学者葛哈尔（Mairtin Mac an Ghail）曾在英国的一所中学所做的民族志研究表明，学校自身即是以性别化和异性恋模式为特征的机构，盛行的体制促使学生中与更大的性别秩序相符合的性别关系得以建构③。一些关于教科书的研究也表明，科学、社会科学甚至数学课本都把女孩和妇女描绘成刻板的性别角色④。但另一方面，教育又可能使人们有更多的性别平等意识，从而更有可能自觉地对传统性别角色态度进行反省与批判，形成更加平等的性别角色态度和行为。不少研究都表明，受教育程度越高，性别平等的意识越强⑤。

那么，教育到底对社会性别角色态度和社会性别角色行为有何影响？社会性别角色态度与社会性别角色行为又有什么关系？教育在其中有何作用？目前关于社会性别角色态度与社会性别行为的研究，多集中于对社会性别态度和行为的测量，以及与之相关的社会性别态度本质、原因及后果的探讨⑥，但对于两者关系的探讨较少，特别对于教育对社会性别态度与行为的影响探讨的甚少。笔者将在这些方面做

---

① ［澳］马尔科姆·沃特斯：《现代社会学理论》，杨善华等译，华夏出版社2000年版，第296—298页。

② ［英］朱丽叶·米切尔：《妇女：最漫长的革命》，转引自李银河《妇女：最漫长的革命》，中国妇女出版社2007年版，第1—32页。

③ 转引自［英］安东尼·吉登斯《社会学》，赵旭东等译，北京大学出版社2003年版，第150—151页。

④ ［美］珍妮·H.巴兰坦：《教育社会学：一种系统分析法》，朱志勇译，凤凰出版传媒集团、江苏教育出版社2005年版，第77页。

⑤ 郭素芳等：《已婚妇女社会性别意识和家庭地位状况调查》，《中国妇幼保健》2007年第29期；徐安琪：《家庭性别角色态度：刻板化倾向的经验分析》，《妇女研究论丛》2010年第2期。

⑥ Ajzen I., Fishbein M., *Understanding Attitudes and Predicting Social Behavior*, Englewood-Cliffs, NJ: Prentice-Hall, 1980, pp. 5 – 25.

些尝试。

2. 研究方法

采取定量研究方法,以问卷方式收集数据。

问卷的编制。问卷包括三个部分:一部分是基本的人口统计,包括性别、年龄、婚姻状况、受教育程度等。其余部分是社会性别角色态度和社会性别角色行为意向量表。关于社会性别角色态度和行为的测量量表有很多,不同的学者根据开发量表的需要,将性别角色态度进行了不同的操作化定义。在具体研究中社会性别角色态度(Gender Role Attitude)也被冠以不同的称呼,如社会性别角色意识(Gender Role Ideology)、社会性别角色信念(Gender Role Belief)、对妇女的态度(Attitude Toward Women)[1]。本书的量表主要参照杨雪燕、李树茁编制的社会性别角色态度量表(GIS)[2]和社会性别角色行为意向量表(GBIS)[3]。杨、李将社会性别角色态度定义为个人对于经济、政治、教育和家庭的态度中所反映出来的社会性别公平程度;而将性别角色行为定义为人们在家庭领域中承担责任、权利行使、利益享有活动中所表现出来的社会性别公平程度[4]。由于本书所调查的对象有很多还是未结婚的求职者,没有家庭性别分工的实际经验与体会,所以选用的是社会性别角色行为意向量表,测量的是行为意向而不是实际行为,具体题项采取"如果……"的方式。行为意向虽然不等于实际行为,但通常可以在一定程度上预测行为的发生。

量表的信度检验:经过信度检验,社会性别角色态度量表的内部一致性信度(α系数)为 0.852,社会性别角色行为意向量表为 0.819。

样本及数据:在各种人才市场获得的 208 份问卷。调查样本的基本信息在前一章已有描述,如性别、年龄、户籍、受教育程度、婚姻

---

① 杨雪燕、李树茁:《社会性别量表的开发与应用:中国农村生殖健康领域研究》,社会科学文献出版社 2008 年版,第 25 页。

② 同上书,第 14 页。

③ 同上书,第 239 页。

④ 同上书,第 118 页。

等状况。

3. 研究结果

（1）相关变量的描述性统计

表4—1是相关变量的描述性统计。从相关系数我们可以看到，性别、年龄、受教育程度与社会性别角色态度显著相关，女性、年龄越轻、受教育程度越高，社会性别态度越公平；受教育程度、社会性别角色态度与社会性别角色行为意向显著相关，受教育程度越高、性别角色态度越公平，社会性别角色行为意向越公平。

表4—1　　　　　　　　　相关变量的描述性统计

	平均数	标准差	相关系数						
			1	2	3	4	5	6	7
1. 性别	1.630	0.484							
2. 年龄	1.884	1.197	-0.109						
3. 户籍	1.420	0.495	-0.022	-0.173 **					
4. 婚姻状况	1.349	0.478	-0.056	0.710 ***	-0.177 **				
5. 受教育程度	1.662	0.474	0.228 ***	-0.418 ***	-0.056	-0.261 ***			
6. 性别角色态度	3.707	0.504	0.501 ***	-0.219 ***	-0.037	-0.112	0.282 ***	(0.852)	
7. 性别角色行为意向	4.107	0.351	-0.006	-0.085	-0.085	-0.011	0.144 **	0.208 ***	(0.819)

注：括号内数字为信度系数（α系数）；* p < 0.1，** p < 0.05，*** p < 0.01。

统计中各类别变量赋值如下：男性、未婚、城镇、未接受大学教育的为1，其相对应的女性、已婚、农村、大专及以上的为2。

（2）受教育程度对社会性别角色意识的影响

通过回归分析，在控制了性别、年龄、户籍和婚姻状况后，我们发现受教育程度对社会性别态度是有影响的（表4—2）。

表4—2   影响社会性别角色态度的因素

	模型一	模型二
性别	0.499（7.798）***	0.476（7.339）***
年龄	-0.093（-2.529）**	-0.070（-1.790）*
户籍	-0.055（-0.870）	-0.040（-0.630）
婚姻状况	0.066（0.718）	0.059（0.649）
受教育程度		0.129（1.767）*
常数	3.058（3.058）	2.824（12.706）
R^2	0.283	0.295
F 值	19.050***	16.032***
R^2变化值		0.011
F 变化值		3.122*

注：括号内为 T 值。* p < 0.1，** p < 0.05，*** p < 0.01。

从表4—2的模型一可以看出，性别与年龄显著影响社会性别角色态度。与男性相比，女性具有更公平的社会性别角色意识；而年龄上，越年轻的人，公平的社会性别态度越强；户籍和婚姻状况的影响不显著。在控制了性别、年龄、户籍、婚姻状况4个因素后（模型二），受教育程度仍影响社会性别角色态度（p < 0.1），具有大专及以上学历的人比未接受过大学教育的人有更公平的社会性别态度。

（3）受教育程度对社会性别角色行为意向的影响

受教育程度是否对人们的社会性别角色行为意向产生影响（表4—3）？

表4—3   影响社会性别角色行为意向的因素

	模型一	模型二	模型三
性别	-0.016（-0.307）	-0.032（-0.607）	-0.115（-1.967）*
年龄	-0.050（-1.663）*	-0.033（-1.042）	-0.021（-0.667）
户籍	-0.070（-1.366）	-0.059（-1.150）	-0.052（-1.036）
婚姻状况	0.067（.893）	0.062（.832）	0.051（.707）
受教育程度		0.092（1.548）	0.070（1.184）
社会性别角色态度			0.174（3.032）***

续表

	模型一	模型二	模型三
常数	4.237 (29.090)	4.070 (22.496)	3.577 (14.881)
R^2	0.022	0.034	0.079
F值	1.090	1.358	2.712 **
R^2变化值		0.012	0.044
F变化值		2.396	9.193 ***

注：括号内为 T 值。 * $p < 0.1$， ** $p < 0.05$， *** $p < 0.01$。

通过回归分析发现，当仅考虑性别、年龄、户籍、婚姻状况 4 个因素时（模型一），年龄影响社会性别角色行为意向，年龄越小越具有公平的性别行为意向；当把受教育程度因素考虑进去后（模型二），受教育程度对社会性别角色行为意向的影响并不显著，而且年龄的影响也不显著了；但在模型三中，社会性别角色态度显著影响社会性别角色行为。不过总体来说，我们所考虑各因素对社会性别角色行为意向的解释力并不强，这表明行为可能是一个更为复杂的东西，还有很多未知的因素有待后续的探讨。

（4）受教育程度对社会性别角色态度与行为意向之间关系的调节作用

由上面的分析我们发现，受教育程度影响社会性别角色态度，但对社会性别角色行为意向并无显著影响；而社会性别角色行为意向是受社会性别角色态度显著影响的。那么，教育作为一个调节变量，能否影响社会性别角色态度与行为意向之间的关系呢？见表4—4、图4—1。

表4—4　　　　　　受教育程度对社会性别角色态度
与行为意向关系的调节作用

	模型一	模型二
性别	-0.115 (-1.967) *	-0.112 (-1.933) *
年龄	-0.021 (-0.667)	-0.020 (-0.636)
户籍	-0.052 (-1.036)	-0.071 (-1.411)

续表

	模型一	模型二
婚姻状况	0.051 (0.707)	0.038 (0.533)
受教育程度	0.070 (1.184)	0.093 (1.589)
社会性别角色态度	0.174 (3.032) ***	0.165 (2.906) ***
受教育程度×社会性别角色态度		0.277 (2.593) **
常数	3.577 (14.881)	3.590 (15.154)
R^2	0.079	0.110
F 值	2.712 **	3.354 ***
R^2 变化值		0.031
F 变化值		6.723 ***

注：括号内为 T 值。* p < 0.1，** p < 0.05，*** p < 0.01。

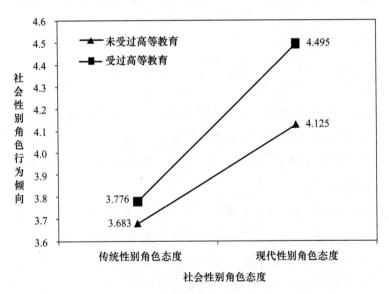

图 4—1　受教育程度对社会性别角色态度与行为意向的调节作用

从表 4—4 和图 4—1 可以看出，受教育程度影响着社会性别角色态度与行为意向之间的关系，相比未受过大学教育的人，受过大学教育的人的性别角色态度与行为意向之间关系更强。

如果进一步分析不同教育层次中社会性别角色态度与行为意向之

间的关系，我们可以发现（见表4—5），当受教育程度在大专以下时，社会性别角色态度与行为意向之间出现负相关，不过关系不显著；大专及以上教育程度时，社会性别角色的态度与行为意向之间是正相关，且关系显著，本科以上时显著性水平小于0.01。

表4—5　　　　　　不同受教育程度下的社会性别角色态度
与行为的相关水平

	相关系数	显著性水平
初中及以下	−0.021	0.935
高中	−0.141	0.299
大专	0.247	0.059
本科及以上	0.310	0.007

4. 研究发现与讨论

（1）研究发现

通过研究，我们发现：

① 受教育程度影响社会性别角色态度，受教育程度越高，越具有公平的社会性别态度；虽然从相关系数看，受教育程度与社会性别角色行为意向之间关系显著，但回归分析表明受教育程度并不会显著影响社会性别角色行为意向。

② 社会性别角色态度影响社会性别角色行为意向，态度越公平，行为表现上也越公平。受教育程度虽然不显著影响社会性别角色行为意向，但会调节态度与行为之间的关系。受教育水平不同的人，其态度与行为间的关系不一样；受过高等教育的人，其态度与行为之间关系更强。

简言之，受教育程度影响人们的社会性别角色态度，但不会显著改变人们的社会性别角色行为意向；不过，教育可以加强态度与行为的关系。

（2）讨论：教育的作用与限制

① 教育对于改善社会性别角色态度与行为的作用。

受教育程度影响人们的社会性别角色态度，且是正向影响，说明学校教育有助于传授公正的社会性别观念。受教育程度并不会显著影响社会性别角色行为意向，这表明学校教育很难改变人们的社会性别行为。这就是说，我国学校教育能够传输性别平等的价值观，但在促使人们形成公正的社会性别行为方面可能有些无能为力。

这样的结论与我国教育现状似乎是相符的。我国的学校教育一直偏向于知识和价值的传授，所考核的也是知识的掌握情况，而未能关注到行为改变问题，即使是道德教育类课程也是如此，这可能也是我国教育将来需要改进的地方。不过值得欣喜的是，虽然有研究表明学校教育可能会强化传统社会性别意识，形成人们的性别刻板印象。但本书的结果是教育有助于传输公正的社会性别观念，这表明我国目前的教育在对待男女性别关系时还是比较民主、现代的，这既是教师、教材编写者等教育人员的功劳，也是整个社会男女性别平等、女性地位提高的表现。

② 教育对于加强社会性别角色态度与行为关系的作用。

关于态度与行为之间的关系，已经有很多的研究。早期，人们认为认识、情感和行为是一致的，但后来的经验研究质疑了这一点，人们发现行为与态度并不总是一致的。在这些研究中，有两个理论比较有名，一是理性行动理论（the theory of reasoned action），一是计划行动理论（the theory of planned behavior）。

理性行动理论由菲什拜英（Martin Fishbein）和阿杰曾（Icek Ajzen）于 1975 年提出。该理论认为，一个人的实际行为取决于行为意向，而行为意向是又取决于对行为的态度和主观规范（subjective norm，个人意识到的重要他人对行为的预期）。即当人们相信某行为会带来好的、积极的结果，而且认识到重要他人也希望他去实施该行为时，就会有一个强的行为意向，因而更可能实施该行为。① 理性行

① Ajzen I., Fishbein M., *Understanding Attitudes and Predicting Social Behavior*, Englewood-Cliffs, NJ: Prentice-Hall, 1980, pp. 5 – 25.

动理论很好地解释了意志可控的行为；但如果该行为不是意志可控的，如受环境限制、资源不足等因素干扰，即使一个人受到其本身的态度和主观规范的影响而有强烈的行动意向，也可能不采取实际行动。鉴于此，阿杰曾又提出计划行动理论，以修正理性行动理论。在该理论中，阿杰曾增加了一个新的因素"知觉行为控制"（perceived behavior control），即个人对其实施某种行为的能力的预期，类似于"自我效能感"。这样，人们的行为意向和行为由他对行为的态度、主观规范和知觉行为控制共同决定[1]。

根据理性行动理论和计划行动理论，社会性别行为意向除了受人们的社会性别态度影响外，还与他们感知到的社会性别关系规范和对自己行为能力的预期有关。如果所属群体还普遍存在着男女不平等现象，挑战不平等的社会性别关系要受到很大的社会压力，或者预期到自己没有资源和能力实施公平的社会性别角色行为，那么即使具有较公平的社会性别角色态度，也不大可能产生公平的社会性别角色行为。这也为我们上文表4—3中所显示的问题提供一个解释和进一步研究的思路，即在研究社会性别角色行为时，除了考虑性别、年龄、性别角色态度等主体因素外，也应考虑主观规范和知觉行为控制等主体与外在环境的交互影响。

除了理性行动理论与计划行动理论，还有很多研究探讨了态度与行为的关系问题，如认为态度本身的特点（如态度的强弱、是否带有情感等）、态度主体的特点等都会影响态度与行为的一致性[2]。

教育是如何加强社会性别角色态度与行为的一致性的？到目前为止，笔者尚未找到直接相关的理论与研究，但从上面的分析我们可以推测，教育加强社会性别角色态度与行为意向的关系可能通过两种途径：一是通过加强受教育者更公平的社会性别角色态度，再通过社会

---

① Ajzen I., "The theory of planned behavior", *Organization Behavior and Human Decision Process*, Vol. 50, No. 2, 1991, pp. 179 – 211.

② 张红涛、王二平：《态度与行为关系研究现状及发展趋势》，《心理科学进展》2007 年第 1 期；姜峰、卢苏、侯玉波：《对态度与行为一致性关系的再思考》，《北京教育学院学报》（自然科学版）2009 年第 3 期。

性别态度影响性别角色行为。这种可能性已经通过本书的研究得到证实。二是通过教育改变个体特征来加强态度与行为的关系，如受教育程度越高的人可能会具有更强的自主性、独立性和能力，从而能够帮助个体筛选合理信息并抵御说服信息，保持社会性别角色态度与行为较高的一致性。

当然，这些只是根据已有理论和本书结果所做的推测，究竟教育加强社会性别角色态度与行为意向关系的具体过程是怎样的，还需要进一步研究，这也是后续研究的方向。

三　保护还是歧视：男女平等就业政策的困境

关于就业政策与法规，我国学者做了一些研究，主要集中于对发达国家如英、美、欧洲国家反就业歧视法规的介绍，以及对我国的启示与借鉴意义的思考。另有学者从社会性别视角对我国的就业政策和公共政策及法规进行了分析。这些研究对认识与改善我国就业中的性别歧视现象有非常重要的作用，但仍有许多继续研究的空间。如对于性别歧视解释与分析较少有制度的视角，特别是对国外反性别歧视政策法规的介绍和对我国就业政策法规的批判，常常只停留于平面的比较。事实上国外这些发达国家都有不同的政治制度和福利体制，而我国的政治经济制度和福利体制也在不断变化，他国的政策与法规，即使非常完美，也未必适用于我国。国外一些跨国的比较研究发现，国家福利体制和政策对女性的就业状况有很大的影响（Esping-Andersen，1990；Haya Stier，Noah Lewin-Epstein，Michael Braun，2001；Tanja van der Lippe，Liset van Dijk，2002）①。而同一个国家，不同时期因为经济和政治体制的发展变化也会带来女性社会地位的变化（Irene Bruegel，

---

① G. Esping-Andersen, *The Three Worlds of Welfare Capitalism*, NJ: Princeton Univ. Press, 1990, pp. 1 - 34; Haya Stier, Noah Lewin-Epstein, Michael Braun, "Welfare Regimes, Family-Supportive Policies, and Women's Employment along the Life-Course1", *American Journal of Sociology*, Vol. 106, No 6, 2001, pp. 1731 - 1760; Tanja van der Lippe, Liset van Dijk, "Comparative Research on Women's Employment", *Annual Review of Sociology*, Vol. 28, 2002, pp. 221 - 241.

Dianne Perrons，1998)[1]。

自新中国成立以来，一方面，政治与经济体制发生了巨大变化，从社会主义计划经济逐步过渡到社会主义市场经济。另一方面，我国对外开放程度也不断深化，我们也在不断地学习国外先进的制度与文化。在这个过程中我国的社会福利体制发生了哪些变化？国家对女性就业的保护政策是否也随之发生了变化？这些变化对女性的就业又有何种影响？是什么力量导致了我国现在这样"保护女性"与"性别歧视"共存的现状？在一个宏观的政治经济发展变化的历史制度背景中去理解女性就业问题，有助于我们更加清楚地发现问题的症结，并找到解决问题的对策。

从前文对政策的解读，我们可以看到：（1）从保护对象上看，各种就业保护政策对女性身份的限制越来越少，受保护的女性人群在扩大。（2）从保护的内容看，总体说来对女性平等就业权的保障和劳动的特殊保护都在增强；而对女性特殊就业权的保护尤为关注，各种劳动保护和禁忌劳动的规定非常细致、具体。（3）从经费的负担方式看，由用人单位承担所有女性产假工资和与生育相关的费用，转向社会统筹生育基金。

不过，虽然国家政策一直在强化对女性的就业保护，但现实中仍然有不少问题。

就劳动保护来说，全国总工会女工部1995年的一项全国性女职工状况调查表明，忽视或不执行劳动保护法规的问题明显，并且在经济效益差（亏损、停产、破产）的企业、个体企业、集体企业，以及女临时工、女农民工中问题更为突出[2]。最近一些年来，情况有所好转，但问题依然存在。张雅维等对山东67家单位3427人的调查表明，只有40%的女性表示单位给交生育保险，33%的女性表示单位不交，其余不知道有这项保险或不知道单位是否交；有90.8%的怀孕妇女能够

---

① Irene Bruegel, Dianne Perrons, "Deregulation and Women's Employment: The Diverse Experiences of Women in Britain", *Feminist Economics*, Vol. 4, No. 1, 1998, pp. 103 – 125.

② 杨玉臣：《女职工劳动保护状况分析报告》，《妇女研究论丛》1996年第2期。

定期进行产前检查，但产前检查计入劳动时间的只有 63.5%；有 42%
的女性在孕期、产期、哺乳期"三期"中被解聘或虽未解聘但降低工
资；关于配套设施建设，设立女职工卫生室的企业只有 43.3%，设立
孕妇休息室的仅占 6.6%，设立哺乳室的更仅有 3.4%。①

　　从公平就业权益来看，一些调查研究表明就业市场中的性别歧
视现象依然明显，如北京大学法学院妇女法律研究与服务中心 2008
年的调查表明：招聘中基于性别的歧视依然严重，平均约每 4 个女
性被调查者就有 1 个女性因性别而被拒；职业的性别隔离依然存在，
女性在整体就业结构中地位低下；"三期"内的性别歧视及男女同工
不同酬问题依然突出；男女在待遇和职场升迁方面的差异依然明
显②。笔者带领硕士生于 2011 年对 92 名女性求职者的访谈结果是：
23 人明确表达自己遭遇了性别歧视；66 人表明未遭遇过性别歧视，
但从访谈中我们可以发现她们中的多数人都有过被歧视的事实，如
因性别原因被拒录，因生育被解雇，被迫签几年内不生育的协议，
有性骚扰经历等（具体内容参见表 1—6）。女性受到的歧视主要表
现在以下几方面：首先，女性在求职过程中遇到障碍。其次，女性
较多地聚集在低层次或低薪岗位，其升职机会也受到限制。最后，
女性的怀孕、生育受限制，并可能因此而被调岗或辞退（具体内容
见前文）。

　　以上女性劳动缺乏保护状况及就业市场中的受歧视现象表明，国
家政策在贯彻落实时遇到了来自用人单位的抵制；而这仅仅是明显的
抗拒，更多的是表面上对国家政策的执行而私下隐性的抵制，即我们
常说的"上有政策下有对策"。如 Y039 所说："现在的人多聪明，才
不会明摆着违抗国家规定呢。不遵循国家政策，但是不白纸黑字给你
写出来，人家才不留证据呢。"那么，为什么国家政策会遭遇来自用
人单位的抵制呢？我们需要从制度的视角，历史地、比较地来分析女
性就业保护政策实施过程中的权力博弈。

───────────────

① 张雅维、李静：《女性劳动权益法律保护问题研究》，《山东社会科学》2012 年第 6 期。
② 李莹：《中国职场性别歧视调查》，中国社会科学出版社 2010 年版，第 1—79 页。

（一）历史的分析

正如人力资本理论所示，由于女性生育、照看孩子、过多承担家务等原因，导致女性在就业中处于相对弱势；而从认知的角度看，传统文化、认知偏见也确实影响雇主对女性的判断。但从制度的角度来说，一个国家对女性就业的保护政策会影响女性的就业状况，而这种就业保护政策在不同社会制度背景下会起到不同作用。

改革开放前，由于是计划经济体制，国有单位不需要自负盈亏，雇佣女性的可能成本与代价不需要企业承担，因而基本上都是直接执行政府政策的。也就是说，国家的政策在单位层面的执行没有任何阻碍与困难，国家的目标与单位的目标能够完全统一起来，决定女性就业地位的主要是国家的态度与政策（如图4—2）。

改革开放以后，中国社会发生了重大变化，社会主义市场经济确立，取代了原先的计划经济体制；

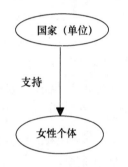

图4—2 计划经济环境下的女性就业支持

多种经济体制并行，国企之外的民企、私企日益增加，企业需要自负盈亏，自主性增强；国企改革及政治体制的改革先后发生，为了提高效率，大量企事业单位冗员被抛向社会。这些政治经济领域的宏观变化，都影响了女性的就业境遇。处于市场中的用人单位在雇佣女性时可能会因为考虑成本与代价而拒绝女性，因而与国家支持女性就业的目标不一致。在这种情况下，尽管国家仍一如既往地支持女性就业，但单位很可能为了自身利益而采取各种策略逃避国家的政策要求，所以就业市场中仍然有很多歧视女性的现象（如图4—3）。

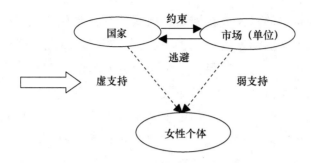

图4—3　现实市场经济环境下的女性就业支持

要想保障女性较好的就业待遇，国家必须加强对市场（单位）的约束。以上的政策解读表明，市场经济制度确立以来，国家确实加强了对女性就业权益的保护，特别对可能出现的新歧视情况进行了限制，如不能因性别原因拒录女性，不能对女性有生育限制，不能辞退怀孕女员工，等等。国家显然希望通过强化政策法规，强化对市场的约束，使单位也能够支持女性就业，与国家的目标保持一致。在国家的强势政策下，市场行为会受到一定限制。但如果违反国家政策法规代价并不太大，用人单位还是会更多地考虑本身利益，宁愿冒违反政策之风险；此外，更多情况下，用人单位会采取一些隐性歧视办法，虽然表面上会服从国家政策。而政策本身的犹疑、含糊和笼统，也给用人单位违反政策提供了空间。

而且，在这种情况下，国家还可能会面临一个非常尴尬的两难境地：一方面，不对女性实施政策保护，女性就业权益会受损；但另一方面，越是强化对女性的保护政策，市场中用人单位越可能利用各种借口回避女性。2011年11月中国青年报社会调查中心通过民意中国网和搜狐新闻中心，对1386人进行的在线调查显示，63.0%的人担心生育政策会让"企业不愿招收女性，加剧女性就业难"；54.9%的人担心"企业在一些重要岗位上选人更倾向于男性"；44.7%的人认为"企业会压低女性工资来节约生育补贴成本"①。

出现这种现象的原因除了是政策本身的疏漏外，更根本的原因是

---

① 黄冲：《63%的人担心生育政策加剧女性就业难》，《中国青年报》2011年11月29日第07版。

对女性就业保护的责任分担问题。国家虽然一直在强化女性就业保护政策，但从上文的国家政策分析中看到，对女性就业的实际支持却要用人单位承担。实行生育保险政策后，用人单位在女性生育费用上的负担被均衡了，但企业仍然是缴费主体，更重要的是女性还会因生育带来其他隐性或附带成本，如因女性照顾孩子而投入工作减少；因产假产生工作中断和衔接问题；按政策建立母婴保护设施也需要用人单位来承担。保护越多越细致，用人单位承担的越多。所以，用人单位从自身利益出发理性思考，在招收女性比男性付出更多成本而效益却可能更小的情况下，自然会更愿意招聘男性，甚至不惜冒着违反国家政策的风险。

(二) 比较的分析

再从比较的视野看，艾斯宾·安德森曾经根据一些国家的福利制度发展情况，区分了三种不同的福利制度国家：保守福利制度、自由福利制度和社会民主福利制度。在自由福利制度的国家如美国、加拿大，市场起主要作用，国家只在市场失灵时才进行干预。福利不大，而且是基于需要，面向低收入人群。在社会民主福利制度的国家如瑞典、丹麦，社会权利建立在平等公民权的基础上，福利是普遍的，一般不需要通过经济评估。国家不管市场的情况全面负责公民的福利。而在保守福利制度的国家如意大利、法国，地位与身份起主要作用，权利与阶级和社会地位是相关的。市场的作用很微弱，国家福利保障特权阶级的利益。[①]

在不同的福利制度国家，国家政策对女性的就业支持与保护是不一样的。在自由福利制度国家，国家对女性的福利支持是有限的。美国是这种福利体制的代表，从其对女性的就业政策来看，强调的更多的是对女性平等就业机会和待遇的保障，即与性别因素无关的平等对待；对女性并没有过多的劳动保护和特殊待遇，雇主对待因怀孕生育

---

① G. Esping-Andersen, *The Three Worlds of Welfare Capitalism*, NJ: Princeton Univ. Press, 1990, pp. 1 – 34.

而暂时不能工作的女员工，像对待其他暂时不能工作的雇员一样。在这种情况下，女性参与劳动的情况由市场原则决定，女性要衡量参与市场劳动和在家负担家务的利弊。在社会民主福利体制国家，社会规则超越了市场原则，国家为了男女平等而采取积极的措施支持女性就业，如国家提供女性生育与抚养孩子的福利，并强化劳动市场的性别平等措施；或者通过经济报酬的方式补偿女性生育孩子和家务劳动。在保守福利制度下，国家支持传统的性别分工，鼓励女性退出劳动市场，女性处于经济的边缘。①

如果按照这样的划分，从福利提供的角度，我国计划经济体制下的福利体制应该更像初级的社会民主福利制度，国家提供所有福利，包括对女性生育孩子的福利；只不过，因为经济发展水平的原因，福利水平并不高。而从计划经济体制过渡到市场经济体制，如果按市场的原则，只能为女性提供有限的福利保障。但国家仍然按照社会民主福利制度的情况，要求为女性就业提供多方面的特殊保护与照顾，甚至加强保护如延长带薪产假，加强"三期"保护；与此同时，国家却把福利责任完全交给市场，仅仅依靠一些居高临下的空头政策来约束用人单位的行为。这样必然导致前文所呈现的政策保护与现实歧视的矛盾与困境。

如何走出这种怪圈？

显然，不顾我国政治经济制度与福利制度的实情，而简单地借鉴美国、英国或者欧洲的做法，都是不行的。根据上文的分析，在当前的市场经济环境中，如果国家不愿意过多干预市场，就只能保障女性有限的福利，这与我国社会主义对女性高地位的目标设定显然是不符的；而且从过去对女性的高保护，再转向有限的保护，显然也不符合历史进步的潮流。那么，要保障女性的就业平等和特殊权益，至少有两种思路：第一，继续加大国家保护女性的政策力度，减少政策的疏

---

① Haya Stier, Noah Lewin-Epstein, Michael Braun, "Welfare Regimes, Family-Supportive Policies, and Women's Employment along the Life-Coursel", *American Journal of Sociology*, Vol. 106, No. 6, 2001, pp. 1731 - 1760.

漏，特别是加强政策的实施环节，加强对用人单位的监督，增加对违反政策与法规行为的处罚。当用人单位发现违反政策与法规的代价足够大时，自然会减少这样的行为。强压之下，用人单位必然会更多地执行国家对女性的就业保护政策。但是，如果用人单位觉得负担过重，完全可能采取更隐性的方式对抗国家政策，使歧视女性行为变得更不易被发觉。所以，还必须有第二种思路，即分担用人单位的负担，建立以国家为主的多元福利制度。只有真正减轻了用人单位的负担，市场经济环境中的用人单位才能真正有积极性去聘用可能雇佣成本更大的女性；也只有这样，才能实现我国对女性就业的高保护。而在当前的情况下，要特别强调政府的支持。因为女性生育孩子的活动不仅仅是家庭的私人活动，也是为了公共利益的社会再生产，具有公共性质。

四 政策表达与执行：影响歧视机会的法律环境因素

以上对性别歧视发生机会的探讨，是在假设性别歧视是违法行为，人人都会遵守政策法规的条件下进行的。但是在我国当前，首先还存在着有法不依、执法不严的情况。在这种情况下，即使证据获取容易，证据清晰，且有反抗者，歧视还是有可能会发生。所以我们会看到很多地方公开歧视女性，如招聘广告上"限男性"、"男生优先"、"已婚已育优先"的规定，或者直接告知"不要女性"，甚至签订"几年内不得结婚、怀孕"的合同或协议。一些雇主们并不介意这些信息的公开；而他们对为什么不用女性的解释也很直接，甚至不需要找其他合法化的借口。如 g014："说实话直接标明出来就可以了，这样我们可以节省很多时间，也不会给人造成任何的让人觉得性别歧视（的感觉），提前写明会减少很多麻烦。"

其次，我国也存在法律不太完善的情况，如法律条文规定太笼统、抽象，给人们留下比较多的再解读和再解释的空间。如 1992 年的《中华人民共和国妇女权益保障法》和 2005 年的修正法都规定："各单位在录用职工时，除不适合妇女的工种或者岗位外，不得以性别为由拒绝录用妇女或者提高对妇女的录用标准。"那么何谓"不适合妇女的工种或者岗位"？法律中并没有具体规定。而在就业市场中我们发现，"不适合女性"成了招聘单位拒绝女性最常见的理由，不管所招聘工作或岗位是否真的不适合女性；"不适合女性"使得招聘单位歧视行为合法化，或者至少使得其歧视行为的证据模糊化。再如，由于我国的男女平等就业政策多强调对妇女的保护，但对"保护"也没有清楚的界定，于是"保护女性"也成了雇主拒绝女性的借口，如以"工作辛苦""需要喝酒""治安不好"等各种保护女性的理由不录用女性。

　　除了政策法规笼统抽象，容易被再解释之外，我国的男女平等就业政策还有空缺、不足之处，如无专门的反歧视法，没有关注表面中立却可能造成不公结果的间接歧视，不关注政策法规的执行阶段可能出现的问题，未对受歧视女性提供方便快捷的诉讼渠道，未建立起对实施性别歧视的用人单位和雇主有效的惩罚机制，等等。更重要的，除了专门的女性保护法规外，我国相关部门在制定就业政策时还缺乏社会性别主流化的意识，未能从性别角度来评估所出台的政策。

第 五 章

探寻男女平等的就业政策

面对就业市场中的女性受歧视现象，应该采取什么样的办法呢？我们先来看看女性求职者自己的需求，以及雇主们的看法。之后，再根据他们的需求及前文的研究，提出相关政策建议。

一　女性遭遇性别歧视后希望获得的帮助

当我们问，"在找工作和工作过程中如果遇到性别歧视，你希望获得哪些支持与帮助"时，女性求职者的回答大概有以下几类：

（一）国家政策的支持

不少女性提到国家政策的支持。Y046："如果遇到不平等待遇，国家肯定应该出一些政策保障女性的权利。"特别是一些强制性的、实质性的政策支持。Y008："国家应该给予一些积极性保护措施。""不要总是弄那些法律文件，那些没用的。他可以告诉你，我没有触犯法律啊，我没有歧视女性啊。"Y013："同一份工作，即使女性能做得更好，也不给其机会，我觉得法律上要规范。另一方面，像我这样的，30岁或年龄更大的还没结婚，找工作困难，这方面也应有相应的法律出台。"Y022："最好还是国家强制性规定一下，这样比较好一点，不敢触犯法律。"Y065："我觉得国家还是要规范那个的吧，规范，尤其是个体私营企业。"希望国家给女性更多福利。Y002："我希望国家给予更多的法律规定，比如说取消性别的歧视，包括国家可以给女性更多的福利和待遇，国家拨款。"

（二）维权机构的调解、维权和法律援助

因为信息、知识、能力的缺乏，许多女性提到法律援助、维权机构的重要性。Y017："我们是希望得到帮助。最好是维权，因为我们在工作当中遇到的一些问题，那是我们解决不了的。""个人的力量太弱了，即使有维权机构，也找不到，这样的信息太少。"Y028："如果不平等就法律援助吧，反正我就想到这一点。"大家希望建立这样的维权机构，也有表示通过妇联、媒体寻求维权帮助的。

调解与维权机构。Y037："想在社会上彻底消除这种现象不可能，但是我希望社会上能有这样一个部门，能够接待被歧视人员，做一个记录，然后起到一个调解的作用，同时也希望这方面的法律能够健全。"Y049："我希望有相关部门会管理此事，但我更希望用人单位能真正给予我们每个人一个平等的机会。"Y056："家人、领导、同事、法律及相关就业调解机关的支持。"Y044："需要有一个中立的、调解的机构，可以让我们有地方去进行反馈、调查，通过这个机构，我可以得到补偿。"Y045："应该增加一些专门解决这些问题的机构吧，至少让下面的老百姓知道有这个门，但是现在都不知道往哪里走。"

妇联。Y031："如果真遇到困难的话，我应该会去找妇联的。"Y042："妇联？如果是因为性别歧视的话，会选择的。"

电台、媒体。Y043："我觉得南京这边城市频道还可以。"

（三）领导、政府行政部门的支持

领导、上级领导或者行政部门也是女性求职者们想到的求助对象。Y010："我希望我们上级的上级、领导的领导来。"Y019："一般公司单位领导应该注意员工提出的意见。一般人提出的意见领导都是不理的。应该找员工谈谈心，给予安慰什么的。"Y060："主要是希望公司上级领导能够倾听属下的心声，为属下解决实际问题。"Y063："政府相关部门的帮助，帮助维权。"

（四）劳动部门的支持

Y020："劳动部门应该出面吧。劳动部门你不投诉他不管，不知道主动去问，下面不告上面不管。就像食品安全问题，人家不告你就不知道出去查吗？就坐在家里等。说我们这些人情绪低落，这个社会什么都要人家去告，你不主动走基层，非要人家反映才知道去干。"

（五）同事、亲友的安慰与鼓励

Y047："我会希望得到我公司周围同事的一个肯定，说我并不比他差。再有一个我希望得到周围亲友的一个肯定。"Y049：（同事亲友的帮助）"起码心里会有安慰。"Y050："领导和同事。"Y058："家人和朋友的鼓励和开导。"

（六）不求助或不知道如何求助

也有不少人表示不清楚，没有想过这个问题；或者不知道如何求助，向何处求助。Y004："嗯，我也不知道啊，好像没有什么渠道可以获取帮助的，法律看似是可行渠道，实则不可行。"Y031："我不清楚，也没想过。"Y059："这个我还真没想过。"Y062："不知道，没想过。"Y045："说实话，我看到这个问题的时候还不知道什么地方可以解决。投诉去哪里投诉啊。我们去找谁呢。"

还有人表示不去求助，求助也无用。Y013："还真不知道，我很无能为力。即使通过政府部门等机构也不会有多大帮助。"Y018："我没想过，我就想如果不合适我就找另一家。我自己解决，我觉得机构解决不了问题。"Y030："若在找工作中，遇到性别歧视可能无路可申，工作过程中若遇到，我也不会求助其他机构，因为我所在的城市在这方面不够完善，我觉得可能结果是无果。"Y035："政府肯定是没用的，一级一级地找了半天，自己倒是会惹一身的麻烦。我也想去投诉，但你知道这是多麻烦的事啊！要跑来跑去、跑来跑去的，头都跑昏了。而且你跑也没用的，就这么回事儿了，哎呀，到最后还是算了吧。"Y039："政府部门，媒体是最有力的，但是不是很现实。大多数时候就是气气自己，在网上说说而已。"Y041："妇联就是个幌子，没有什么用。"Y045："电视台挺遥远的，对于普通老百姓来讲，电视台在哪里？看着在那里，你伸手摸不到它呀。普通老百姓的力量太小了，对于上面这些东西来说根本摸不到。你去找法律，你去找什么法律呢？对于下面这些人讲，根本找不到这种门道。"

人们不去求助的原因还有是认为不需要求助，公平就业靠的是自身实力。Y005："男女公平就业比的是实力。我觉得尤其是现在社会并不是一男一女竞争结果一定是女的落选吧。"Y012："平等竞争。"Y053："因为主要还是首先考虑自己的能力是不是真的不适合，还是自己不够优秀，如果足够优秀的话，公司也不会因为你是女的而拒绝。"Y061："帮助的话，还是需要自己的努力。"

此外，也有人没觉得不公平，所以不需要帮助。Y062："我想不出来，因为没觉得男女就业很不公平。"

二　女性及雇主对如何保障
男女平等就业的想法

当问及女性求职者们"要保障男女平等就业，您认为有什么好的办法"时，大约有1/5的人回答"不知道"、"不晓得咋说"、"不了解"、"没想过"、"没考虑过"、"不是太清楚"、"我想不出来"、"不在其位，不谋其政"、"问当官的"、"是国家的事情"、"这个大道理，我没有想得那么远"、"这个办法，我觉得应该去问问温家宝"。也有个别雇主回答"没有想过"、"我不太懂"、"这个我们回答不了，这个得找政府吧"、"没考虑过，太大了"。其余的回答可以归纳为以下几类：

（一）改变社会风气和社会环境
一些女性意识到这涉及"用人单位和整个社会的观念问题"

（Y064），所以需要"从观念上，就是说加强观念上的一些改善"（Y085），要"大力宣传男女平等"（Y061），"加大宣传，形成一种良好的风气"（Y063）。采取多种方式宣传，如Y046所提到的："他们可以在必要的时候做个宣传，做个演出来宣传一下，普及一下，或者是演个那个小品啊，在无形中可以让大家知道性别没有太大的差异。他们也可以通过一些舆论啊、宣传啊什么的，促进政策的实施吧"。

要提高社会各界对男女平等观念的认识。Y049："应该提高社会各界人士的认识，给予女性的工作能力肯定。"Y046："大家应该树立起这种在工作中不存在男女有性别差异（的观念），从事一个工作，首先要看这个人有没有这种能力，而不是性别。不管哪一个工作，除非是那种特定的有危险性的工作，比如开吊车啊之类的，其他的这种工作男女都能胜任的主要是看他的能力，而不是性别。"Y084："我就觉得最根本要从重男轻女的思想上面着手。要是大家都认为男女都一样的话就不存在这个问题了。"Y085："可能要从观念上，就是说加强观念上的一些改善。"其中，特别要提高用人单位的观念。Y047："改善企业的观念，它可能看重的是……同样是一个女生一个男生的就业机会，让他们在同一个平台上一块去展示自己，现在的情况是他们根本不给你这个平台。"Y061："改变领导和上司观念最重要。"为此，可以对用人单位领导人进行教育培训。Y037："定期给企业领导人做一些公益讲座或培训。"

雇主们也有相似看法。g001："每个人都需要有这个男女平等的想法和做法。"g012："还是更应该通过更多的宣传和教育。"g014："首先招聘者要本着同样的眼光看待女性，不能在前期聘任时就觉得她比男性要弱，不需要戴着有色眼镜看，如果能够做到这些的话，男女平等应该是可以的，主要是观念上要做到一视同仁吧。"g018："改变观念，观念改变不了，你怎么想办法来？""说白了还是一个观念的问题，你要是企业招聘，本着男女平等的观念，一视同仁。"g020："关键就是提高人们的思想观念。男女都一样。只要都适合男女工作的岗位的人，我觉得双方都要，作为企业来讲，作为招聘方要一视同仁。"g023："提高所有人的文化，因为很多观念都是因为没有文化导致的。"

（二）完善社会政策

1. 要加强法规政策的作用，明确、具体规定禁止性别歧视

Y002："我希望国家给予更多的法律规定，比如说取消性别的歧视，包括国家可以给女性更多的福利和待遇，国家拨款。"Y049："完善相关的法律政策，保护女性的权益。"这些规定要细致、具体，具有可操作性。Y006："国家出台法律文件，明文规定在某些工作环境中女性的作用。"Y030："如果法律能在遇到性别歧视的具体问题上有具体可实施可操作的办法，那样，我们只要依法便可，就不会存在无处可申的局面，这样大家也不会漠视男女平等了。"Y041："山高皇帝远，问题还是有。政策上应该更为完善一点，比如说对于用人单位在出现这些问题时，能够更细些。"Y044："硬性的指标，量化上的数据更加公平。数字更具说服力，比一些条条框框的条例要好。国家可以根据行业进行男女比例划分，IT、餐饮，等等。"Y055："要不然就规定一个企业里的（男女）比例必须是多少。"Y087："我觉得还是国家政策吧，像国家出台一些新的政策能管到这些。其他难道靠企业自觉？我觉得不大可能。"

雇主也认为政策要明确具体，g029："政策的制定要明确，避免用人单位钻空子。"g034："这个一定要政府来出台政策，要求公司一定要怎么样怎么样才能够完全地（达到）这种平等。""应该把国家的规定稍微细化一下，然后规定一些比较 details（细节）的东西，就好比说有些岗位是允许那样子的，有些岗位对男女本身不是很需要有区分的，那这种的话，国家就应该规定得死一些，强度大一些。"还有雇主提到，可以考虑具体规定性别比例。g002："国家让相关部门制定规定工厂或公司的男女比例的法律，并定期抽检。但执行起来很难，要看工厂的性质。"g022："保持男女生比例。"g030："要求男女比例呗。"

2. 补充、完善相关性别歧视行为和女性保护的规定，加强女性生育福利待遇

Y050："譬如应增设用人单位防治职场性骚扰和配偶陪护假的规定。""因为生育是工作的女性必须经历的一个特殊阶段，这也是工作的女性与男性很大的一个不同。产假期间女性的福利待遇应得到相应的保障，以便顺利安心地完成生育，然后再回来更加努力地工作。"Y054："社会保险全面一些，在生育期也有工资可以领。"

3. 要保证政策法规的落实、执行与监管

这一点是很多被访者所强调的，他们认为现在最大的问题是政策执行不到位，监管不够。Y004："法律在很多方面都规定了女性的权利，不过执行中会有一定难度，很多都只有法而无行，达不到最终的效果。"Y008："监管力度，惩罚力度都不够。"Y010："政策规定是规定，但下面实施起来就难了。"Y043："这个我倒是觉得，政策都好，但是政策执行时就不像说的那样了。"Y064："主要是执行问题，执行力不够，监管更跟不上。"

所以要加强落实与监管。Y004："国家要加大对企业录用员工的性别比例进行监督。"Y008："要切实地执行，我们国家监管力度不够，如果监管到位的话，如果一旦发现这种情况立马给予惩罚措施，我觉得如果反反复复，或者年年反反复复，他保准不会这样的。"Y037："完善监督机制。"Y039："政府制定合理政策，加大宣传力度，注重政策的落实，对公司进行一定的监督。"Y051："采取强有力的措施来保证劳动法的实施。"Y052："保障法律的有效实施。"Y053："政策落实要到位，不光说不做。"Y087："我觉得就是落实吧，就是首先抓一些典型出来。""就是像招聘市场上面的那些只限男性的不让女的去应聘的这样的企业，这些国家就要去落实啊。""假设这个政策可以实施，我觉得就是要抓典型出来的，然后让那些企业知道这样做要付出什么代价。"

还有人提到，应该有专门的部门执行、监管这些问题，及时发现问题，防患于未然。Y008："比如说这个劳动纠察、劳动法规，在公

司里，没有员工看过哪个劳动部门的调查啊、暗中访谈啊、问卷调查啊，我好像很少听说。等待员工受到伤害再解决就已经晚了。为什么没有在伤害之前得到保护呢?"

雇主也提到这一点，强调执行、监管的重要性。g020:"妇女、儿童权益保护法，从法律上都是很健全的。问题的焦点就是如何让它贯彻、监督、执行。""监督还是很重要的。光有制度，没有监督，还是有漏洞的。""目前监督的力量来讲，主动的监督不多，有被动监督，有投诉的。检查这个单位究竟在这方面贯彻得怎么样，我觉得恐怕我们从来没有检查过;投诉了，就会来检查你。"g029:"相关职能部门要定期检查调研，指导和规范各用人单位合理用工。"g033:"国家在法律上是立文了，立法了，男女一定要平等，但在执行过程中难度还是相当大的。""政策依据非常好了，关键是看下面执行得怎么样，就是有人投诉的话，相关管理部门应该重视，认真调查，这个能起到一定的作用。"g034:"如果你一定说有个方法的话，那个应该是从监管部门或者政府方面去出台一些东西去限制。"雇主尤其提到由于监管不到位，企业在执行国家政策时不一致，因而不公平，所以呼吁国家对各用人单位应该一视同仁。g021:"关键是你不规范，许许多多的企业不这么做。问题是国家出台一些政策，就要一视同仁，就要监管到位。""既然国家出台政策，对所有的企业全部监管。这样大家公平。"g029:"各用人单位要一视同仁，不得存在性别歧视，根据女性的特质合理安排用人岗位。"g019:"比如说生育保险，男的交，女的也交，有的企业做不到这一点"，"要落实"，"要加强（落实的）力度。"g034:"政策的覆盖面可能要更大一些，然后执行的单位权力更大一些，能够去管到那些企业。"

4. 为了更好地保证政策法规的执行与落实，要采取奖惩措施

"对男女平等的用人单位给予奖励，反之惩罚。"（Y049）

首先，要鼓励在男女平等就业方面做得好的用人单位。需要精神的鼓励，如 Y058 所言:"不仅要从法律上明文规定，还要落实到实处，比如说给做到男女平等的公司企业颁发证书，以示鼓励"。也需

要物质的、经济的支持。如 Y002 所言："如果说可以设定，如果公司招聘多少的女士的话会有一个优惠政策，这样可能会激发很多企业去招女性员工。""因为企业很多东西都是受利益驱动，很多企业的老板都是受利益驱动，所以我觉得还是得国家政策给一个扶持，当然社会舆论也要树立一个正确的道德规范。"经济支持的理由是女性的怀孕、生育可能会给用人单位带来一定的损失，因而需要国家的补偿。Y002："确实有这种情况，女士在怀孕，在其他情况下，她一怀孕多多少少会给这个企业带来损失的。这样的话，我觉得国家可以给予企业一定的支持。在妇女怀孕期间不光是让这个女员工受益，也要让企业受益，企业在这个女员工怀孕了以后不会区别地对待。""我觉得其中一点就是，刚才的在女士怀孕或者说各个方面，可能给企业造成损失的，不光是给妇女也给企业一定的资金上的支持。"Y063："在政策制定上，依据企业的不同特点对企业损失的一部分，国家给予相应补偿。"经济支持的具体办法，被访谈者提到的有：（1）返回企业的生育基金。如 Y002 所言："通过交保险，然后一部分返给企业，一部分给员工"，"我觉得政策的制定可以这样考虑，就是一方面在女士怀孕的时候，因为现在据我所知，在女士怀孕期间，这个工资是由社保中心给她发的，是吧？可以这样，社保中心也同时把一部分钱发给客户，发给企业，这样觉得企业就是说会从中减少一些损失，然后就不会在招聘过程中设立我要招已婚女性或者说招男性。就怕那个女性怀孕，在怀孕期间不能上班，不能上班可能就出来岗位空缺，他可能需要招新的员工，造成这个恶性循环"。（2）国家提供女性生育期间的工资。Y022："比如说产假几个月，那几个月工资由国家发，来扶持。"（3）补贴招女性的单位。Y022："你招多少个女性补贴多少钱。"（4）减税。Y070："我觉得国家可以颁布一些政策，来鼓励一些企业，比如给它们一些利益方面的好处。可以请劳动保障部门来检查，看这个企业是不是真的有在保障女生就业方面做事情，核实有的话，可以给一些减税啊，免去一个什么，就是减负这样相关的政策，企业才会做一些事情，如果不能切实给企业带来一些好处，没有企业愿意这样做的。如果是事业单位那样的地方的话,我觉得那是没有办法消除的。"

其次,对不遵守政策法规的行为,进行惩罚,且要加强惩罚力度。Y008:"社会上一旦发现这种公司,虽然它表面上没有触犯法律啊,只要是它违背了道德,就应该给予相应的惩罚措施,给予警告或者严令禁止,激励啊或者经济上提高处罚啊,什么措施都可以。"Y020:"歧视妇女了要罚,罚还要重罚,不疼不痒的不管用,就是要力度大。"Y037:"大力宣传平等就业的思想,对存在男女歧视的单位和企业做出一定的处罚。"Y041:"惩罚力度再大一点。"Y053:"加强监督和投诉机制,杀一儆百。"Y060:"主要还是明确条文规定,最好能对不实施平等就业的公司采取惩罚政策,不然政策只能成为一纸空文,无人遵守。"Y063:"执行上强制实施,采用罚款等措施。"Y087:"让那些企业知道这样做要付出什么代价。""比如就是说罚款啊之类的,我是这样觉得,如果没有处罚的话,他们就觉得国家你能管就管,管不到我照样这样去做。"

雇主也表达了相似的观点,认为要有实质的奖惩措施。对于违反法律的要惩罚,"虽然国家有了法律规定,但是为了保障女性的权利,需要有相应的仲裁机构,并有相关的惩罚用人单位的措施。""关键就是有了法,要依法才行,对于违法的用人单位要有惩罚措施。"(g035)对于做得好的单位要奖励,给予经济上的支持,如减免税收,发补贴。g003:"政府可以有些补贴,如税收上的减免;还可发些补贴。"g007:"要向员工倾斜,向企业也要倾斜。像现在招南京本地的大学生,国家发一些补贴,每个月几百块钱啊。国家也可以对1—5岁孩子的妈妈给予一些补贴。"g009:"应该减轻企业的压力,减轻企业的重担,比如税收。一个企业用女的可能会有一些不适应啊,带来一些不必要的麻烦。"g017:"我觉得如果真的有些单位歧视,不肯要女的,或者,中国女性就业这块的确是弱势,我觉得国家可以出一些政策,比如国家有些政策,如果你用的是残疾人,会给你减免税收,我觉得也可以从这方面去考虑。""比如一些法律税收方面,或者举个例子，对于女性的保险方面，国家承担的多一点。因为老板嘛，人家商人嘛，他是考虑利益出发的，他都想把自己的利益最大化。"g021："现在有下岗工人补贴。可以搞一个补贴系统。"g025："假如国家制订一些特殊政策啊……扶持企业。用一个女性员工，就像用一个（不是等同于残疾人啊）残疾人，税收减免多少，然后就什么什么政策，那企业肯定会多欢迎使用女性员工。"g029："对于招聘女性员工较多的公司可以采取适当的帮扶奖励政策。"

5. 从女性角度考虑政策

有女性提到，政策的制订、完善应该从女性角度、站在女性的立场考虑。Y025："我觉得站在我们女性的立场去考虑，我们的工作、家庭之类。站在我们女性的立场去考虑，才能体会这种辛苦。"

6. 政策的制订与完善需要调查与考虑民意

关于如何制订更公平的社会政策，有被访者建议多听民意。Y040："可能多听听民意吧，比如说多调查。""不要太官方化。"

7. 政策需要宽松，给女性更多的选择权

虽然大多数被访者都认为要细致具体规定并严惩歧视行为，但也有个别人认为，政策应该宽松，给女性的选择权，例如对女性禁忌劳动的规定可以不那么强制性，给女性可以选择的机会。Y048："给女性一个选择的机会。就是说我不支持你从事一些危险的行业或者怎么样，但是你可以选择。如果你非常喜欢、非常热爱这个行业，那么你也可以选择去操作、从事这个行业。相应带来的一些不利的一些反应的话，也是要自己去承担，去接受的，所以政策制定上可以给女性更多的空间吧。"女性退休年龄的规定也是如此，不一定非要政策规定女性也一定如男性一样，60 岁退休；在现有政策的基础上，女性可以选择 55 岁，也可以选择 60 岁退休。Y048："你非要说国家要制定出一个政策，比如说男的退休可能要到 60 岁，女的退休要到 55 岁，你非要说男女要平等，女性也得到 60 岁退休，我觉得也是不合理的。嗯，也不能说不合理吧，就是说也可以给女性一个机会，或者可以选择性的。比如说，女性可以选择 60 岁退休。"

8. 不需要国家政策规范或国家政策无能为力

有少数人认为国家政策不需要在这方面进行规范，用人单位有自己的特殊情况或权利。Y036："我感觉这个不太好规范。人家公司想要什么样的员工，而且公司也不会明摆着违背国家规定的，这不太好规范的。公司有自己选择的权利。"Y046："执行这种我觉得肯定不是强制性的吧，国家不会明确（规定）男的就得干这个，女的就是干这个。我觉得这个观念很重要。国家政策只是一个表面上的东西，主要是看大家这个男女平等就业的意识，就应该意识到这一点，其实对于找工作或者工作性别并不是起很重要的因素。"Y062："我认为国家政策很难决定让一个单位必须男女平等就业，因为每个行业需求不一样。"Y075："国家强制性地规定你这个企业要男女平等，这个意义不大。"Y090："你换位思考，你是老板，我就想要男的，你国家政策和我说什么男女平等，我就想要男的啊，我开企业的目的，就是经济效益，女的不能给我创造男的那么高的经济利益，我为什么不用相同的成本去用一个男的？"

还有人认为国家政策在这方面无能为力。Y047："我是觉得这个国家规定不了，即使他说我这个岗位我不写限不限男女，但是会在面试的时候或者招聘过程中就把你剔除了。""它的制订和执行实际上差距是很大的，我制订的时候说你不允许写男女，但是国家不会说这个岗位我必须让你招一个女生来。""比如说我制订，你不允许规定男女，不允许性别歧视，男生女生同样可以接收简历，我接受了简历，我作为一个招聘者接受了简历之后我觉得这个岗位不适合女生干，我就把你剔除，你说这算不算歧视呢？它本身执行起来的话就很有可能有性别歧视。"Y071："我觉得这个的话国家政策没有实际的用途。"

部分雇主也持这种观点。g001："不用保障，现在男女已经是平等的，还用保障什么？不用保障男老师，也不用保障女老师。不管是晋职、晋级都是男女平等，没有什么性别歧视。确实不存在什么保障不保障的，就不用保障了。"g002："签订合同的时候，所有的条款都利于制作合同的一方。公司不可能制定相应的规章保证男女就业平等的。"g006："国家的事情不是可以讲得那么清楚简单的。即使上面规定得再好，下面也不一定会严格执行的。只是政策上的硬性规定，我觉得不会达到什么效果。"g013："国家政策已经很照顾女性了，再出台什么也不能改变生理吧。"Z001（职业中介）："国家管不了"，"想管也管不了"。

（三）用人单位要公平地对待女性

首先，用人单位要端正态度，树立性别平等观。Y024："企业内部需要端正这种态度。"Y047："改善企业的观念。同样是一个女生一个男生就业机会，让他们在同一个平台上一块去展示自己，现在的情况是他们根本不给你这个平台。"Y049："工作单位应该充分认识到女性在工作中的优势，合理安排。"Y059："引导企业更新观念，毕竟他们是用人单位。"Y061："改变领导和上司观念最重要。"

其次，用人单位要采取一些措施，保障男女平等就业。如建立协调、服务机构，维护女性利益。Y041："还应该是企业自身的问题，每个单位部门就应该设立一个机构。就比如说人事部门就应该做好一个协调的作用，应该考虑到女职员的利益。你已经把人家招来了，就应该想到以后会出现的问题，就应该做好协调。"再如，采取公平的招聘、晋升、管理制度。Y036："公司设计招聘条件时，不要乱设条件。"Y051："企业应该唯才是用，奖罚分明。采取人性化的就业门槛和管理制度。"还有，要与员工多沟通。Y021："用人单位尽量多跟下面的人沟通吧，多了解员工的现实情况。应该互相体谅吧，提供一些机会"。

用人单位营造真诚对待、互相帮助的氛围。Y028："公司里面应该比较真诚对每一个员工，使公司里面比较团结，这样就互相帮助。假如女员工这方面不懂，有懂的，可以互相帮助。彼此都可以帮助，我觉得这样也可以使没有这种差距，没有男女的差距。"

此外，还要提高女性领导的比例。Y038："提高女性领导人的比例。"

雇主在谈到这个问题时，也表示应该公平地对待女性。g033："根据不同公司的业绩考核办法，统一一个标准嘛，业绩考核办法对所有人都是公平的。比如说我是业务工作，我的这个考核办法适用于所有的业务人员，一个制度对的是公司，而不是哪一个人，这是让他们平等的。在平等的环境下，自己发挥主观能动性和创造性。"少数雇主想得比较深远，觉得虽然招女性可能表面上会有些损失，但需要从长远来看这一问题，将劣势变为优势。g010："企业确实有些损失。但是企业要做大做强的话，这未尝不是一种企业文化。可以对员工进行人文关怀，可以利用这种人文关怀来产生一种凝聚力，让员工产生一种愧疚，我这么长时间不在公司，公司对我这么关心，就会产生一种认同，把坏事变成好事。""对于企业来说，我们老总老说，没有垮掉的行业，只有垮掉的企业。在运营过程中，不会因为女性这些东西会对他产生太大的影响。完全可以把劣势的东西转化。任何东西都是一个矛盾，看你怎么去看问题。"

（四）建立维权机构

建立咨询、协调、维权机构，也是不少被访者提到的。Y042："应该成立一个机构或者像消费者协会那样。"Y044："需要有一个中立的、调解的机构，可以让我们有地方去进行反馈，调查，通过这个机构，我可以得到补偿。"Y045："应该增加一些专门解决这些问题的机构吧，至少让下面的老百姓知道有这个门，但是现在都不知道往哪里走。"Y049："可以设立男女平等就业的权益维护与保障机构，接受投诉。"g029："督促企业工会的建立和完善，切实保护女性员工的合法权益。"

（五）加强对女性的就业支持

首先，要多为女性提供就业信息和就业机会。Y069："我当然是希望有那种适合的工作信息提供给我嘛。"Y026："应该多给女性提供一些就业方面的（信息）吧。"g022："多开发一些职位。"

其次，要加强对女性就业能力的培训。一些被访者认为用人单位不用女性的原因之一是女性不合格，所以提高女性就业竞争的能力非常重要。Y038："其实我是这样认为的，一些单位会优先考虑男性，那是因为这件工作可能真的有不太适合女性的方面。我觉得一切要靠自己，如果你真的很优秀，就绝对会有表现的机会。"Y051："提高自己的素质和能力。"Y054："多学习一些东西，自我提升。"一方面，国家要加大对女性的培训。Y004："加大对女性，尤其是加大对生育后的女性的培训力度，避免与社会脱节，提升女性在工作中的整体形象。"Y028："提供你培养的机会，提供学习的机会，你在里面还能学到你想学的东西，这样的话你就业面就广了，你知识高了，知识多了，你工作，到哪就业就好就业了。"Y037："就业部应联合教育部，加大大学生在校期间实习见习的力度，保证每个学生毕业前先就业。"Y061："多增加女职员的培训。"另一方面，对于女大学生来说，高校需要加强女性就业能力。如：（1）加强职业规划方面的教育。Y068："我觉得学校这一块地方呢，像我们学校三年一直在浦口，对就业什么的完全没有概念。包括我们学的这个专业，我们也完全不明白。当时我就记得，到大二大三选专业时，我们每个人都很急，都不知道选什么专业好，都不知道这个专业以后能干吗？所以就老是问。一开始新老生交流会，就拼命地问学长，有人出去工作吗？工作情况怎么样？这么急。然后学校也不会提供什么实质性的信息。""学校它也不会提供就业呀什么的，说叫你去多实习多参加一些什么什么，从来就没有这些。"Y071："刚开始可能更早的时候，要做一个职业规划。"（2）开设就业法规方面的课程。Y073："学校可以开设这方面的课的话，希望是深入浅出一点的，然后是能结合学生的这个个案。因为纯粹的法律根本学不到什么。""你看像我们，也就是在快要毕业的时候了解一些像什么关于就业和实习的法规。"（3）与企业等用人单位合作，为学生推荐就业单位。Y085："学校一般就是介绍一些企业呀，跟一些企业合作嘛，尽量把自己的学生推荐给它们企业。""我觉得从学校方面，要推荐给我们一些机会，比如说我们学校就是一个集团办起来的，和一些公司就有关联，我们学校就有一个有特色的系：酒店管理。学校有一个关联的大酒店，等我们那些酒店管理的学生毕业就会推荐到那里实习，然后就业。我觉得学校不应该仅仅就设这么一个系，应该让其他系都有这样的机会。"（4）进行就业辅导，加强维权能力。Y084："学校在毕业前开开辅导会啊，防止被骗嘛，以前就是有很多人被骗的，我宿舍的一个同学就是去找中介，靠中介去找工作，交几十块的押金，然后找到以后，就是那些叫去面试的公司一个都没有。""我觉得现在学生，毕竟不太了解社会，像很多时候对社会的很多公司情况不大了解。像学校就应该有专门的就业指导方面的老师啊，他们可以对企业进行调查，这样对企业他们就比较了解，不说比较了解，就说相对了解，这样他们就可以教学生，比如说防止企业各种骗局。""就是有各种骗局的，现在不是有很多企业试用期工资低嘛，比如说试用期满后就用各种问题来刁难你。"

再次，对于一些一时难以找到工作的女性给予一定补助与扶持。Y069："在我毕业了但没有工作这段时间，如果能有一些补贴会比较好。"Y087："国家政策今年就出台了一些挺好的（措施），比如找不到工作的就三扶还是什么的。"

最后，是一些雇主强调的，认为国家应该在支持女性就业方面提供经费支持，而不仅仅是政策支持。g025就认为一些保险基金加重了企业的负担，"这都是国家应该承担的责任，为什么都转嫁给企业？""为什么国家一直提倡减负，而把重担都给企业呢？"所以国家政策"根本的是要改变企业的生存状态……只要国家真正地把企业搞好了，根本解决了企业的生存状态，就能从根本上解决问题。你看企业现在发展多困难，国家说要扶持小企业，可实际上有个什么？流于形式，口号。"

（六）女性自身要提高自己的平等意识，加强就业能力

一些人意识到女性不受用人单位欢迎部分原因是女性自身安于享受，接受不平等安排，也不愿努力。所以女性要自强，并要努力提高自身的素质和能力。而雇主们尤其提到这一点。

首先，女性自身要有平等、自主、自强的意识。Y008 说女性一定努力争取工作，即使遇到歧视也要争取，"作为女性的话，首先要努力争取这个工作岗位"，"第二个就是要收集相关的政策文件资料，哪怕我走人，我也要告诉他，这种做法是不对的"。Y076 认为社会的潜意识就是"女孩子不行的啊"，所以"女孩子从小就看一些女性励志方面的书啊，电影啊，什么东西哈，女孩子自己有一种潜意识哦，我一定能行的，我很棒的，怎么怎么样的"。Y085："至于你能不能生存下来，能不能适应一个企业，那就是看你自己了。无论政策，国家政策给你提供什么样好的机遇，自己没有那种上进心，也不能吃苦耐劳，我认为也不行。我觉得一个人最为重要的就是有毅力，你有毅力你才会坚持，对吧？"雇主 g025 特别批评了现在的女性不求上进的情况："大学生没出校门就想着傍大款、钓金龟婿，女性自愿去做一些普通工作的越来越少，她们热衷于寻找可以让她们过锦衣玉食、富贵荣华生活的男人。""现在的女性懒惰而且还自认为懒惰是一种时尚，追求奢侈，认为不要虚度年华，认为我来到这个世界不容易，我享受也是过一辈子。"

其次，要提高女性的就业能力。Y038："我觉得一切要靠自己，如果你真的很优秀，就绝对会有表现的机会。"Y047："我感觉在这方面应该通过提升女生自身的能力的一个情况。"Y049："自身的努力。"Y051："提高自己的素质和能力。"Y054："多学习一些东西，自我提升！"Y074："女的觉得自己工作不行啊，提高提高自己能力嘛，能力相当了，自然就平等了。"g005："首先，你要想和男性竞争的话，就要学会包装自己，要有一定的实力。像男人，他面临买房、养家这些压力，他也在不断包装自己。证书啊，业务能力啊，学历啊等各方面，女人都要不断充实自己。不要安于一些传统工作，家政啊，千把块钱就可以了。要做新型女性。"g009："女的挑战自我，自己提高自己的体质，提高自己的能力。"g010："现阶段的大学生，不知道你有没有发现，总体来说整体实力，举个例子，成绩垫底的大多是男生，名列前茅的多是女生。提高自己的硬性实力非常重要。在外面工作的绝大多数还是男人对不对？在家里做饭还是女人对不对？所以提高自己硬性实力挺重要的。我们不是那种能改变大的环境的人，但是我们完全能够改变自己来适应环境。"g013："主要是要女性自己有足够的能力和信心，有不需要求人的本事，改进很难，真的。内因是主要决定因素。"g029："求职者要加强自身修养和专业素养。"g030："提高女性的技能和体力啊。"

再次，女性要调整就业观，利用自己的优势，扬长补短。不少人认为女性有自己的优势，如细心、耐心、平和等，应该充分利用特点成为就业优势。Y074："女的也有女的优势"。Y087："我现在觉得女生是有自己的优点的，比如说比较心细，做事情的时候不会马虎，就不会像男生一样。就是女的在社交方面有的比男的更容易一些。"g010："如果说女生在做很多工作上感觉不适合或者怎样的，完全可以调整就业方向，这是一个方面。只招男生或者只招女生肯定是在一个范围内的。这个完全可以扬长避短的。"

最后，女性因为怀孕生育会中断部分工作，所以女性对自己生活与工作的规划很重要。g016："我觉得一个方面社会上平等看待女同志。第二个方面女性找到一个好职位，一要珍惜，还要排一个计划。""什么时候要小孩？我今天在家看了一本书，第一次创业的时候最好不要小孩。"

三　保障男女平等就业的社会政策建议

在前期调查与研究的基础上，我们对社会政策如何保障男女平等就业提出以下建议。

（一）完善男女平等就业社会政策的制定与执行

首先，在政策的制定方面，要补足一些空缺的政策法规，如反就业歧视、间接歧视的规定等。政策的表达必须明确、清晰、具体。当政策的表达抽象、含糊时，就会有多种理解和钻政策空子的可能性。正如英国学者斯蒂芬·J．鲍尔所言："人们可以对政策意义作各种各样的解读（甚至相反的解读），结果在行动中，人们总有机会钻政策的空子。"而每一次的理解和再表达都有当事人新的建构，人们会根据自己的权力和利益对政策作有利于自己的解读，"这些解释和再表述都不是在社会或机构的真空中进行的。文本及其读者都有背景。政策进入不平等的形态中，如当地市场的结构或当地的阶级关系中"①。例如1992年的《中华人民共和国妇女权益保障法》规定"各单位在录用职工时，除不适合妇女的工种或者岗位外，不得以性别为由拒绝录用妇女或者提高对妇女的录用标准"，但什么是"不适合妇女的工种或者岗位"？是不是仅指1990年的《女职工禁忌劳动范围的规定》界定的女职工禁忌从事的劳动范围？还是有其他含义？正是因为这种含糊与不确定，在劳工市场中，"不适合女性"（如工作辛苦、需要经常出差、要加班、要喝酒等）成了雇主拒绝女性最普通、最常见、似乎也最"合法"的理由。我们前文的研究也表明，当信息越含糊时，雇主越有可能对性别歧视找其他解释或借口，性别歧视就越有可能发生。

其次，要保障政策的落实与执行。正如众多被访者呼吁的那样，有政策不落实，有法不依是现在最大的问题。尽管相关政策法规已经明确表明，"不得以性别为由拒绝录用妇女或者提高对妇女的录用标准"，但我们在人才市场上看到的情况是，"限男性"、"男性优先"普遍存在，"拒绝女性"并不需要遮遮掩掩。而不遵守国家法规政策的雇主又给遵纪守法的雇主带来坏的影响，由于"劣币驱除良币"效应，雇主从自身利益出发，不遵守法纪的会越来越多。而要保障政策的落实与执行，必须：（1）加强监督，要求单位在招聘、晋升、加薪、对待女性怀孕生育等环节，信息公开，制订详细、完备、清晰的

___
① ［美］斯蒂芬·J．鲍尔：《教育改革——批判和后结构主义的视角》，侯定凯译，华东师范大学出版社2002年版，第32页。

规则制度，减少可以暗中操作的环节，减少对性别歧视的可能借口。
（2）由于用人单位在招聘、岗位设置、晋升员工等方面，单位方与员工的信息不对称，为了更好地监督政策法规的实施结果，真正支持女性求职者和女性员工，在她们与单位产生纠纷时，应该要求用人单位提供没有歧视的证据，而不是要求作为弱势方的被歧视女性提供歧视的证据。（3）奖惩分明。对待遵守法规、支持女性就业的单位应该鼓励，方法可如被访者所说的如给企业颁发证书，以减税、返还部分生育基金、发放补贴等形式进行经济鼓励；而对待违反法规、有歧视女性行为的企业要进行惩罚。

最后，促进就业领域政策的社会性别主流化。社会性别主流化是于 1995 年第四次世界妇女大会上被联合国确定的一项为促进社会性别平等的全球战略，指的是"在各个领域和各个层面上评估所有有计划的行动（包括立法、政策、方案）对男女双方的不同含义"，以"使男女双方的关注和经验成为设计、实施、监督和评判政治、经济和社会领域所有政策方案的有机组成部分，从而使男女双方受益均等，不再有不平等发生。"[1] 也就是说，在各级决策部门制定就业政策的过程中，要将性别观点纳入所有政策和方案的主流，充分考虑政策对男女双方的不同影响，以便做出对男女双方受益均等的就业政策。而在政策的执行与评估阶段，也要从性别的角度加以考虑，以保证政策的落实也完全有益于男女双方。

总之，政策法规的制定与执行方面，要补足空缺并尽可能使各种规定清晰、具体，没有多种解读的空间；督促用人单位信息公开、透明，保障信息容易获取，以最大限度地减少歧视可能发生的机会；此外还要追求就业政策的社会性别主流化，使女性在就业中享受真正的平等。

（二）建立多元的女性就业支持体系

前文的分析表明，在我国经济从计划经济转向市场经济之后，用

---

[1]　社会性别主流化（http://www.un.org/chinese/esa/women/mainstreaming.htm）。

人单位可能会因为考虑成本与代价而歧视女性。在这种情况下，如果国家不过多干预，采取与自由福利制度国家相似的政策，只能对女性进行有限的保障，这不符合我国社会的历史与现实；如果国家强化对女性就业的保护政策，但全部的支持都由用人单位负担，迫于国家政策的压力，用人单位会更好地遵守国家的法规，但也可能采取更隐性的方式对抗国家政策，使歧视女性的行为变得更不易被发现。所以多元支持体系是必然的选择。

从西方福利社会发展历程来看，社会福利政策的最初出现始于市场机制带来社会贫富不均，这种不均已经威胁到社会的稳定，需要国家的干预，于是形成了国家福利的思想。二战以后，西方国家纷纷建立福利国家，国家是福利的主要承担者。但是20世纪70年代中期以后，福利国家遭遇危机，过分依赖政府提供福利成为广受诟病的社会问题。多元福利理论便在这种情况下产生。这些观点认为，福利来源是多元的，如罗斯（Rose，1986）提出福利多元组合理论；而埃弗斯（Evers，1988）则将罗斯的理论进行发展，提出福利的三角范式，将家庭、市场和国家视为国家福利整体的三个组成；还有学者将福利来源分为四个方面，如约翰逊（Johnson，1987、1999）指出国家部门、商业部门、非正规部门、志愿部门构成多元的社会福利部门[1]；埃弗斯在后来的研究中，也把福利来源修改为四个方面：国家、市场、市民社会、第三部门[2]。

区别于西方社会福利制度从市场体制到国家福利再到多元福利的发展历程，我国先是国家福利制度再到市场体制，过程并不相同。基于我国经济发展的社会现实和高福利的目标追求，要解决目前的矛盾，再完全回到国家福利并不现实，所以可以直接走多元福利道路。我们可以把对女性就业的社会福利支持来源分为三个方面：国

---

[1] 彭华民：《福利三角：一个社会政策分析的范式》，《社会学研究》2006年第6期。

[2] Adalbert Evers，"Mixed Welfare System and Hybrid Organisations-changes in the Governance and Provision of Social Services"，*International Journal of Public Administration*，Vol. 28，No. 9 – 10，2005，pp. 737 – 748.

家、单位、社会。国家代表政府部门，体现的是保障与平等的价值；单位是指就业部门，表示的是市场关系；社会包括志愿部门、非正规部门、家庭等，是一种自愿无偿的支持与资助。国家除强化对市场的约束，要求用人单位对女性就业进行支持外，自身也要提供实质性的支持；用人单位作为市场的力量，要遵守国家政策，为本单位女性员工提供支持；此外，还要发动社会力量，为女性就业提供支持（见图5—1）。

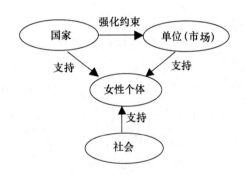

图5—1　社会政策调节下的女性就业多元支持体系

1. 国家（政府）的支持

在我国当前的情况下，要特别强调政府的支持。因为我国一直都在关注女性的权利和社会地位，追求的是对女性的高福利高保障，而女性生育不仅仅是家庭的私人活动，也是为了公共利益的社会再生产，具有公共性质。另外，从西方社会福利发展的历程来看，解决市场经济带来的不公也主要依靠国家提供福利来干预。

第一，是制定、完善为保障女性公平就业或反性别歧视的相关政策法规，并监督政策的执行与落实。这在上一点已经论述。第二，从制度上说，国家可以建立一个专门的处理就业歧视的机构。一些专家通过对多个国家和地区反就业歧视状况的考察发现，设立反就业歧视的专门机构几乎是国际上通用的一种做法。"反歧视争议很多需要协调，考察中发现，有些国家 95% 的争议都是在这样的机构中解决的。"① 如美国的平等机会就业委员会，英国的平等机会委员会，我国香港和台湾地区也分别设立了平等机会委员会、两性工作平等委员会。这种专门机构承担的责任有：对就业歧视做出认定，对就业歧视申诉案件进行调查、协商、调解，研究公平就业政策并提出建议，提供有关就业歧视的咨询服务等，并可为受害人准备起诉书，代表参加诉讼②。第三，政府可以为女性就业提供一些经济支持，以减轻用人单位因雇佣女性而增加的负担，以增加用人单位雇佣女性的积极性。具体的方法如支付部分生育保险基金；通过给用人单位补贴、减税等。生育保险制度是我国对女性就业进行社会化补偿的一个较好的制度选择，但用人单位的负担仍然较重，政府应该承担一部分责任。第四，政府大力发展并资助对应家务劳动的公共服务和社区服务，如儿童和老人的照看中心、家政服务中心等。特别是哺乳室、托儿所等的建立，不能像计划经济时期那样完全让用人单位来承担。这些公共服务的建立，不仅减轻了用人单位的负担，也让女性能更多地从家务劳动中解放出来，从而提升女性在劳动力市场中的竞争力。第五，政府还要多为女性提供就业信息和就业机会，加强对就业女性的职业培训。一方面，是对一些无法找到工作的女性、再就业女性进行职业培训，特别是对因生育孩子而暂时离开工作的女性进行培训，以减少女性因为休产假而可能带来的不利因素。另一方面，还要对女性进行更高层次的培训，帮助其学习新技术和获得高层次的教育。比如 1992 年，美国国会通过了《实习妇女和非传统行业法》，1994 年开始，美国联邦政府依据该法每年拨出 100 万美元，用于促进女性从事诸如信息技术和建筑等传统上由男性占优势的高薪、"朝阳行业"的就业人数，使众多的女性获得比传统女性工作工资高出 20% —30% 的就业岗位。1998 年

---

① 焦红艳、李娜：《反就业歧视法专家稿：建议成立国家机会平等委员会》（http://news. xinhuanet. com/legal/2009-04/02/content_ 11117813. htm）。

② 崔丽：《消除就业歧视，专家呼吁建立就业机会平等委员会》（http://news. sina. com. cn/s/2003-12-19/04141376347s. shtml）。

10 月 7 日，美国国会通过了《联邦高教授权法及高教修正案》，允许社会福利金领取人员可以接受工作培训和高等教育资助。[①] 只有这样，女性才能获得更高的收入和职业地位。第六，对于失业女性或暂时难以就业的女性提供一定的经济补助与支持。

2. 用人单位的支持

第一，用人单位要有性别平等的意识，公平对待女性。这里需要对用人单位进行宣传教育，有些用人单位对自己违反法规之事浑然不知，公开歧视女性却以为是合理的、正常的。而事实上，一个具有平等意识的单位对构成其良好的单位形象也是非常重要的。雇主 g010 就告诉笔者，他们会善待每一个来面试的人，不论男女，因为"起码我们是代表公司的形象"。他认为，招聘女性，尽管短期内表面上会有一些损失，但从长远来看，关注女性的发展，可以营造一种人文关怀的企业文化，从而增强企业的凝聚力，有利于企业做大做强。第二，用人单位在招聘、培训、晋升、加薪等关系到员工利益的方面要制定细致的规则，这些过程要公开透明；还要设立一些协调、咨询、服务机构，为女性员工服务。第三，用人单位要充分认识女性的作用，发掘女性的优势。很多雇主在访谈时也谈到，女性有其优势，如细心、耐力强、善于交流与沟通等，用人单位可以将女性的这些优势最大化地使用。第四，采取一些方法，减少女性怀孕、生育可能给企业带来的损失。如为解决女员工怀孕生育可能造成的空岗问题，有雇主提到，公司采取小组协作的模式，三人一组，一旦某个员工休假，工作会由组内其他成员分担（g029，g034）。或采取人员储备的方式，既解决女性怀孕生育休假的空岗问题，也形成一种竞争机制，使员工有压力感（g025）。或者在女员工怀孕时，帮她招一个助手训练一段时间，助手在其休假时就可代替她工作（g034）。或者采取平衡调动的方式，从其他部门调动人顶岗（g032）。

---

① 王兴栋：《国外促进男女平等的多重措施》（http：//news. sina. com. cn/o/2013-03-09/133926480144. shtml）。

3. 社会的支持

社会可建立一些公益性的咨询、协调、维权机构，帮助解决女性在就业中遇到的问题。如为女性提供就业信息；当其在就业中遇到困难或受到歧视时，为其提供解决办法，帮助其维权。国外的许多国家都有这样的公益性组织或机构，如英国盖茨黑德委员会（Gateshead Council）的经济发展服务对再就业的女性提供帮助，从写简历、面试技巧，到服饰、形象咨询等①。美国的女性工作网络（Women@ work network）建立于 2002 年，以网络、e-mail 的形式帮助再就业的女性。生活与工作的平衡、专业、心理等各种问题，都可以用 e-mail 形式咨询。还可以以在线论坛形式，讨论与女性就业相关的各种话题。以前是集中于纽约地区，现在范围扩大到世界各地。② 英国还有个伦敦妇女预算团体［London-based Women's Budget Group（WBG）］，由一群女性学者和志愿部门活动者组成，其目标是在财政官员和部长间创造对话，为女性就业争取利益。如争取更长的带薪产假；促进政府对照管孩子的公共投入；建议政府给老年女性的养老提供更多的资助，特别是那些以前没有工作或从事部分时间制工作、临时性工作的女性，政府要提供足够的养老金；督促政府政策、预算等方面的性别主流化③。我国目前虽然也有妇联、工会这类组织，电台、媒介有时也能起些作用，但总起来说，还不够。不少女性遇到困难或歧视时不知如何求助，向谁求助；或者觉得维权之路太艰难，代价太大；或者维权无果，于是大多数女性在遭遇歧视时选择了沉默、忍耐、顺从、逃避等方式。所以，除了妇联、工会、媒体这类机构应该发挥其应用的作用外，也期待社会热心人士建立一些公益性的组织或机构，为女性的就业与维权服务。

① Echonews, *Special treatment for women job hunters*, Northern Echo. Darlington（UK）：Mar 3, 2007, p. 16.

② Women @ work network launches "E-consultant" initiative for returning professional women. P. R. Newswire. New York：Apr. 3, 2006.

③ Mary Mcintosh, "Engendering Economic Policy：The women's Budget Group", *Women：A cultural review*, Vol. 12, No. 2, 2001, pp. 147－157.

（三）唤醒女性独立自主意识，积极争取与维护公平的就业权

前文的调查与分析表明，女性对性别歧视的无意识，或者意识到了性别歧视，却采取理解、认同态度，或对歧视采取忍耐、逃避等不反抗态度，这些都再生或强化了性别歧视现象。所以，唤醒女性独立自由意识非常重要。

首先，唤醒女性的独立、自主意识。由于受传统性别意识的影响，再加上我国女性法律上的平等地位更多是国家赋予的，而不是女性经过女权运动争取来的，所以到目前为止，不少女性仍然认同女性在社会与家庭中的次要、依附地位；认为男性应该更辛苦，女性应该更安逸，即使是受过大学教育的女性也有这样的思想。调查中我们发现不少这样的现象，如学计算机信息管理的女大学生 Y069 说自己"胸无大志"，"不愿那么累"。Y085 面对当区域经理的机会也无兴趣，"其实我并不是事业心非常强的人。我就希望每个月，基本上我能挣个钱够我基本家庭使用就够了。所以我想呢，以后我的发展方向可能还不是往上爬。"如果女性自己都没有独立自主的平等意识，那么摆脱依附地位显然是不可能的，权利与责任是相辅相成的。所以关于男女平等、女性独立的启蒙教育还要补课。这种启蒙教育最早在家庭教育中就要开展，父母要鼓励女孩在成长过程中的独立自主、责任意识；其次学校、社会也是大课堂，全社会应该形成男女平等意识，特别是女性自己要形成自强自立的意识。

其次，女性需要能识别性别歧视现象，消除对性别歧视的无意识。我们的调查表明，很多女性对就业市场中的性别歧视现象视而不见，并不知道用人单位的许多做法如在招聘条件中对性别进行限制、根据岗位要求性别（特殊岗位除外）都是违反法律的性别歧视行为，反而觉得非常正常合理。所以，对女性进行普法教育，加强其认知能力非常重要，特别是对一些受教育程度较低的女性。建议在一些女性的就业与再就业培训中，除了技能的培训外，也要进行法律知识的教育；相关媒体如电台、报纸、网络以及社区也有必要经常做些这方面的宣

传与讲座。

最后，鼓励女性主动争取平等的就业权利，增强反抗歧视的意识与能力。目前大多数女性对性别歧视采取忍耐、逃避等消极态度，这些消极态度——有人称为"日常的反抗"，虽然也可能会给雇主带来损失，如受歧视的女员工可能消极怠工，蔓延和传播消极情绪，影响企业声誉等，但这种影响是缓慢的，其成效是需要漫长时间的积累的，而且这些方式本身也会给女性带来不同程度的损失。所以，女性要想改变被歧视的现实，还需要另外一种与"日常反抗"相对的、正面的抗争形式，要利用法律武器公开地为自己的权利抗争。要让女性意识到必须通过反抗才能取得公正的待遇，并且能够形成集体意识和强大的集体力量，反抗取得成功的机会才会更大。国家、社会也要为女性的反抗提供帮助，国家在法律设置上要为女性反抗歧视提供更便利的基础，如当女性提出遭遇歧视的诉讼后，可以要求用人单位提供没有歧视的证据，而不是要求女性提供歧视的证据；社会也要为女性反抗提供一些法律上的咨询与援助。

总体来说，根据第二章我们对社会政策的分析框架，保障女性平等就业的社会政策应该包含以下内容：

1. 从政策支持的对象看，所有女性，不论其个人特质、受教育水平、家庭状况、所在地区和所在单位性质如何，都应该是社会政策保护的对象。

2. 从政策支持的内容看，一方面，是对制度的干预，要通过福利支持来降低或避免女性在职场的命运安排由市场主宰的情形，如提供生育基金、带薪产假、儿童照看设施、劳动保护，确保平等就业机会、同工同酬、同等晋升机会，承认生育孩子及家务活动的社会价值，促使家务劳动的社会化等。这也是社会政策追求的主要目标，即预防和矫正市场经济条件下所发生的弊端，救助和保护社会弱者的利益，以保障每个公民的社会权利和整个社会的福祉。而对女性的福利支持，不仅是考虑女性由于自身生理方面的弱势，也是考虑到女性生育孩子对社会再生产的贡献。另一方面，是对个体的干预，即通过各种福利支持来增强女性在就业市场中的竞争能力和自我保护意识，如对女性进行职业培训和法律知识的培训。加强对个体的干预，从消极福利转向积极福利也是 20 世纪 90 年代以来西方社会政策的重要转向。"社会保障"（social security）更多地被"社会保护"（social protection）替代，社会福利支持的重点不是简单地发放救济金，而是创造条件促进公民学习新技能，增强个人在市场经济中的竞争能力①。对女性的就业支持也需要有这种思想，只有女性的就业能力真正与男性相当了，雇主才会真正消除对女性的不公正待遇。

3. 从福利基金的来源看，要建立多元的支持体系。当前情况下，要保证对女性的高福利，政府应该提供主要的资金支持；其次，企业、社会也要承担一部分，以减轻政府的压力。

---

① 徐月宾、刘凤芹、张秀兰：《中国农村反贫困政策的反思——从社会救助向社会保护转变》，《中国社会科学》2007 年第 3 期。

附录：相关论文

之一:高等教育研究领域中的女性
——基于对《高等教育研究》2001—2010年的载文分析

余秀兰　牟宗鑫　叶章娟　王　娜

　　摘　要：对《高等教育研究》十年的载文分析发现，我国高等教育研究领域还是一个以男性为主的话语结构，女性参与率低，论文被引率低，并且越往学术界的上层，女性越处于不利地位；女性作者的平均年龄比男性低，女性学者的学术生涯周期也相对较短，并在生育年龄段有明显的下滑现象，男女学者在 37 至 50 岁之间发表论文数差距最大；从研究主题和研究方法来看，男女有很大的相似性，但也有些差异。在学术界的社会分层中，虽然主要遵循的是普遍主义，但社会的性别角色观念仍会影响到学术界的判断以及女性的自我判断和努力程度，再加上学术工作的"男性工作模式"假定、学术评价的"劣势累积"效应、学术竞争的"锦标赛"制，以及女性承担生育职责和过多的家务劳动等原因，女性在"学术管道"中被更多"渗漏"，走向学术顶端更难。要改变这一现象，必须改变传统的性别观念、实施社会性别主流化策略，并采取一些具体方法帮助女性提高学术成绩。

　　关键词：高等教育研究；女性；学术表现；学术界的社会分层；渗漏的学术管道

一 问题的提出

随着社会的进步，男女平等权利的范围也在逐渐扩大，从生活领域、政治领域扩大到学术领域。人们希望在知识领域中纠正性别的不平等，让更多的女性发声，为女性争取学术研究的话语权。因为被动地接受话语的过程，实际上就是一个被控制的过程。当女性开始自己制造话语且用它来思考的时候，也是颠覆男权、争取自身解放的时候[①]。此外，从人力资源的角度来说，作为"半边天"的女性在学术领域的力量也不容忽视和浪费。所以，女性在学术领域的地位问题受到越来越多的关注。

众多的研究似乎都得出了一些相似的结论，现有的学术领域还是一个以男性为主体的等级结构，女性所占的人数少，地位低。这一现象在自然科学和工程技术领域尤甚。1999 年麻省理工学院发表了一份报告，指出麻省理工学院的女性教师的比例在 10 年来几乎未变（1985 年是 7.5%，1994 年是 8%）[②]，引起了众多政治领导人、大学行政领导和学者的关注。欧洲委员会 2006 年和 2009 年两次关于女性在科学和技术中地位的调查也反映了女性在这些领域的低比例和低地位。[③]国际科学基金会关于女性及其他弱势人群在科学与工程领域状况的调查统计，也同样表明女性在一些科学与工程领域的参与虽在提高，但仍占较少比例[④]。

---

① 李小江:《女性/性别的学术问题》，山东人民出版社 2005 年版，第 93 页。

② MIT, "A Study on the Status of Women Faculty in Science at MIT", *The MIT Faculty Newsletter*, Vol. 11, No. 4, March 1999.

③ European Commission, "Women in Science and Technology—The Business Perspective" (http://ec. europa. eu/research/science-society/pdf/wist_ report _ final _ en. pdf), 2006; European Commission, "Women in Science and Technology—Creating Sustainable Careers" (http://ec. europa. eu/research/science-society/document_ library/pdf_ 06/wist2_ sustainable_ careers_ report _ en. pdf), 2009.

④ National Science Foundation, "Women, Minorities, and Persons with Disabilities in Science and Engineering: 2011" (http://www. nsf. gov/statistics/wmpd/pdf/nsf11309. pdf).

我国也有相似的调查。据测算，截至 2007 年底，中国女性在科技人力资源中占 38%，但在高端创新人才中仅占 5% 左右。例如，中国科学院、中国工程院院士中女性占 5%；国家重点基础研究发展计划（973 计划）的 175 位首席科学家中女性占 4.6%；"长江学者"中女性占 3.9% 而高技术研究发展计划（863 计划）专家组成员中，甚至没有一位女性①。国家级奖项中，女性所占比例也较低，获得自然科学奖的女性占该获奖人数的 4.8%②。中国科协荣誉委员、中国科协原副主席刘恕介绍，尽管女性科技工作者在科技人力资源中的比例超过 1/3，但在科技活动中并不具备与其数量相同的地位，导致中国科技界存在女性"高位缺席"现象，女性科技人员处在科技人员"金字塔"的底层。③

女性学者在社会科学领域的表现要优于其在自然科学领域的表现，但是仍然不如男性。《2011 中国杰出人文社会科学家研究报告》显示：在入选中国校友会网 2011 中国杰出人文社会科学家名单的学者中，男性学者占绝对优势，有 1189 人，约占入选学者总数的 93.04%。女性比例与上届相比有所增加，但仍然只占 6.96%，仅 89 人，男女比例失调问题依然严重。④

高等教育学是社会科学中女性学者相对偏好和集中的领域，那么，在这一领域的女性学者表现如何呢？因为衡量学者的学术地位和学术声望的一个主要标准是学术成果，而学术成果又以公开发表的论文和公开出版的论著为主要形式。所以本文通过对《高等教育研究》十年的载文进行分析，旨在发现女性学者在高等教育研究领域的学术表现和特点，并分析造成这种现象的原因，以促进女性学者在高等教育研

① 雷宇、杨芳：《女状元频出，为何女科学家却越来越少》，2009 年 9 月 11 日，中青在线（http://www.cyol.net/zqb/content/2009-09/11/content_ 2848186.htm）。

② 中国科学技术协会调研宣传部、中国科学技术协会发展研究中心：《中国科技人力资源研究报告》，中国科学技术出版社 2008 年版，第 132 页。

③ 雷宇、杨芳：《女状元频出，为何女科学家却越来越少》，2009 年 9 月 11 日，中青在线（http://www.cyol.net/zqb/content/2009-09/11/content_ 2848186.htm）。

④ 中国校友会网大学研究团队：《2011 中国杰出人文社会科学家研究报告》（http://cuaa.net/cur/2011skxj/02.shtml）。

究领域更多的话语权和更好的发展。

二 研究方法

《高等教育研究》是由华中科技大学和中国高等教育学会高等教育学专业委员会共同主办的高等教育学杂志。作为全国高等教育学研究会的会刊，该杂志从1980年创刊以来经过30多年的发展，已经成为我国高等教育研究领域最权威的期刊，该刊集中了我国高等教育研究领域的高质量论文和高水准的研究群体。所以分析该刊的女性作者及其论文状况，能够从一定程度了解女性学者在高等教育研究领域的表现和学术话语权，特别是在高等教育学术领域高层次的表现情况。

我们选取了《高等教育研究》2001—2010年十年的论文共2163篇，除去非学术论文（包括博士学位论文摘要、会议综述、学校宣传等）349篇，共1814篇。我们对这1814篇文章的作者年龄（发表文章的年龄）、性别、职称以及文章的题目、研究主题、研究方法、文章被引用率进行了编码和整理，然后运用spss16.0对这些数据进行了处理和分析。

对于研究主题的分类，我们根据英国学者、知名学术期刊《高等教育研究》（*Studies in Higher Education*）主编马尔科姆·泰勒（Malcolm Tignt）的分类[①]并结合我国的情况，将高等教育的研究划分为质量与评估、教师发展、课程与教学、学生发展、改革与政策、财政与经济、教育管理、教育史、德育、知识与价值、学术与研究、比较教育与国际化、其他，共13类。关于研究的方法，划分为思辨与实证两类，而实证研究又分为定量和质性研究。

为了保证研究的信度，我们组织2个人一组，对性别、年龄等客观材料进行编码，以防止错误。而由于对研究主题和研究方法的

---

① ［英］马尔科姆·泰勒：《高等教育研究：进展与方法》，侯定凯译，北京大学出版社2007年版，第9页。

判断，有一定的主观性，所以我们又增加了一个 2 人组；2 组进行双盲编码。全部编码结束后，将两组编码的结果对照，对不同的编码进行集体讨论并决定最后的编码。

三 研究结果

（一）女性作者的论文篇次

如附表 1 所示，十年《高等教育研究》中女性作者的论文有 340 篇次，而男性却有 1450 篇次，女性作者在总人数中所占的比例仅仅为 19.0%。可以看出，女性学者在《高等教育研究》上发表的论文数远远低于男性学者。

附表 1　2001—2010 年《高等教育研究》论文女性作者论文数量

		篇次	百分比（%）
性别	女	340	19.0
	男	1450	81.0
	总数	1790	100.0
	性别状况不知	24	
总数		1814	100.0

（二）女性作者的年龄及学术生涯发展状况

论文的作者在年龄上有明显的性别差异：男性学者的平均年龄为 45.80，标准差为 11.587；女性学者的平均年龄为 38.71，标准差为 7.881，T 检验差异非常显著，显著值为 0.000。也就是说，女性学者的平均年龄较男性小，平均比男性学者要小 7 岁左右。

女性在职业生涯的发展上具有不同于男性的独特性，如附图 1 所示。

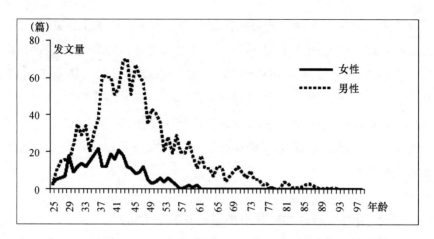

附图 1 2001—2010 年《高等教育研究》论文作者学术生涯的性别差异

从附图 1 可以看出，女性学者和男性学者有着不同的学术发展生涯：（1）女性和男性在起初都是迅速发展的，在 29 岁时女性发表论文数还超过了男性。但是 29 岁以后，男女有了巨大的差异，女性论文数开始下降，后虽有回升但直到近 35 岁才恢复到 29 岁水平；男性在 29 岁以后呈上升趋势，特别是 34 岁以后迅速攀升，期间虽然也有一些波动，但是男女的差距一直维持在较大数值。特别是在 37 至 50 岁之间，男女之间差距非常大，其中 45 岁差距达到峰值（59 篇）。（2）男性和女性都是 40 岁左右到达顶峰，男性为 43 岁（70 篇），女性是 36 岁（22 篇）；之后，随着年龄的上升，男女发表文章的数量都开始下降。（3）从整个学术生涯发展时间来看，男性学术生涯维持的时间比较长，55 岁以后仍然有不少学术成果，甚至 93 岁还能发表论文；而女性学术生涯相对较短，55 岁以后基本没有什么学术表现了，60 岁以上女性学者的论文只有一篇。

根据附图 1，结合相关女性学术生涯研究的已有成果，我们尝试着把女性学者的学术生涯划分为几个阶段：（1）探索与发展阶段（一29 岁），此时女性刚刚进入研究领域，大部分都未生育，精力旺盛，发展很快；（2）下降与停滞阶段（30—34 岁），女性开始结婚、生育，发文量下降；（3）调整与重建阶段（35—47 岁），孩子渐渐长大进幼儿园、上学，女性的精力再次转移到学术上，学术生涯在40岁左右达到顶峰，但是由于劣势累积效应（见下文），与男性的差距继续拉大；（4）衰退阶段（48—60岁），由于职业稳定、工作重心转移、精力衰退等原因，女性的发文量迅速下降；（5）停止阶段（61—），由于已经退休，该阶段女性几乎完全停止了学术研究。这个生涯阶段虽然在具体年龄上与其他研究有些差异，但女性学术生涯的总体趋势大致相同[①]。

（三）女性作者论文的被引用率及其学术地位

引用率代表了论文的质量，也反映了学者在该领域内被认可的程度，可以从一定程度上反映学者在该领域的地位。我们按照引用率的高低将论文分成三级，第三级为前25%，第二级为中间50%，第一级为后25%。三个层次的论文中，男女性各占的比例如附图2所示。

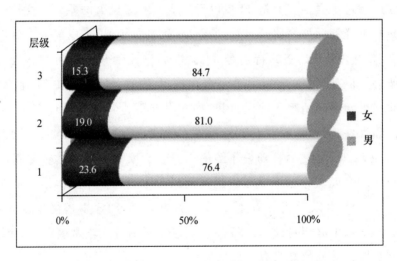

附图2　2001—2010年《高等教育研究》论文引用率的性别差异

从附图2中可以看出，随着层次的升高，女性在该层次所占比重逐渐降低，从第一到第三层，女性比例分别为23.6%、19%、

---

① 程方、周二华：《我国高校女老师的职业发展研究》，《现代教育管理》2010年第2期。

15.3%；而男性则逐渐增加，三层的比例分别为 76.4%、81%、84.7%。也就是说，越是被引率高的论文，女性作者越少。

为了进一步识别高被引率论文的性别差异，即在高等教育研究领域最被认可和最有影响论文的作者的性别差异，我们又取男性和女性被引频次最高的各前 50 篇论文进行了回归分析，并且控制了年龄、职称、论文发表的时间长短等可能影响引用率的因素，发现性别差异非常显著。如附表 2 所示，男性文章的引用率明显高于女性文章的引用率，男性文章比女性文章平均多被引用 51 次。

附表 2　影响论文被引用率的因素（Linear Regressive N = 100）

	模型一	模型二
年龄	1.515（3.017）***	1.107（2.350）**
发表年限	5.989（1.868）*	5.617（1.905）*
正高职称[a]	44.121（2.308）**	24.611（1.355）
副高职称	17.957（0.926）	18.773（1.053）
中初级职称	35.507（1.780）*	42.245（2.296）**
性别[b]		51.438（4.270）***
常数	−48.390（−1.206）	−48.641（−1.319）
R^2	0.262	0.383
F 值	6.688***	9.633***
R^2变化值	0.262	0.121
F 变化值	6.688***	18.229***

注：a 其他（未注明专业职称，只注明"院长""处长""所长"等行政职务者）为参照组；b 女性为参照组。

括号内为 T 值。

*$p<0.1$，**$p<0.05$，***$p<0.01$。

以上结果表明，女性学者论文的质量及被认可的程度明显不及男性，而且越是往高等教育研究的学术金字塔的顶端，女性越处于不利地位。

（四）核心作者群中的女性学者

核心作者群是反映一定时期内某个或多个期刊中发表论文最多、影响最大的作者集合。由于《高等教育研究》期刊的权威性，10 年中该期刊的核心作者群事实上也可以从一定程度上反映中国高等教育学研究领域 10 年中的核心作者状况。在这个核心作者群中，女性的状况如何呢？

目前关于核心作者群的计算方法不太一致，很多学者根据普赖斯理论对发文指标（发文量和被引频次）进行加权处理，计算综合指数。本文也采取此方法。

根据普赖斯理论，至少要发文 N 篇（$N \approx 0.749\sqrt{n}$，n 为一作者发文量最多的篇数）才能算作核心作者。据我们的分析，10 年内在《高等教育研究》发文最多的是刘献君教授，25 篇，因而算出 N 约为 4；而 10 年内发文大于等于 4 篇的作者有 70 位，这 70 位便是我们确定的初步核心作者群。

其次，用综合指数法确定这 70 位作者中的核心作者群。核心指数 = 发文量折算指数 × 发文指数权重 + 被引频次折算指数 × 被引频次指数权重。不同学者对该权重有不同的确定，如 0.5 和 0.5，0.6 和 0.4，0.7 和 0.3。我们认为发文量和被引频次两个变量几乎同样重要，故将权重确定为 0.5 和 0.5。而发文量折算指数 =（发文量/70 位作者平均发文量）×100%，被引频次折算指数 =（被引频次/70 位作者平均被引频次）×100%。据此，我们算出的《高等教育研究》10 年核心作者群（综合指数大于等于 100）如附表 3。可以看到，这 18 位核心作者群中只有 1 位女性，而且位居 18 位的后面，足以说明女性在高等教育研究核心群体中的地位。

附表 3   2001—2010 年《高等教育研究》核心作者群的性别差异

姓名	发文量	性别	被引频次	发文量折算指数	被引频次折算指数	综合指数
LX	25	男	928	398.66	605.52	502.09
PM	13	男	1137	207.3	741.89	474.6
ZC	24	男	516	382.71	336.69	359.7
YS	13	男	659	207.3	430.00	318.65
FX	11	男	619	175.41	403.90	289.65
ZY	13	男	361	207.3	235.55	221.43
BD	12	男	340	191.36	221.85	206.6
HJ	12	男	232	191.36	151.38	171.37
WD	6	男	321	95.68	209.45	152.57
DZ	8	男	212	127.57	138.33	132.95
ZJ	6	男	244	95.68	159.21	127.44
FJ	6	男	236	95.68	153.99	124.83
XA	6	男	235	95.68	153.34	124.51
CC	6	男	208	95.68	135.72	115.7
WJ	4	男	247	63.79	161.17	112.48
HD	7	男	166	111.62	108.31	109.97
ZT	6	女	172	95.68	112.23	103.95
LH	6	男	166	95.68	108.31	102

（五）女性作者关心的高等教育研究主题

我们将高等教育的研究主题分成 13 大类，然后把 10 年的论文分别归入到这 13 类中，再分性别按照各主题文章的数量从多到少进行排列，结果如附表 4。

附表4　　　　2001—2010 年《高等教育研究》论文主题及性别差异　　单位：篇

	教育管理	课程与教学	改革与政策	知识与价值	比较教育	其他	学生发展	教育史	学术与研究	教师发展	质量与评估	财政与经济	德育
女性	45 (2)	40 (4)	41 (3)	27 (5)	65 (1)	5 (12)	22 (6)	18 (8)	22 (6)	19 (7)	10 (11)	11 (10)	15 (9)
男性	283 (1)	137 (5)	167 (3)	182 (2)	165 (4)	40 (11)	90 (7)	98 (6)	76 (8)	75 (9)	59 (10)	39 (12)	39 (12)

注：括号内数字表示排名次序。

根据统计结果可以发现，女性和男性在关注的研究主题上有一定的相似性。如女性和男性都关注教育管理、改革与政策、课程与教学等，这是我国高等教育改革与发展状况决定的，研究者关注的，常常就是改革与发展的热门话题。但是，男性与女性关注的研究主题也存在差异。如女性更加关注比较教育、学生发展、老师发展、德育、学术与研究等；而男性则更关注"知识与价值"、"教育管理"、"教育史"这类话题。这种差异可能从一定程度上反映了男女的学术兴趣的差异，如男性更喜欢哲学类、宏观类主题，女性更喜欢操作类、微观类主题。

（六）女性作者论文所使用的研究方法

我们将研究方法分为两大类：思辨与实证研究，其中实证研究又包括定量研究与质性研究。然后将所有论文按研究方法进行分类、统计，并进行性别差异比较。研究发现，女性的 340 篇论文中，运用思辨、定量、质性研究方法的论文数分别是 282 篇、42 篇、16 篇；男性的 1450 篇论文中，运用三种研究方法的论文数分别是 1281 篇、146 篇、23 篇。运用卡方检验，男女在运用研究方法上有显著差异，这表明男女作者在研究方法上虽然存在一些共性，思辨研究占了绝对多数，但是女性作者的实证研究的比重更大（见附表 5）。

附表5　　　　　　　　　　2001—2010 年《高等教育研究》论文的

研究方法及性别差异　　　　　　单位：次,%

		思辨	实证（含定量与质性）	总数
女	篇次	282	58	340
	比例	82.9%	17.1%	100.0%
男	篇次	1281	169	1450
	比例	88.3%	11.7%	100.0%

卡方检验：卡方值14.592，自由度1，显著性水平0.001

四　研究结论

本文通过对 2001—2010 年《高等教育研究》所刊论文进行分析，发现：

1. 在高等教育研究领域中，尤其是在较高研究层次中，女性的参与率过低；在象征我国高等教育研究水平最高的期刊《高等教育研究》中，女性作者的论文篇次不足 20%。过低的参与率表明，在我国高等教育研究界还是一个以男性为主的话语结构。

2. 对于这些少数的高等教育女性研究者来说，她们的论文质量及被学界的认可程度也远不及男性。女性作者论文的被引用率远低于男性，而且这个差距随着研究水平层次的升高而加剧，即引用率越高，女性与男性的差距越大；在男女性被引率各前 50 篇论文中，性别差异非常显著，男性的被引频次比女性平均多 51 次；而以 10 年总发文量和总被引频次计算的核心作者群也显示，18 位核心作者群中仅 1 名女性。这表明，在我国高等教育研究领域中女性学者不仅是低参与，还是低地位、低声望，很少处于学术金字塔顶端。

3. 女性的学术生涯虽然与男性有相似之处，如总体趋势相似，都在40 岁左右达到顶峰。但女性也呈现出与男性明显不同的特点，如女性作者的平均年龄比男性小；女性学术生涯周期比男性短，60 岁以后基本没有学术论文发表；男女作者论文发表数量最初的差距并不大，29 岁时女性还超过男性，但 29 岁之后差距开始拉大，其中 37 岁之后直到 50 岁，男女的差距一直维持在较大数值，而到 45 岁，差距值达到最大；女性学术生涯发展阶段中，生育年龄论文发表数量有明显的下降。

4. 从研究主题和研究方法来看，男女作者表现了一些共性，但也有些差异，如女性不如男性关注"学术与价值"类哲学与宏观主题，而更关注比较教育、学生发展、老师发展类等更微观的主题。研究主题上的差异可能只是反映了男女作者的学术兴趣的差异，但事实上在我国高等教育研究领域，也隐约存在着重哲学类、宏观类研究，轻微观类、操作类研究的不可言说的、微妙的传统与态度。不过在研究方法上，女性对实证方法的使用明显多于男性，这与男女偏好的研究领域有一定的相符性，微观类、操作类研究比哲学类、宏观类研究更可能采用实证方法。

综上所述，虽然相对自然科学及其他社会科学，教育研究领域似乎是女性参与较多的学术领域。但我们的研究表明，女性在高等教育研究领域的参与率仍然过低，特别是在高层次群体中代表率少，认可度小，地位偏低。在高等教育研究的较高层次，仍是男性掌握着话语权，是他们在建构、主导着高等教育研究的主流和发展变化的动向。

五　进一步的讨论:学术界的分层现象及女性的低地位

(一) 分层的学术体制

学术界如同其他社会结构一样，也是一个具有等级的分层结构。美国的乔纳森·科尔（Jonathan R. Cole）和斯蒂芬·科尔（Stephen Cole）利用美国科学界（主要是物理学界）的数据所做的研究表明："科学的体制是一个高度分层的体制。科学界的不平等至少同其他社会体制中的一样多"①。虽然科尔兄弟研究的是以物理为主的科学界，但很多事实表明社会科学界也是如此，我们的数据分析更为此增添了

---

① ［美］乔纳森·科尔、斯蒂芬·科尔:《科学界的社会分层》，赵佳苓、顾昕、黄绍林译，华夏出版社 1989 年版，第 100 页。

证据,并表明女性在这个分层结构中处于低地位。

既然学术界是一个分层的等级结构,那么分层又是依据什么呢?科尔兄弟指出,科学界的分层主要遵循普遍主义原则,依照在学界被"认可"的情况来确定在分层结构中的位置;而"认可"主要分为两类:职位的认可(主要指在科学的社会结构中占据有声望的职位)和名望的认可(包括科学家的知名度和同行对其工作的评价,主要与科学工作的质量相关)[①];其他功能上无关的身份因素如性别、种族等对科学界分层的影响很小。他们深信:"科学在把一个个科学家分派到一个高度分层的社会结构中的位置上时,它比其他的大多数社会体制更接近于普遍主义理想。"[②] 不过,科学也不是一种乌托邦式的体制,如"优势累积"作用就会影响分层,在一所著名大学著名专业获得博士学位和任职等优势对分层会产生有利影响并有累积作用,"在科学偏离理想的几乎所有情况下,我们都发现有累积优势在起作用"[③]。

科尔兄弟对科学界分层原则的判断,同样也可以用于我国的学术界(包括教育学)。目前我们学术界的分层原则确实是普遍主义的,没有学校因为你是女性而不让你评职称,也没有期刊因为你是女性而拒绝录用你的论文,学术地位主要是由学术成就决定的,而与性别因素关系不大。但是,要如何解释女性在学术界代表率小、地位低下的客观事实呢?看来需要做更深入的分析。

(二) 渗漏的学术管道

乔纳森·科尔与波顿·辛格(Burton Singer)在一篇文章中用"激发—回应"效果(kick-reaction)解释了学术成果性别差异的产生过程,即男女科学家科研成果的差异是由于他们所遭受的激发及其回应存在着微小的、有限差异而累积造成的。相对于男性,女性经历更

---

① [美] 乔纳森·科尔、斯蒂芬·科尔:《科学界的社会分层》,赵佳苓、顾昕、黄绍林译,华夏出版社1989年版,第66—67页。

② 同上书,第268页。

③ 同上书,第255页。

多的负面激发，如更少获得学术发展的机会和经费资助，所以女性更可能因为负面的激发而受挫。短时间内，这种"激发—回应"作用似乎很小，但长期累积起来就造成大差距。正是这种不断积累的细微差异，产生了滚雪球效应，最终导致女性与男性学术生涯发展和学术成果上巨大差距①。这种解释与科尔在《科学界的社会分层》中表达的"优势累积"思想事实上是一脉相承的，只是对女性来说，"优势累积"变成了"劣势累积"。

而"渗漏的学术管道"（the leaky pipeline）则进一步描绘了女性的学术生涯状况。这种观点将学术生涯比喻成一个渗漏的管道，在管道的各段，都有人渗出，而且女性从这个管道中渗出得更多。女性在学术管道中，一开始就会遇到更多的障碍；而前面阶段中一系列的、也许是很小的劣势，会导致后来生涯发展阶段中的大的劣势，最终增加了女性渗出管道的可能性。在整个学术管道中，相对于男性，女性会累积更多的劣势和更少的优势，因而最终达到学术金字塔顶端的女性也较少②。

无论是"激发—回应"效果还是"管道渗漏"理论，都形象地表明了女性在学术道路上逐渐减少的过程。但更重要的是要追问减少的原因，女性为什么会有更多的"劣势积累"？女性为什么更容易被"渗漏"？女性为什么很少达到"玻璃天花板"？欧洲委员会对科学与工程界的调查表明，女性在这个过程中面临渗出的风险有：（1）生涯的最初阶段缺乏支持和指导；（2）之后，由于母亲的责任及难于处理好职业与家庭生活的平衡而放弃工作；（3）缺少职业期望或抱负；（4）在学术界被孤立和拒斥③。

① Cole J. R. & Singer B., "A Theory of Limited Differences: Explaining the Productivity Puzzle in Pcience", In Zuckerman H., Cole J. R. & Bruer J. T. (Eds.), *The Outer Circle: Women in Scientific Community*, New York: W. W. Norton & Company, 1991, pp. 277 – 310.

② Sonnert G, Holton G., *Who Succeeds in Science: The Gender Dimension*, New York: Rutgers University Press, 1995, p. 8, p. 11.

③ European Commission, "Women in Science and Technology—Creating Sustainable Careers" (http://ec. europa. eu/research/science-society/document_ library/pdf_ 06/wist2_ sustainable_ careers_ report_ en. pdf), 2009.

我国的高等教育学领域的情况虽然与此不尽相同，但也有许多相似之处。从我国的实际情况来看，虽然女性接受高等教育的人数在不断增加，高等教育学专业的女研究生特别是女硕士生越来越多，在高校工作的女性也越来越多，但从事高等教育研究的女性人数并不多，而且学术道路上越往上走女性的比例越小，用"渗漏的管道"来比喻这种现象也是非常恰当的。事实上，不仅是高等教育领域，整个学术领域都有这种状况。借鉴前人研究并结合我国现实，我们认为造成我国女性更多地从学术管道"渗漏"的主要原因可能有：

传统的性别角色观念与期望。社会（包括女性自身）对女性的期望普遍低于男性，这种期望不仅影响父母对子女的教育态度与抱负、学校（学院、系）领导对男女教师的定位与培养，也影响女性教师的自我期望与努力程度。

女性生育孩子的职责与家务劳动的承担。30 岁之后的一段时间本应是学术生涯的快速上升期，但女性因为生育孩子却不得不暂时中断或暂缓学术的发展。前面关于男女学术生涯发展的分析所展示的男女在 29 岁以后差距加大的现象，即充分证明了这一点。而由于传统观念，女性又承担着更多的家务责任，不可避免地会影响到对工作的投入。

学术体制内的因素。正如科尔兄弟所言，学术界不是乌托邦。虽然人们主要以学术成就来决定等级位置，但难免会受到社会上传统性别观念的影响，进而会影响到对女性学者的判断和任用；更重要的，是学术工作的"男性工作模式"假定、学术评价的"劣势累积"效应以及学术竞争的"锦标赛"制[①]进一步促成了女性与男性的学术差距。如前文所言，学术地位的获得过程中存在"优势累积"或"劣势累积"效应，在一所名校读书、师出名门、各种名誉和奖励等前期所获得的优势会有一种累积作用，从而有助于地位的提升。与"优势累积"相对应的便是"劣势累积"，往往是一步落后，步步落后，从而

[①] "锦标赛"的提法受到阎光才教授在南京大学 110 周年校庆时所做报告的启示。

陷入恶性循环。与男性相比，女性面临更多的"劣势累积"效应，而造成这种状况的最主要原因可能就是学术工作的"男性工作模式"假定。学术工作如同许多其他公共领域的工作一样，被视为"男人的工作"，这种"男性工作模式"假定雇员没有工作之外的其他社会责任和家庭责任，工作时间没有限制，职业生涯发展是一个没有间断的直线轨迹①。这种工作模式显然是不符合女性生理特征的，而女性一旦因为生育等因素放慢或暂时中断了学术发展的步伐，就可能因为"劣势累积"效应而步步落后。前文关于女性与男性学者40岁以后的论文数量差距，其原因之一就可能是由于前期差距的积累效应而导致的差距维持与扩大。此外，学术的晋升虽然有一些基本资格和标准，但最终的获得还是要靠互相竞争，即一种"锦标赛"制的学术竞争，女性要与可以终生和全身心投入工作的男性竞争，自然处于劣势。

总之，导致女性处于学术等级结构不利地位的原因是多种多样的，既有学术圈内的因素，也有学术圈外的原因；既是社会选择、淘汰的结果，也是女性自我选择的结果。正如有些学者所言，一直被假设为精英的、性别自由的学术实践，事实上从进入学术领域的入口到最后的成就取得的学术阶梯的所有阶段，女性都面临着障碍②。更为关键的是，女性处于学术等级结构中的不利地位这种现象已经合法化了，成了见怪不怪的"自然"现象：男性自然认为女性不如男性是理所当然的事，而很多女性不仅也有此种观点，更以生育、照看孩子和做家务等理由，为自己的低成就找到借口和心理平衡，并心甘情愿地接受自己的低地位。

---

① Acker J. , "Hierarchies, Jobs, Bodies: A Theory of Gendered Organizations", *Gender & Society*, Vol. 4, No. 2, 1990, pp. 139 – 518; European Commission, "Women in Science and Technology—Creating Sustainable Careers" (http: //ec. europa. eu/research/science-society/document_ library/ pdf_ 06/wist2_ sustainable_ careers_ report_ en. pdf), 2009.

② Etzkowitz H. , Kemelgor C. , Neuschatz M. , Uzzi B. , "Athena Unbound: Barriers to Women in Academic Science and Engineering", *Science and Public Policy*, Vol. 19, No. 3, 1992, pp. 157 – 179.

六 出路:提高女性学术地位的举措与困难

提高女性的学术话语权和学术地位,是争取女性解放、男女平等的重要内容。而且从促进高等教育学学术发展本身来说,更多的女性学者参与进来,充分发挥女性的智慧,肯定更有利于学术的繁荣,因为真正的学术发展、知识进步一定是在多元化观点的话语中产生的。

如何提高我国女性的学术地位?

首先,改变传统的性别角色观念最为重要。在全社会还普遍认为"男强女弱"、"男主外女主内",甚至女性自己都不愿解放而宁愿少努力、被照顾的情况下,提高女性的学术地位便是一种奢谈。而观念的改变又是最困难的,中国几千年的传统观念已经根深蒂固。

其次,采取一些具体的方法帮助女性取得更好的学术成绩。如吸引更多的女性从事高等教育学术研究,在聘任、升职等方面没有性别偏见,为女性照看孩子提供帮助,延迟女性的退休年龄,等等。而关于这些方面,提到最多的是为女性提供弹性工作时间,使其能较好地取得工作与家庭的平衡。事实上,从事高等教育这类文科学术研究工作,工作时间和地点有很大的弹性,不需要固定"朝九晚五"地上班,也不需要像一些理科教师那样每天待在实验室,这对于需要照看孩子的女性非常有利。但另一方面,弹性工作时间也是一把双刃剑,由于缺少时间和空间的界线,工作渗透到生活的每一个部分,无休无止;更重要的,它让女教师承担照看孩子等家务劳动变得合法化,女教师们不得不挤用其他时间来做学术研究工作,以弥补家务劳动占去的时间。而且如前所述,学术的晋升又是"锦标赛"式的竞争,女性很难与可以全身心投入工作而较少家务负担的男性竞争。所以如果大学和学术机构不处理好弹性时间、工作负荷量和生涯发展的关系,弹性时间可能会起反作用。

最后,实施社会性别主流化策略。社会性别主流化是于1995年第四次世界妇女大会上被联合国确定的一项为促进社会性别平等的全球战略，指的是"在各个领域和各个层面上评估所有有计划的行动（包括立法、政策、方案）对男女双方的不同含义"，以"使男女双方的关注和经验成为设计、实施、监督和评判政治、经济和社会领域所有政策方案的有机组成部分，从而使男女双方受益均等，不再有不平等发生。"① 也就是说，在大学和学术机构中，要将性别观点纳入所有政策和方案的主流，充分考虑男女双方的经验、知识和利益，以便做出对男女双方受益均等的政策。然而要想做到这一点，难度也是非常大的。因为当男女有一方处在极其不利地位时，社会性别主流化就会成为有性别区分的活动和平等权利行动，这与普遍主义原则显然是对立的；而学术界一直是基于普遍主义的英才统治，学术成就决定等级地位。

不过，提高女性学术地位之路虽然充满荆棘与坎坷，但相信任何困难都不能阻止人类追求民主、平等、解放之努力。

（该文原发表于《高等教育研究》2012 年第 6 期）

---

① 《社会性别主流化》（http：//www. un. org/chinese/esa/women/mainstreaming. htm）。

之二：女博士网络媒介形象分析与实证研究

王　娜

摘　要：对 10 年来新浪新闻的内容分析后发现，网络媒介建构了女博士经常遭遇不幸、情感婚姻困难、性格怪异、就业能力不足等负面为主的形象；但访谈及相关实证调查并不支持媒介的负面评价，女博士在日常生活中的实际表现与媒介形象存在着很大的差异。媒介负面评价加深了社会对女博士的负面刻板印象，并给她们的生活带来了困扰。

关键词：女博士；网络媒介形象；现实形象

日常生活中，关于女博士有各种传言，如"婚嫁难""性格怪异""情商低"；女博士是 UFO（ugly、fat、old），丑陋、肥胖、年老；甚至把女博士看成男人、女人之外的第三种人。这些虽然是传言和调侃，但却异常深入人心，以至于一提到女博士，人们脑海中便会出现这些负面的刻板印象。在各种对于女博士刻板印象的传播中，网络媒介是最重要的途径之一。特别是随着大众传播媒介的快速发展，它们对社会生活的渗透力、影响力越来越强，各种"媒介现实"往往会在不知不觉中演变成受众头脑中的社会现实①。本文的

---

① 张国良：《新闻媒介与社会》，上海人民出版社 2001 年版，第 63 页。

目的即通过将大众媒介的报道与实地调查结果进行比较，考察当前大众媒介所展现的女博士形象与女博士在社会中的实际表现之间是否存在差距。

一 研究方法

女博士是社会媒体热切关注的话题，但学术研究却关注很少，特别是少有相关的实证研究[①]。少数学者对女博士的媒介形象进行了研究，结果证明了大众媒介对女博士有负面的刻板印象（杨英，2011；韩宁，2010；张国平，刘艳辉，2008；李枚，2006）[②]，但均未进行进一步的实证研究，以呈现现实中的女博士形象与媒介中女博士形象的差异。本研究试图在这方面做些尝试。

论文先采用内容分析的方法，对大众媒介新闻报道中的女博士形象进行系统解读；然后根据对媒介的分析结果，访谈女博士；再将相关调查结果与媒介塑造的形象进行比较。

具体说来，本文所分析的媒介的样本取自新浪网的新闻搜索系统。在新浪网新闻搜索系统中选择"高级搜索"。设定关键词时选择"精确匹配"且关键词设为"女博士"；限定搜索类别时选择"新浪新闻"，并且在"限定频道"中选择"全部新闻"；搜索结果显示条数设定为"每页10条"；限定要搜索内容的时间设定为2001年、2002年，直到2010年，一共10年；限定关键词位于"标题"，即选择新闻标题含有"女博士"的新闻。遵循以上条件在新浪新闻搜索系统中进行搜索，搜索结果显示有1599条标题中含有"女博士"

[①] 李锋亮、陈鑫磊、何光喜：《女博士的婚姻、生育与就业》，《北京大学教育评论》2012年第3期。

[②] 杨英：《女博士的社会媒介印象研究》，《中国青年研究》2010年第5期；韩宁：《强势群体"被弱势化"进行时——女博士群体网络形象建构》，《东南传播》2010年第9期；张国平、刘艳辉《女博士的媒体形象分析》，《东南大学学报》2008年第12期；李枚：《关于网络媒体对"高学历女性"群体媒介定型偏差的实证调查》，《中国传播学论坛文集》，2006年，第894—903页。

的新闻。剔除与本研究主题无关的新闻150条、无法打开的新闻9条,剩余1440条。但这1440条新闻中有大量重复的新闻,如"女博士网恋爱上绝症打工仔"与"女博士网恋打工仔陪他走到生命尽头",事实是同样的内容,如果这样的新闻只算一篇,最终的新闻事件只有508件。

对这508件、1440频次的新闻进行编码。编码的内容,一是主题的倾向性,分为正面、中性和负面;二是报道出现的强度,即篇幅与频次。为了确保编码的可靠性,具体的文献搜索、阅读和编码工作由两人共同完成。具体采取了三种方法:一是先对若干条新闻各自编码,然后两人再进行比较,找出不同并做出相应调整,从而协调好两人编码的尺度与标准;二是编码时两人在一起,遇到拿不准的新闻时及时与对方商量后再确定;三是各自编码全部结束后,分别从对方的编码结果中抽取一部分进行交换、检查。

实证调查以某研究型大学生的女博士生为访谈对象。样本采集主要通过目的性抽样的方法,选取的女博士生尽量多样化以期获得最大的信息量,年级分为一、二、三年级以及硕博连读,学科分为文科、理科、工科,年龄段为24岁至39岁,婚恋状况分为已婚、未婚、有男朋友、无男朋友等五大类。最后选定的访谈对象是8位博士生。

除此之外,本文还使用了相关的二手调查数据,以使研究更有说服力。

二 网络媒介展示的女博士形象

(一) 新闻内容的倾向性

新闻内容的倾向性是指新闻者在报道或评述新闻事实时所表现出的特定的立场和思想倾向。本文把新闻倾向分为正面报道、负面报道和中性报道三种,统计结果如附表6。

附表6   新闻内容主题所体现的媒介倾向

内容主题倾向	样本数（条）	百分比（%）	样本频次（次）	百分比（%）
正面	206	40.55	356	24.72
中性	57	11.22	77	5.35
负面	245	48.23	1007	69.93
总计	508	100	1440	100

从附表6可见，508条新闻样本中关于女博士正面形象报道的比例是40.55%，低于48.23%的负面形象报道；而从新闻的频次来看，女博士负面形象的"新闻频次"比例达到69.93%，远远高于24.72%的正面形象频次比例。即媒介更偏好对女博士的负面新闻进行不断地重复报道，使之反复出现在大众的视野中。

本研究将新闻内容主题归纳为六大类：①犯罪、遭遇（被杀、被骗、自杀、受伤等）；②学业、事业、品质；③情感婚姻（相亲、征婚、婚姻、育儿）；④性格、行为、道德（精神疾病、性格怪异、道德败坏）；⑤就业、能力（求职难、能力低）；⑥日常生活及其他。再进一步对六大主题类别的倾向性进行统计，结果如附表7。

附表7   新闻报道倾向性中的内容主题

	正面	中性	负面
犯罪、遭遇	0（0.00%）	2（2.60%）	575（57.10%）
学业、事业、品质	342（96.07%）	3（3.90%）	2（0.20%）
情感婚姻	0（0.00%）	15（19.48%）	197（19.56%）
性格、行为、道德	0（0.00%）	0（0.00%）	195（19.36%）
就业、能力	0（0.00%）	1（1.30%）	38（3.77%）
日常生活及其他	14（3.93%）	56（72.73%）	0（0.00%）

附表7表明，（1）女博士正面形象主要体现为在学业、事业方面

取得的成就以及女博士的坚强、乐观、勇敢的优秀品质等方面，占到所有正面形象报道的96.07%。（2）女博士负面形象主要集中于"犯罪、遭遇"方面的报道；而关于"情感婚姻"、"性格、行为、道德"、"就业、能力"的报道也占了负面报道的一定比例，而且这类报道都是以负面为主的。在性格道德方面的报道中，所有文章都是负面的；在"就业、能力"方面的报道中，也几乎都集中在反映女博士就业困难的现象，或是报道女博士另类的就业观，或女博士学历高、能力低等问题；而在情感婚姻生活的报道中，媒体最津津乐道的也是女博士情感婚姻的种种悲剧，如大龄难嫁、恨嫁、婚姻受骗、不断离婚、没有异性缘。（3）关于女博士中性倾向报道的新闻主要集中于其日常生活等细小方面，所占比例达72.73%；这些报道无明显的倾向性，大多为传递消息和阐述现象类。

（二）报道篇幅

通过新闻报道篇幅的分析，本研究发现媒介在新闻报道的篇幅上对正负内容主题报道是不同的，从一定程度上反映了媒介对正负新闻的不同态度。

（1）正面报道"短小精悍"。对正面新闻的统计表明，一半以上的篇幅都较小，大多采用"简讯"形式，只对该事件的时间、地点、人物、事件做了简要报道。正面形象的新闻中只有一篇是两页，其他正面报道无一超过一页，一半以上的新闻只有半页。由此可看出这些正面报道在媒体工作人员眼中的新闻价值。

（2）负面报道"长篇大论"。负面立场多为感情纠纷、自杀、被杀、被骗等，把女博士群体描述成了一个智商高、情商低的"怪胎"，在报道中媒介大肆使用一些戏谑嘲笑的词语，不惜篇幅、"声情并茂"地对一条新闻进行报道。如《一家之言：不考女博士的10大理由》一篇就多达9页；而《女博士：曾经我是绝望主妇》也多达6页；超过一半的新闻都有两页。

(三) 报道强度

由于网络媒体的先天性特点，对于同一个新闻事件，即使是同一个网站也会有重复的报道和后续跟进的报道。对此的统计结果如附表8。

附表8　　　　　　　　　　　重复、追踪新闻报道的比例

	2 次及以上次数新闻（篇）	新闻总数（篇）	百分比（%）	报道频次（次）
全部样本	169	508	33.26%	1440
负面样本	105	247	42.86%	1007
正面样本	54	206	26.21%	356
中性样本	10	57	17.54%	77

从附表8可以看到，（1）508个新闻样本重复报道了1440次之多，有169个新闻事件被重复、追踪报道，占全部新闻事件的33.26%。（2）负面形象的247个新闻事件重复报道了1007次，正面形象的206篇新闻事件重复报道了356次，负面形象报道中的重复报道比例达到42.86%，远远高于正面形象报道中重复报道的比例26.21%。有的负面新闻被反复报道，如"广州女博士裸死案"就被报道了139次之多。这些表明，网络媒体对新闻事件进行了轰炸式的灌输，尤其是女博士群体的负面形象在网民心目中被进行了一遍又一遍地"复习"和"记忆"，最终得以"巩固"。

为进一步分析重复报道的内容，笔者选取了508篇新闻报道中重复次数最多的15篇进行分析。这15篇新闻全部呈现负面倾向，总共重复次数达到493次，占了全部508篇新闻总重复次数1440次的1/3以上，可以将它们看成是全部新闻中传播最广泛、对受众影响最大的一部分新闻。

附表 9 　　　重复报道次数前 15 位新闻样本的标题、频次、
内容主题、评价倾向

新闻标题	新闻频次（次）	内容主题	新闻倾向
1. 广州"女博士裸死案"	139	遭遇	负面
2. 女博士在美挨打事件	76	遭遇	负面
3. 人民大学 40 岁女博士跳楼	46	遭遇	负面
4. 耶鲁大学女博士突然失踪	43	遭遇	负面
5. 女博士网上时薪 50 元陪人吃喝	32	行为	负面
6. 女博士难觅爱情	22	情感婚姻	负面
7. 北外女博士被开除	21	行为	负面
8. 哈工大女博士被杀	19	遭遇	负面
9. 女博士贿赂导师	17	犯罪	负面
10. 剑桥女博士改行当"笼斗士"	17	行为	负面
11. 武汉"5.19"奸杀女博士案件	13	遭遇	负面
12. 自杀、他杀？美华裔女博士死亡	13	遭遇	负面
13. 女博士生：我在美国当农民	13	行为	负面
14. 一企业不嫌女博士名字"贱"	12	就业	负面
15. 一个女博士的爱恨情愁	12	情感婚姻	负面

　　总体说来，虽然媒介对女博士在学业、事业和品质方面进行了正面报道，但在遭遇、性格、道德、情感婚姻、就业能力等方面进行了更大量的、长篇的、重复的负面报道，展现了女博士经常遭遇不幸、性格怪异、道德败坏、有严重的情感困扰、就业能力不足等形象。

三　女博士在现实中的形象

　　社会现实中女博士的情况究竟如何呢？下面笔者利用访谈资料，并结合相关已有统计数据，对上述女博士女负面形象进行分别验证。

（一）犯罪、遭遇方面

　　对网络媒介的新闻的统计结果显示，女博士是一个经常遭受不幸

且容易走上犯罪道路的群体，但是在对女博士生的访谈中涉及这一方面时，这8位女博士生均表示无论自己还是周围的女博士生同学均未有过像新闻报道中出现的那些匪夷所思的遭遇，她们均表示女博士遭遇不幸事件只是个案，对媒介的这种对个别事件的夸大、重复报道很气愤。

> F3："反正我在生活中没什么特别的经历，没有特别幸运的经历，当然更没有什么那么倒霉不幸的遭遇，像什么？（新闻中有报道说在实验室猝死、被杀害，还有被雷击这些的）哦，这都是些什么报道啊？我反正听都没有听过我周围的同学有这样经历的。"

> F6："虽然我是女博士，但我也是有时候上网、看电视，会看到你说的那些关于我们这个群体的种种报道。好像是经常报道什么被骗、被杀、自杀之类的事情，我当时看到也感到很奇怪，还想我们怎么就变成了这么不幸的人了。可转念一想，这些报道真会忽悠人，我跟我周围的同学不都好好的吗？也没听说谁发生了什么大事儿啊？更别说我自己了。"

> F7："我好像听说过吧，但从哪听来的不记得了，但肯定不是我周边的人发生的事儿，估计跟我说的人也是道听途说来的吧，就那么一说，不然我怎么会印象不深？"

（二）情感婚姻方面

对网络媒介的新闻的统计结果显示，女博士是一个恋爱难、婚嫁难，甚至在生育方面都难的情感困难户。但其实通过访谈我发现，女博士在婚恋方面的要求、经历都跟普通女性没什么两样。

首先，女博士并没有被"剩下"。

通过访谈发现，女博士生在情感婚姻方面很正常，有正沉浸在恋爱中的，有结婚生子的，还有在积极生活期待爱情的。

F1："不过以我来看，我们周围的女博士其实剩下的很少，在我们那层楼，20多个，二十二三个女博士，就两个没有（男）朋友的，剩下的人家孩子有了，或者已婚了，或者有朋友了。但我还没有朋友，我就属于那一两个之中的，我觉得是缘分，有的时候。"

F8："我是当妈的人了，儿子已经两岁了。（你什么都没耽误啊？）生活嘛！总要踏踏实实一步一步走，梦想嘛，总是要有，所以就要努力了，一步步地去实现。"

其次，女博士对婚恋对象并没有过高的要求。

通过访谈发现，女博士生在婚姻情感方面的要求都很简单、很纯粹。她们并没有对对方在学历、金钱等方面有过高的要求，均表达了只要人品好、志趣相投、有缘分就可以相处。

F5："我认识的女博士，她们结婚也好，谈恋爱也好，她们的老公、男朋友也不见得都是博士、博士后，他们也都是本科、甚至是专科，都没说一定要有特别显著的教育背景，说我一定要找一个学历比自己高的什么的。我的一个博士师姐的爱情就特别经典，就是我师姐嫁给了一个高中毕业生，他们是同乡，就是青梅竹马的。有时候我们也会问师姐，就是你们的交流什么的会不会有什么问题，存在很大的差距啊什么的，但师姐说从来没有。这就是说我们的感情世界是丰富多彩的，这个跟大家是一样的。我的那些嫁给比自己学历低的师姐们，她们的生活也非常幸福。"

F7："我觉得男女朋友的交往，其实学历不是唯一的一个维度，我们要看人品，还有要看他个人的能力，还有看他工作的态度等等的，所以这个我们会综合考虑，我们不会说仅仅以这个学历为标准把人拒之门外。我觉得任何人处男女朋友的时候都是这样的。"

可以看出，女博士生在择偶观上跟普通女性是相似的，并没有因为自己是博士，就故意抬高身价，提出一些离谱的要求。华师大二附中学生隋欣共花了 6 个月时间，对上海 117 位年龄在 26 到 45 岁之间的文理科专业（包括医学）的女博士做的调查，所得的结果也与我们访谈的结果相似：

> 女博士的恋爱和婚嫁情况与正常女性并无明显差别，幸福指数还很高。接受调查的女博士中，平均结婚年龄为 29.8 岁，其中近半已结婚生子，而未婚且没有男朋友的不足四分之一。此前曾有一个全国十省市调查显示，女性平均结婚年龄是 27.1 岁，上海女性为 28.4 岁。这和女博士的平均结婚年龄差距不大。调查显示，大多数女博士都是所在单位的业务骨干。[①]

（三）性格、人际方面

网络媒介将女博士在性格方面塑造成一个有各种缺陷，甚至不能与人正常交流的怪异群体，但我看到的却是另外一种截然相反的情景。访谈发现，女博士生很容易接触，访谈期间也会笑声不断，互相打闹。她们性格各异，但跟普通人一样，没有怪异的表现。她们表示自己身边的女博士同学性格也很好，并没有异样，而且完全没有交际方面的障碍。

> F4："我自身觉得我还是很容易接触的，当然了人是各种各样的，什么人都有。就我来说，我平时接触的都是女博士，跟我来往的也都是女博士，我觉得大家都很好。而且我觉得我们能够这么一路上学上上来，其实这个过程是很艰辛的，这个过程也是很艰难的，但是我们都尽量坚持每天都进步那么一点点，那我觉得能保持这样进步的人，其实都比较谦虚，然后往往能看到别人

---

① 转引自马丹《上海高中生调查女博士生存现状 幸福指数还挺高》（http：// www.qthdaily.com/news/content/2009-08/07/content_ 121761.htm，2009-08-07/2011 - 12 - 17）。

身上的优点。那么你要在吸取别人优点的时候,毕竟要跟人交往、接触,这样才能真正吸取优点。所以我们的交往还是跟普通人一样的,我觉得甚至更好沟通些。"

F5:"起码在我自己生活中,我兼职做老师,我的学生都非常喜欢我,他们都把我当作他们的朋友,并没有因为我是博士,就有一种距离感。"

有学者使用"卡特尔16项个性因素量表"对清华大学、复旦大学等11所高校的504名博士、硕士进行个性测试,结果发现:女博士生、硕士生与成人(女)常模比较,在9种个性因素方面表现为4高5低的特征,即高聪慧性、高兴奋性、高敢为性、高独立性、低稳定性、低有恒性、低怀疑性、低世故性、低忧虑性;此外,女博士生与硕士生16项个性因素却没有差异[①]。可以看出,与普通女性相比,女博士更聪慧、更独立,同时低忧虑、少怀疑,在性格上并无怪异的表现;女博士与女硕士也无差异。

(四)日常生活、学习与就业方面

对网络媒介的新闻的统计结果显示,女博士是一个毫无生活情趣、毫无活力的形象,整天只知道埋头读书,不识人间烟火。但访谈发现,女博士生和普通的女性没有多大的区别。同其他女性一样,她们也会在意自己的外貌,在意自己的穿衣打扮,在意自己的生活品质。她们画淡妆,穿着时下流行的衣服,生活内容丰富多彩;她们也喜欢运动,喜欢看电影,喜欢逛街。

首先,学业很重要,但并不是生活的全部。

女博士生们都很重视自己的学业,但也不是"书呆子"或是"女学究",她们除了自己钟爱的学业外,其他生活也很丰富。

F2:"每天还是以学业为主,更准确地说以科研为主,有时

---

① 何少颖:《博士、硕士生心理现状分析》,《学会月刊》1997年第1—2期。

候可能很长时间都在学习，搞研究。但是闲了，也是会去逛逛街什么的。"

F4："我看书的时间倒是不多，应该说一个月看上个 10 天就已经不错了。平常就吃吃好吃的，看看闲书，我喜欢看小说，看闲书。"

F8："做研究这方面，我比较任性，有时候上来兴趣了，或者时间准许了，可能会连着几天都不出门，但有的时候就没有灵感了，就要出去放松，可能会连着几天都不会看一页书，所以我们的生活确实存在着一种不是很有规律的那个模式。还有生活中一些必做的事情，比如说，要做家务，也要照顾小孩，还有工作吧。"

其次，生活内容丰富多彩、兴趣广泛。

访谈发现，女博士生们才艺兼备，没有死板、无趣的感觉。她们十分享受自己的生活，活得特别精彩。

F1："应该说高校是有院墙的，但我们的生活跟其他人是一样的，比如说我们学校有 FTP，是一个可以共享各种资源的地方，里面就有很多这种音像的资料，我会经常下载一些电影之类的来欣赏。"

F4："我也画画、跳舞，小时候学民族舞，长大后开始到外面去跳舞。"

F5："我在舞蹈方面还行吧；自己一个人在宿舍的时候，写写毛笔字；然后，我比较喜欢运动，去打打网球，游游泳。"

F6："我爱好比较广泛，我去健身房，游泳，打球，打羽毛球，打 squash，那个壁球，打高尔夫，little bit，然后画油画，唱歌，唱美声，然后，嗯，shopping window，去感受那个时尚，每一个季节不同的那种颜色变化，它的那个设计理念，然后培养自己的一个 taste，这个品位。"

F7："唱歌，其实我喜欢做家务，做家务里尤其喜欢做针线之类，编制、裁剪，然后还有一些绣花，我的很多衣服，即使不是我自己做，但也都是我二次加工，或者我设计的，完了让裁缝给做的。（给我展示自己的作品）像这件衣服就是我自己做的，因为我做的衣服相对夏天的比较居多，而且没领没袖的居多，很简单。像这件毛衣也是我织的，我是分两片织的，然后把这两片缝起来，所以前面就形成了跟树叶一样的形状。我就是特别爱好这个。然后我有时候会写一些古典的格律诗词。我觉得我是样样都懂一点。"

此外，女博士在就业方面也很正常。有学者对 14 所高校和科研机构的博士毕业生进行调查的结果显示，男女博士在就业率和起薪方面都不存在显著差异，女博士在最终的就业结果上并无显著劣势，社会媒体可能夸大了女博士的就业困难①。

综合上述结果，可以看出，大众媒介关于女博士的评价和描述，与女博士在社会中的实际表现之间存在明显差异。访谈结果并不支持网络媒介的新闻报道对女博士在这些方面的表现所给出的负面评价。

四 媒介的负面评价刻板印象对女博士的影响

女博士生对媒介的负面评价均表示了愤慨，同时也对媒介的这种做法造成的后果表示担忧。

F2："我真是讨厌把我们写成另类，那些接触过女博士的人，可能不太会受这些报道的影响，但那些根本没有跟女博士接触过的人就会受很大的影响，他们看到这些报道，肯定会想'这些女博士，估计都是些不正常，不然也不会招惹这些破事儿了。'你

———

① 李锋亮、陈鑫磊、何光喜：《女博士的婚姻、生育与就业》，《北京大学教育评论》2012年第 3 期。

说，这我们跳进黄河都洗不清了，想想，还真气人。"

F5："可能他们报道的新闻是真的，但他们不该把一个特殊的个案连篇不断地报道出来，像你说的有一条新闻，什么女博士被杀的新闻就报道了 130 多次，这简直太好笑了，难道他们就没其他关于女博士的新闻可说的吗？这样做造成的影响实在是太大了，也太坏了。"

社会大众对女博士在婚恋方面的刻板印象，对女博士生确实造成了一定的困扰。

F2："没有男朋友，就去相亲，男方看了照片可能会有兴趣、会有接触的意向，可是一知道我是女博士，可能就会有一些关于女博士的不好的印象影响到对方，于是他们溜得比谁都快。不知他们是怕女博士开口闭口谈学问，还是怕女博士有毛病。像我有过这样的悲惨经历。"

F5："我替同学介绍对象的时候，经常一开口介绍说女方是博士的时候，男方就会露出异样的眼神，还会说'女博士啊，那算了算了，我承受不起'，然后就在还没有见面的时候就不了了之，其实我要介绍的女博士在各方面都很优秀的，但是那个刻板印象对人的影响太大了，直接影响了对女博士在情感方面的进展。"

五 结论与讨论

本文对网络媒介的分析表明，从报道内容的倾向性看，媒介多集中于对女博士犯罪遭遇、学业事业、情感婚姻、性格道德等方面的负面报道；从报道的篇幅和频次看，正面报道文章短小，负面报道长篇大论，且负面形象重复报道比例远远超过正面形象的重复报道。大量对女博士负面形象的轰炸式的重复报道，为女博士塑造的形象是：经常遭遇不幸、情感婚姻困难、性格怪异、就业能力不足等形象。

但是，对女博士的访谈和相关实证调查表明，女博士在遭遇、恋爱婚姻、性格人际、日常生活方面的表现与普通女生相似，并不支持媒介的负面评价。大众媒介对于女博士的描述和评价，与女博士在日常生活中的实际表现存在很大差异。而且，媒介负面评价加深了社会对女博士的负面刻板印象，并给她们的生活带来一定困扰。

媒介的问题出在哪里？南京大学的社会学教授风笑天作过深入研究，他认为：

> 其所采用的事实常常是极端的和片面的。用社会研究方法的术语来说，新闻报道在采用事实方面的错误是"选择性观察"。他们较多地采用典型的、个别的、特殊的事实，特别是偏向于采用那些与他们头脑中事先形成的，或者他们希望看到的形象相符合的事实，而忽略掉许许多多与他们的期望不相符合的例子以及与他们的想法相冲突的信息。显然，对于反映整体的客观现实来说，仅有这样的事实往往不够。①

正是这样由特殊推及一般、由个案推及整体、将个体经验推向群体特征的不合逻辑的推论，制造了女博士的负面的网络媒介形象。网络媒介这种为了迎合大众的猎奇心理，提高对媒介关注度，从而妖魔化女博士的做法，形成并加深了社会大众对女博士的负面刻板印象。而且，负面的刻板印象一旦形成，便很难更改。它不仅给女博士的生活和学习带来困扰，也影响了其他女性对是否攻读博士和在学术上继续深造的选择。

为改变这样的状况，一方面政府对媒介的监管很重要；另一方面

---

① 风笑天:《独生子女：媒介负面形象的建构与实证》,《社会学研究》2010 年第 3 期。

需要让公众看到最真实的女博士形象，这便是社会科学研究者重要的社会责任之一。社会科学研究者们需要用科学的研究成果，抵制媒介错误的宣传，恢复公众对女博士的科学认知。这也是本研究的意义所在。

（该文为笔者所指导的硕士生王娜硕士论文的缩写）

之三：南京高校教师纵向职业性别隔离现象分析

单婷婷

摘　要：本研究根据南京 14 所高校 2011 年 4505 名教师的统计数据，运用 IP 指数分析高校教师职业性别隔离现象。研究结果发现：高校教师职业发展中存在着较大程度的纵向性别隔离，随着教师职称水平的提高，女性教师所占的比例明显趋于下降；不论是从高校层次的角度进行分析，还是从学科的角度进行分析，在正高级职称层次，男性教师所占比例较高，高校教师之间的纵向性别隔离现象更为明显。高校教师性别隔离现象的产生是多重因素作用的结果，传统的社会文化影响着女性的受教育程度，是女性学术生涯发展的第一重障碍；性别角色分工是高校女性教师学术生涯发展的第二重障碍；优势累积是高校教师纵向性别隔离的加速催化剂。

关键词：职业性别隔离；高校教师；科学界性别分层理论

一　引言

改革开放以来，伴随着我国社会经济的不断发展，我国女性的社会地位不断提升，女性接受高等教育的比例也不断提高，其所学层次不断提升，同时，高校女教师的数量也正在逐年上升。我国高

校专任教师队伍中女性所占比例从 1997 年的 35.21% 上升到 2010 年
的 46.48%，上升了 11.27 个百分点。虽然高校女教师人数不断增
加，其所占的比例也不断提高，但相对于男教师而言，女教师仍普
遍处于象牙塔的底层，处在大学权力集体的"外圈"。例如，2010
年，在全国高校教师中，正高级女性教师占正高级职称教师的比例
仅为 26.68%，占高校女性教师总数的 2.95%；副高级女性教师占
副高级职称教师的比例为 42.77%，占高校女性教师总数的
12.01%；中级女性教师占中级职称教师的比例已达 50.22%，占高
校女性教师总数的 19.33%①。

　　学术界通常用"职业性别隔离"来指称高校女教师在职级结构中
的这种金字塔现象。职业性别隔离是指在劳动力市场中劳动者因性别
不同而被分配、集中到不同的职业类别，担任不同性质工作的状况，
其包含横向隔离和纵向隔离两种形式（Gross，1968）②。横向隔离是指
男性和女性在不同职业间的分布，即男性和女性在社会声望和地位等
处于同一水平的不同职位、职业和行业的分布状况；纵向隔离是指相
同职业中男女分布可能是某个性别总是处于较高级别或水平，即男性
和女性在社会声望和地位等不同的职位、职业和行业间的分布状况
（Anker，1997）③。前述数据说明，高校教师中男女的构成比例正趋于
正常，2010 年男女高校教师的构成比例为：53.52%∶46.48%，但纵
向的差异仍然非常明显，因此，女教师职级分布状况符合纵向职业性
别隔离的特征。然而，针对这一问题，人们要么采取漠视的态度，要
么将其"科学"地解释为自然的合理的"性别差异"。目前，从表面
上看，在高等教育机构中从事科研或教学的女性似乎已经与性别偏见
无缘，但社会学家奈乔·贝罗克莱丝（Nijole Benokraitis）通过对高等

---

　　① 根据教育部网站 2010 年教育统计数据整理所得（http：//www.moe.edu.cn/publicfiles/
business/htmlfiles/moe/s6200/list.html）。

　　② Gross Edward，"Plus Ca Change...? The Sexual Structure of Occupations over Time"，*Social Problems*，Vol.16，No.2，1968，pp.198–208.

　　③ Anker R.，"Theories of Occupational Segregation by Sex：An Overview"，*International Labor Review*，Vol.136，No.3，1997，pp.315–339.

学校的研究却指出:"性别偏见没有消失,只是变得更加微妙了"①。

南京作为一个高校云集的东部发达市区,其高校教师的纵向职业性别隔离状况如何?本研究试运用 IP 指数方法,计算南京高校教师职业性别隔离状况,并探究造成这种不平等的原因。

二 职业性别隔离的测量方法

(一) 职业性别隔离的主要测量方法

1. D 指数

D 指数 (Dissimilarity Index) 是由美国学者邓肯 (Duncan, Otis Dudley) 于 1955 年提出的用于衡量性别隔离程度的指标,亦称邓肯指数,该指数表示要消除职业之间的性别隔离,女性 (或男性) 将要变换职业的比例②。目前许多学者都用其来描述职业的性别隔离程度。其计算公式如下,其中,N 是职业类别总数,F_i 和 M_i 分别表示在职业 i 中女性和男性所占的比例。D 指数的范围是从 0～1,如果 D 指数等于 0,意味着女性和男性在各种职业中的分布比例都是相同的;如果等于 1 就意味着所有的职业处于完全隔离的状态,即没有男性或女性在同一职业中工作。

$$D = 1/2 \sum_{i=1}^{N} |F_i - M_i|$$

2. IP 指数

IP 指数是由卡梅尔 (T. Karmel) 和麦克拉克仑 (M. Maclachlan) 于 1988 年提出的一种测量方法,该指数表示在职业结构和总就业中男女比率保持不变的同时,为使每个职业中的男女比例与总就业中男女就业比例相同 (即无职业性别隔离),而必须变换职业的人员所占比

① 转引自禹旭才《社会性别视角下的高校女教师发展研究》,博士学位论文,湖南师范大学,2009 年,第 3 页。

② Duncan, O. D., Duncan, B., "A Methodological Analysis of Segregation Indexes", *American Sociological Review*, Vol. 20, No. 2, 1955, pp. 210 - 217.

例[①]。其计算公式如下：

$$IP = \left[\frac{1}{T}\right] \sum_{i=1}^{N} |M_i - a(M_i + F_i)| = \left[\frac{1}{T}\right] \sum_{i=1}^{N} |(1-a)M_i - aF_i|$$

其中，T 和 a 分别表示总就业人数和男性占总就业人员的比重，Fi 和 Mi 分别表示职业 i 中女性和男性的人数。当 IP 指数值为 0 时，则意味着该职业中不存在职业性别隔离现象。若某一职业为了该职业中男女比例与总就业中男女就业比例相一致，需要调整的人数越多，则 IP 指数值就越大。

3. A 指数

A 指数是由玛丽娅·查尔斯（Maria Charles）和戴维·格伦斯基（David B. Grusky）于 1995 年提出的一个新的测量两性职业区隔的指标（log-multiplicative model），该指数表示某一职业中的性别比例偏离由所有职业得来的性别比例平均值的程度[②]。其计算公式如下[③]，若所有职业中不存在职业性别隔离，则 A 指数等于 1。男女在不同职业中的分布相差越大，则 A 指数值就越大。

$$A = \exp\left[\frac{1}{J} \times \sum_{j=1}^{J}\left\{IN(F_{ijk}/M_{ijk}) - \left[\frac{1}{J} \times \sum_{j=1}^{J} IN(F_{ijk}/M_{ijk})\right]\right\}^2\right]^{1/2}$$

$$M_{ijk} = \alpha_k \, \beta_{ik} \, \gamma_{jk} \, e^{(\phi_k Z_i \nu_j)}$$

（二）职业性别隔离测量方法的选择标准

马丁·瓦（Martin Watts）认为，职业性别隔离指数应该满足组织均等性（organizational equivalence）、规模不变性（size invariance）、性别对称性（gender symmetry）和可迁移原则（principle of transfers）等四个标准[④]。除上述四个一般标准之外，玛丽娅·查尔斯等学者提出

① Karmel, T., MacLachlan, M., "Occupational Sex Segregation: Increasing or Decreasing?", *Economic Record* Vol. 64, No. 186, 1988, pp. 187–195.

② Charles, M., Grusky, D. B. "Models for Describing the Underlying Structure of Sex Segregation", *American Journal of Sociology*, Vol. 100, No. 4, 1995, pp. 931–971.

③ 杨伟国、陈玉杰、张成刚：《职业性别隔离的测度》，《中国人口科学》2010 年第 3 期。

④ Watts, M., "Occupational Gender Segregation: Index Measurement and Econometric Modeling", *Demography*, Vol. 35, No. 4, 1998, pp. 489–496.

了更为重要的边际自由标准，即指在一段时间内，职业性别隔离的变化不应受职业规模变动和劳动力市场性别结构变动的影响，其具体表现为"性别组成不变性"和"职业不变性"[①]。

根据上述标准，马丁·瓦支持采用 IP 指数，认为该指数能够满足组织等效性、数值不变性、性别对称性和可迁移原则，优于 D 指数和 A 指数，比较适合用来测量职业发展中的性别隔离程度。此外，对 IP 指数进行适当的调整，可以更好地检验不同职业组别对职业发展中整体性别隔离程度的影响状况，其计算公式如下所示[②]。

$$IP = \sum_J \left(\frac{T_J}{T}\right) \sum_{j \in J} \left(\frac{|(1-a) M_j - aF_j|}{T_J}\right) = \sum_J \left(\frac{T_J}{T}\right) IP_J = \sum_J IP_J^*$$

其中，T_J 代表在 J 职业中工作的总人数，IP_J 指数表示根据整个从业人员的性别比例，在 J 职业中为了消除性别隔离现象需要调整的从业人员的比例，$IP_J *$ 表示 J 职业中需要调整的从业人员数占总就业人数的比例。基于以上原因，本研究采用 IP 指数来测量高校教师的纵向性别隔离程度，下列公式 1 和公式 2 则用于下文高校教师纵向性别隔离程度的测量。

公式 1：

$$IP = \left[\frac{1}{T}\right] \sum_{i=1}^N |M_i - a(M_i + F_i)| = \left[\frac{1}{T}\right] \sum_{i=1}^N |(1-a) M_i - aF_i|$$

公式 2：

$$IP = \sum_J \left(\frac{T_J}{T}\right) \sum_{j \in J} \left(\frac{|(1-a) M_j - aF_j|}{T_J}\right) = \sum_J \left(\frac{T_J}{T}\right) IP_J = \sum_J IP_J^*$$

---

① Charles, M., Grusky, D. B., "Models for Describing the Underlying Structure of Sex Segregation", *American Journal of Sociology*, Vol. 100, No. 4, 1995, pp. 931 – 971.

② 陆根书、彭正霞：《大学教师职业发展中的性别隔离现象分析》，《高等教育研究》2010 年第 8 期。

三 研究设计

（一）研究对象的选取与抽样

本研究的研究对象为 2011 年南京公办高校专任教师。研究对象的选取采用分层抽样和整群抽样的方法。笔者先将南京 36 所公立高等院校划分为四个层次，即研究型大学、教学研究型大学、教学型高校、高职高专院校①。第一层次为研究型大学，即"985 工程"大学；第二层次为教学研究型大学，即"211 工程"大学（不含"985 工程"大学）；第三层次为教学型本科高校，即普通本科院校（不含"211 工程"大学）；第四层次为高职高专院校，即高等职业学校和高等专科学校。本研究抽取研究型大学 2 所，教学研究型大学、教学型本科高校和高职高专院校各 4 所，共抽取 14 所高校。在这四个层次内部高校采用整群抽样的方法进行，按照每所院校不同学科的院系整群抽样，共抽取 4505 名高校专任教师。

（二）研究对象的基本信息

本研究以 2011 年度南京 4505 名高校专任教师的数据为样本，其职称和学科的性别结构，如附表 10 所示。从附表 10 可见，专任教师中，男性教师占 63.6%，女性教师占 36.4%；在专任教师职称分布中，正高职称教师占 27.5%，副高职称教师占 34.8%，中级职称教师占 33.5%，初级职称教师占 4.1%。随着职称级别的上升，女性教师所占比例呈下降趋势，在初级职称教师中，女性教师占 57.3%；在中级职称教师中，女性教师占 47.9%；在副高级职称教师中，女性职称36.7%；而在正高级职称教师中，女性教师仅占 18.9%。这说明，随

---

① 马陆亭在《高等学校的分层与管理》一书中，建议将中国高等学校分为以下 4 类：研究型大学、教学科研型大学、教学型本科院校、高等职业学校和社区学院。研究型大学，即"985工程"大学和"211 工程"大学。教学科研型大学，即可培养研究生的高校（除"985 工程"和"211 工程"大学之外）。教学型本科院校，即普通本科院校。高职高专院校，即高等职业学校和高等专科学校。

着高校教师的学术职业生涯的发展，纵向性别隔离程度趋于增强。

附表10 **教师的分布情况**

类别		全体教师		男性		女性		女性/男性[c] (%)
		总人数	比例[a]（%）	人数	比例[b]（%）	人数	比例[b]（%）	
职称	正高级	1241	27.5	1007	81.1	234	18.9	23.24
	副高级	1569	34.8	993	63.3	576	36.7	58.01
	中级	1510	33.5	787	52.1	723	47.9	91.87
	初级	185	4.1	79	42.7	106	57.3	134.18
学科	文学	562	12.5	276	49.1	286	50.9	103.62
	理学	772	17.1	517	67.0	255	33.0	49.32
	工学	907	20.1	655	72.2	252	27.8	38.47
	农学	191	4.2	133	69.6	58	30.4	43.61
	医学	292	6.5	187	64.0	105	36.0	56.15
	哲学	181	4.0	117	64.6	64	35.4	54.70
	历史学	90	2.0	77	85.6	13	14.4	16.88
	管理学	551	12.2	326	59.2	225	40.8	69.02
	经济学	410	9.1	251	61.2	159	38.8	63.35
	法学	422	9.4	261	61.8	161	38.2	61.69
	教育学	127	2.8	66	52.0	61	48.0	92.42
总计		4505	100.0	2866	63.6	1639	36.4	57.19

注：比例 a 是指某一高校层次/职称/学科的教师人数占教师总数的比例。例如，具有正高职称教师1241人，占教师总数（4505人）的27.5%。以下表格中比例 a 的意义皆同于此。

比例 b 是指某一高校层次/职称/学科的男性教师或女性教师占该高校层次/职称/学科教师总数的比例。例如，男性具有正高级职称的教师1007人，占具有正高级职称教师总数（1241人）的81.1%。以下表格中比例 b 的意义皆同于此。

比例 c 是指某一职称/学科的教师中，女性与男性的比例。例如，在正高职称教师中，女性教师234人，男性教师1007人，女性是男性的23.24%。以下表格中比例 c 的意义皆同于此。

学科分类参照国家标准《学科分类与代码》GBT13745－2009，下文12类学科的划分标准皆同于此。

四 研究结果

（一）不同高校层次教师纵向职业性别隔离现状

1. 不同高校层次教师的职称分布情况

附图3呈现出不同高校层次教师的职称分布情况，从整体上看，研究型大学在中高级职称阶段，男性教师所占比例随职称级别的上升而呈上升趋势，在中级职称教师中，男性教师所占比例为60.4%；在副高级职称教师中，男性教师所占比例为70.8%；在正高级职称教师中，男性教师所占比例为84.5%。此外，教学研究型大学、教学型本科高校和高职高专院校男性教师所占比例，也随着职称级别的上升而呈上升趋势。而女性教师在各层次高校所占比例恰与男教师相反，随着职称级别的上升而大致呈下降趋势。

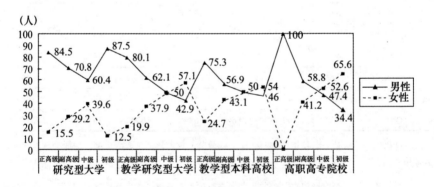

附图3　不同高校层次教师的职称分布情况

2. 不同高校层次教师的纵向性别隔离指数

附表11列出了不同高校层次专任教师在职业发展中不同职称级别（分为初级、中级、副高级、正高级四个层次）的纵向性别隔离指数。根据公式2，在计算各高校层次教师的性别隔离指数IP时，a值以相应高校层次中男性教师占该高校层次教师总数的比例计算；在计算各高校层次教师的IP_j时，a值则以男性教师占教师总数的比例计算。

从附表 11 中第 2 列的 IP 值可见,当不考虑样本整体的男女教师的比例状况时,教学研究型大学教师的性别隔离程度相对较高,需要有 10.12% 的教师作出调整,研究型大学次之,教学型本科高校和高职高专院校教师的性别隔离程度相对较低。当考虑样本整体的男女教师的比例时,从附表 11 中第 3 列 IP_J 值可以看到,高职高专院校需要有 15.77% 的教师做出调整,才能使高职高专院校男女教师的比例与样本整体男女教师的比例相一致,纵向性别隔离程度最高;研究型大学、教学型本科高校、教学研究型大学则分别有 11.34%、11.14% 和 10.16% 的教师需要调整。

附表 11　　　　　不同高校层次专任教师的纵向性别隔离指数

类别	IP	IP_J	IP_J*①	需调整人数②
研究型大学	0.0858	0.1134	0.0334	150.31
教学研究型大学	0.1012	0.1016	0.0383	172.40
教学型本科高校	0.0723	0.1114	0.0272	122.40
高职高专院校	0.0714	0.1577	0.0134	60.41

为了进一步分析不同高校层次中不同职称层次教师的性别隔离情况,可以根据 IP 指数进一步计算不同职称中教师应该调整的人数,附表 12 列出了不同高校层次各职称层次应该调整的具体人数。正数表示应该调整出来的男性教师人数(也就是需要调整进来的女性教师的人数),负数表示应该调整进来的男性教师人数(也就是需要调整出去的女性教师的人数)。从附表 12 可以看出,在不同高校层次中具有正

① IP_J* 值是为了使各层次高校男女教师的比例与样本整体的男女教师比例相一致,不同高校层次中需要调整的教师数占样本教师总人数的比例。以下全文中 IP_J* 值皆指为了使各高校层次/职称/学科男女教师的比例与样本整体的男女教师比例相一致,不同高校层次/职称/学科中需要调整的教师数占样本教师总人数的比例。

该列需调整人数的值是不同高校层次的高校需要调整的教师人数。以下全文中当根据公式 2,利用 IP_J* 的值计算"需调整人数"时,其值皆指不同高校层次/职称/学科需要调整的教师人数。

高级职称的教师中，男性所占比例都较高，都需要适当调整出一部分男性教师才能使正高级职称的男女教师比例与样本整体男女教师的比例相一致。但在具有副高级职称的教师中，除研究型大学需要调整出男性教师外，其他高校层次（教学研究型大学、教学型本科高校、高职高专院校）教师中女性教师的比例都较高，因此需要适当增加男性教师。在中级职称教师中，女性所占比例都较高，都需要适当调整出一部分女性教师。在初级职称教师中，其调整格局与副高级职称基本相似。

附表 12　　　　　不同高校层次应调整的不同职称教师人数
及其占所在层次教师人数的比例

类别	正高级		副高级		中级		初级	
	人数	比例（%）	人数	比例（%）	人数	比例（%）	人数	比例（%）
研究型大学	103.54	7.81	33.53	2.53	−11.32	−0.85	1.91	0.14
教学研究型大学	85.55	5.04	−9.58	−0.56	−64.19	−3.78	−13.07	−0.77
教学型本科高校	25.72	2.34	−23.96	−2.18	−63.92	−5.82	−8.80	−0.80
高职高专院校	2.91	0.76	−4.87	−1.27	−33.92	−8.86	−18.70	−4.88

（二）不同学科类别高校教师纵向职业性别隔离现状

附表 13 列出了不同学科专任教师在职业发展中（分为初级、中级、副高、正高四个层次）的纵向性别隔离指数，根据公式 2，在计算各学科的性别隔离指数 IP 时，a 值以相应学科中男性教师占该学科教师总数的比例计算，而在计算各学科的 IP_J 时，a 值则以样本整体男性专任教师占教师总人数的比例计算。

附表 13　　　　不同学科教师职业发展中的纵向性别隔离指数

学科	IP	IP_J	IP_J *	需调整人数
文学	0.1350	0.1868	0.0233	104.97
理学	0.1058	0.1147	0.0197	88.53

续表

学科	IP	IP$_J$	IP$_J$*	需调整人数
工学	0.0831	0.1014	0.0204	91.93
农学	0.1159	0.1201	0.0051	22.93
医学	0.0678	0.0689	0.0045	20.12
哲学	0.1388	0.1355	0.0054	24.52
历史学	0.1034	0.2255	0.0045	20.30
管理学	0.1038	0.1155	0.0141	63.62
经济学	0.1093	0.1202	0.0109	49.30
法学	0.0785	0.0854	0.0080	36.03
教育学	0.1490	0.1682	0.0047	21.36

从附表13可见,就整体而言,南京高校有12.07%的教师需要调整其职称层次上,才能使每职称层次男女教师的比例与样本整体的男女教师比例相一致。从附表13第2列的IP值可见,当不考虑样本整体男女教师的比例状况时,教育学、哲学和文学等学科的性别隔离程度相对较高,工学和法学等学科的性别隔离程度相对较低,医学学科的性别隔离程度最低。当考虑样本整体的男女教师的比例时,从附表13第3列IP$_J$值可以看到,历史学、文学和教育学学科分别需要有22.55%、18.68%和16.82%的教师做出调整,才能实现不同学科不同职称层次男女教师的比例与样本整体男女教师的比例相一致;哲学、经济学、农学、管理学、理学和工学分别有13.55%、12.02%、12.01%、11.55%、11.47%和10.14%的教师需要调整;法学和医学学科分别有8.54%和6.89%的教师需要调整。

根据IP指数计算不同学科中不同职称层次教师中应该调整的人数,如附表14所示。从附表14可以看出,在不同学科具有正高级职称的教师中,男性所占比例都较高,都需要适当调整出一部分男性教师才能实现正高级职称教师的男女比例与样本整体男女教师的比例相一致,其中工学和理学学科分别需要调整出男性教师58人和46人,远高于其他学科。但在具有副高级职称的教师中，除工学、理学、医学、历史学学科需要调整出男性教师外，其他学科（文学、教育学、法学、经济学和管理学等）教师中女性教师的比例都较高，因此需要适当增加男性教师。在中级职称教师中，除工学、农学学科需要调整出少许男性教师外，其他学科女性教师的比例都较高，因此需要适当增加男性教师，其中文学需增加近 59 名男性教师，理学和管理学需增加约 32 名男性教师。在初级职称教师中，除理学、哲学学科需要调整出少许男性教师外，其他学科则需要适当增加男性教师。

附表 14 　　　　　不同学科中应调整的不同职称教师人数
及其占所在学科教师人数的比例

学科	正高级		副高级		中级		初级	
	人数	比例（%）	人数	比例（%）	人数	比例（%）	人数	比例（%）
文学	11.77	2.09	-13.67	-2.43	-58.92	-10.48	-20.62	-3.67
理学	45.89	5.94	10.83	1.40	-31.26	-4.05	0.55	0.07
工学	57.81	6.37	26.21	2.89	1.02	0.11	-6.89	-0.76
农学	15.66	8.20	-3.80	-1.99	1.56	0.82	-1.90	-1.00
医学	0.48	0.17	10.22	3.50	-8.88	-3.04	-0.54	-0.18
哲学	12.84	7.09	-1.80	-0.99	-9.52	-5.26	0.36	0.20
历史学	16.29	18.10	3.74	4.15	-0.27	-0.30	0.00	0.00
管理学	19.59	3.56	-5.92	-1.08	-32.02	-5.81	-6.08	-1.10
经济学	19.77	4.82	-9.21	-2.25	-19.86	-4.84	-0.45	-0.11
法学	14.32	3.39	-9.67	-2.29	-10.23	-2.42	-1.81	-0.43
教育学	3.29	2.59	-11.80	-9.29	-4.99	-3.93	-1.27	-1.00

综上所述，高校教师职业发展中存在着较大程度的纵向性别隔离，随着教师职称水平的提高，女性教师所占的比例明显趋于下降；不论是从高校层次的角度进行分析，还是从学科的角度进行分析，在正高级职称层次上，男女教师之间的纵向性别隔离现象更为明显。研究型大学在中高级职称阶段，男性教师所占比例随职称级别的上升而呈上升趋势；教学研究型大学、教学型本科高校和高职高专院校男性教师

所占比例，随着职称级别的上升而呈上升趋势，男性教师相对于女性教师多集中在高级职称阶段。在不同学科具有正高级职称的教师中，男性所占比例都较高，而在副高级职称阶段，人文社科类学科女性比例较高。

五　理论解释

科尔兄弟（Jonathan R. Cole 和 Stephen Cole）在《科学界的社会分层》一书中提出了科学界性别分层理论。科尔兄弟认为，科学是一个高度分层的社会体制和权威结构，科学的社会分层来自不同科学家由于不同的科学成就在荣誉、奖励分配上形成的差异。他们在这个前提范围内研究了科学偏离自己合理的和普遍主义的理想的程度，但他们认为这种偏离并不损害普遍主义规范在科学界社会体系的承认基础中所占的支配地位[①]。大学作为科学研究的一个重要组织机构，也遵循着科学界的普遍主义规范，即高校教师由于不同的学术成就在职称评定、荣誉和奖励分配上存在差异。目前，我国评价高教教师学术成就的标准以科研成果为主要指标。江苏省专业技术人员职称工作领导小组在《关于印发〈江苏省高等学校教授资格条件（试行）〉等138个条件的通知》（苏职称［2003］2号）的文件中关于职称的评审条件提出了科研业绩和成果要求，主要涉及学术论文、学术专著、科研课题和科研成果奖励四个方面。因而，我们可以认为高校教师的纵向性别隔离并不是由于大学评价奖励机制存在性别歧视，而是基于普遍主义原则优胜劣汰的结果。但是在同样的评价标准下，为何高校女性教师比男性教师在学术生涯发展中处于弱势地位呢？

1. 受教育程度：高校女性教师学术生涯发展的第一重障碍

受教育程度是女性进入高校从事教学科研工作必不可少的条件，也是影响学术生涯发展的重要因素，尤其体现在职称评定方面。江苏

---

① ［美］乔纳森·科尔、斯蒂芬·科尔：《科学界的社会分层》，赵佳苓等译，华夏出版社1989年版，第255页。

省专业技术人员职称工作领导小组在《关于印发〈江苏省高等学校教授资格条件（试行）〉等 138 个条件的通知》（苏职称〔2003〕2 号）的文件中关于教授、副教授、讲师等职称的申报条件涉及政治素质和职业道德要求、外语要求、计算机应用能力要求、学历和资历要求、继续教育要求等五大方面，但其中学历和资历要求是职称申报的决定性因素。然而，目前我国女性的受教育程度从整体上看仍不容乐观，尤其是女博士所占比例有待提高。根据我国教育部 2010 年教育统计数据，2010 年我国女博士研究生 91887 人，占博士研究生总人数（258950 人）的 35.48%。此外，2010 年高校专任教师中拥有博士、硕士、本科学历的高校专任教师中女性教师所占的比例分别为31.42%、51.42%、47.97%[①]。

女性受教育程度的高低是多方因素综合作用的结果，是自我选择和社会选择共同作用的结果。科尔兄弟认为，科学界的性别分层是科学以外的自我选择和社会选择两个过程共同作用的结果。自我选择是指个体内在因素的作用，如个人的婚姻、家庭、生活机遇等；社会选择是指外在的社会因素的作用，如社会文化环境、制度结构等。科学界的性别分化主要是由社会因素造成的，我们所处的社会在观念、行为规范甚至是制度层面上对男女的性别角色存在着不同的认知和定位，而且这些观念、规范或制度是通过长期、广泛的"社会化"——家庭教育、正规教育、婚姻、工作和社会生活——的过程得以维系、强化、传承乃至被普遍接受[②]。而这些传统文化中的性别文化观念，影响着两性的受教育程度、择业观和婚姻家庭观等，使得女性在进入学术生涯的起始位置和成就动机就与男性存在差距。因此，女性受教育程度低于男性，在进入高校的入口阶段就处于劣势，其是高校女教师学术职业生涯发展的第一重障碍。

[①] 《2010 年教育统计数据》，中华人民共和国教育部网站（http://www.moe.edu.cn/publicfiles/business/htmlfiles/moe/s6200/list.html）。

[②] Okamoto, D., England, P., "Is There a Supply Side to Occupational Sex Segregation?", *Sociological Perspectives*, Vol. 42, No. 4, 1999, pp. 557–582.

2. 性别角色分工：高校女性教师学术生涯发展的第二重障碍

默顿在《角色设置：社会学理论问题》一文中提出，一个人具有一系列不同的地位，而每一种地位都有其自己的角色丛，于是称之为地位丛①。处于某一社会的人在复杂的社会结构中是以"角色丛"的形式存在的，其所担负的角色不是单一的，其地位也不是单一而是多重的。基于传统的性别角色分工——家务工作和照顾孩子是女人的责任，因而高校女教师不仅承担着职业角色，也承担着家庭角色。

高校的学术评价、薪酬分配、福利待遇等系列标准原则，看上去对男女教师是一视同仁的，但却未考虑高校女教师实际上承担了比男教师更为繁重的家庭责任。对高校教师而言，女性由于妊娠、分娩、哺乳和抚养幼儿的职责，在学术职业生涯发展的过程中，相当程度消耗了自己的时间和精力，以致错过了一般认为的学术最佳创造期，进而造成了与男性相比无法克服的劣势。"一个常见的解释认为，女性远比男性承受着更多的婚姻及照顾孩子的负担，社会生活的这个事实最能解释科学出版上的性别差别"②。对于一名高校教师来说，时间、精力、学术交流都是对其学术生涯发展起关键性作用的因素，但是高校女教师在这些方面却往往无法保证。高校女教师承担着家务劳动和子女教育的家庭责任重担，家庭角色的扮演占用了她们较多的时间，这使得女性在学术创造的重要时期，科研时间投入远低于男性教师。③与此同时，家庭角色责任让高校女教师在面对职业利益和家庭利益的选择时，通常会舍弃前者，这使她们往往容易失去参加学术会议和学术交流活动的机会。④由此看来，高校女教师既缺乏科研工作时间，又缺乏参与学术交流的机会，从而失去了学术圈内可以利用的有效资

---

① Merton, R. K., "The Role-Set: Problems in Sociological Theory", *The British Journal of Sociology*, Vol. 8, No. 2; 1957, pp. 106 - 120.

② ［美］乔纳森·科尔、哈丽特·朱可曼：《婚姻生育对女性科学家科学研究成果的影响》，张纪昌译，《山东科技大学学报》2006 年第 1 期。

③ 荆建华：《从学术职业的学术性看高校女教师发展的现实困境》，《河南教育学院学报》（哲学社会科学版）2009 年第 4 期。

④ 杨海秀、陈媛、刘华钢、秦桂秀、王萍：《广西高校不同学位女教师发展现状分析》，《经济与社会发展》2005 年第 9 期。

源，使自己处于既从事学术职业又缺乏学术话语权而不得不蜷缩于学术底层、难以向上的尴尬境地。

3. 优势累积：高校教师纵向性别隔离的加速催化剂

默顿认为优势（劣势）累积是影响科学界分层的因素，也是影响科学界性别分化的重要因素。优势累积是指某些人或群体一旦获得较多的资源或奖励后，他们将会获得更多的这类东西，从而变得越来越富有，相反，那些未获得者相对来说变得更加贫乏。女性在研究资源的分配和向高层研究机构流动等方面，常因性别因素与个人选择等其他因素而处于劣势地位。尤其是高校女教师需要承担家庭责任的重担，导致其在科研产出率、升职速度与学术声望方面普遍低于男教师，由此长期形成的"劣势累积"反过来又影响了高校女教师自身的成就动机、竞争力和资源条件。这种劣势在累加优势和累加劣势的作用下而日趋扩大，使得女性在资源、产出率和社会承认方面的贫困中愈益失败，而男性在相应的富有中日渐成功。

此外，乔纳森·科尔和辛格（B. Singer）提出的有限差别理论认为，对科学生涯来说，这一理论框架从一个特定角度说明男女科学家在科研成果方面的差别是由于他们对于激发的回应存在着细小的或有限的差异而造成的。同时，激发和回应具有积累效应，男女科学家之间的"有限差别"经过不断的积累，就会明显影响到科研成果产出率，最终使男女科学家的科学生涯发展出现较大的差别①。科学是一种高度分层的制度，奖励系统、资源分配和社会选择的共同作用，形成并维持着科学界的分层结构，因此，男女科学家在受教育程度、科研条件和工作机会等方面细小的差异，都可能导致他们学术生涯道路产生显著的分化。大学亦是一个高度分层的组织，高校男女教师在受教育程度、科研条件等方面的细小差异，亦会导致其学术生涯发展的性别分化。

---

① Cole J. R. & Singer B., "A Theory of Limited Differences: Explaining the Productivity Puzzle in Pcience", In Zuckerman H, Cole J R & Bruer J T (Eds.), *The Outer Circle: Women in Scientific Community*, New York: W. W. Norton & Company, 1991, pp. 277-310.

桑尼特（Gerhard Sormert）和霍顿（Gerald Holton）将一个人从其接受科学教育的知识积累和科学研究的方法训练到最终成为科学研究者的历程，比喻为一种"管道"[1]。高校教师的学术生涯也喻为"管道"，高校教师的性别隔离现象实质上包含着一个恶性循环：社会性别制度（社会性别规范/文化/分工）——受教育程度（男高女低）——学术资源占有（男多女少）——学术地位（男高女低）——学术资源再取得（男多女少）——学术权威（男多女少）——社会性别制度。因而，高校女教师能否进入科学研究主流，能否成长为学术权威，并不仅仅取决于其在最初的教育中能否进入科学管道以及后来在管道中向前爬行与前进的天赋、努力程度和技术，而是社会、文化多种因素综合作用的结果。

（该文为笔者指导的硕士生单婷婷硕士论文的缩写）

---

[1] Sornnert, G., Holton, G., *Who Sueeeeds In Seience*: *The Gender Dimension*. New York: Rutgers University Press, 1995, pp. 9 – 11.

之四：高等教育与农村女性的有限选择

——三本院校农村女大学生叙说的分析

摘　要：对一位三本院校农村女大学生叙说个案的分析发现，农村女性具有阶层出生和性别"先赋型"双重劣势，在对高等教育的选择和就读过程中，制度和结构所赋予个人的场域和资本始终左右着她们的行为选择。选择是个体与结构二重化的过程，结构对个体行为选择的限制是一种隐性不公。为此，在制度桎梏之下，可从个体选择的心理行为层面制定促进教育公平的策略。

一　问题的提出

近年来，伴随中国社会结构弊端的凸显，教育尤其是高等教育的城乡差异和性别差异受到越来越多的关注。文明的进步使女性地位有了显著提升，我国高等教育本专科女生人数不断增多，2011 年本专科女生人数已占学生总人数的 51.14% 。[①] 但同样有学者敏锐地指出，在

[①] 《各级各类学校女学生》，中华人民共和国教育部网站（http://www.moe.gov.cn/publicfiles/business/htmlfiles/moe/s7382/201305/152561.html）。

女性这个指标上,农村和城市依然具有显著差异,农村女性是一个利益缺失的群体。① 也就是说,能进入高等教育场域的农村女性是非常少的。而农村女性又是容易被忽视的群体:大部分关于高等教育城乡差异和性别差异的研究,通常采用单一的分析维度,这并不能反映出基于城乡和性别交互效应的农村女性最真实的状态。此外,这些少量的能进入高等教育场域的农村女性又可分为两部分:一部分进入名牌大学这类精英教育场域,而大部分则是进入普通院校,其中尤以三本院校最为普遍。一方面,尽管三本院校位列本科教育的最底层,但在大多数人看来,它还是与专科教育具有本质的区别;另一方面,三本院校在本科教育层次中收费最高,教育投资的成本对城乡居民的影响差异是显著的,这种特殊的矛盾性之于农村女大学生个体的影响也最为明显。笔者写作此文的动机最初便源于一位三本院校女生的倾诉。她对自己在求学过程中面临选择的叙说引发了笔者深层的思考。在阅读相关文献的过程中,发现已有研究从城乡、家庭背景等角度对教育获得的性别差异进行了检测,并发现效应显著②,也有研究对女性高等教育城乡差异进行量化分析③,但是专门针对农村女性高等教育就学过程的研究却非常少见。农村女大学生这个群体被悬置于农村顶端与城市底端的空间中生存,在相对固化的社会中,高等教育选择之于个人的重要性甚至可能决定一生的命运,但是在这方面,社会对农村女性显然缺乏特殊的关注。因此对其高等教育选择过程进行研究,对于我们深入理解弱势群体的教育选择,全面分析高等教育公平无疑具有特殊的意义。

---

① 刘云杉、王志明:《女性进入精英集体:有限的进步》,《高等教育研究》2008 年第 2 期。

② 吴愈晓:《中国城乡居民教育获得的性别差异研究》,《社会》2012 年第 2 期;李春玲:《教育地位获得的性别差异——家庭背景对男性和女性教育地位获得的影响》,《妇女研究论丛》2009 年第 1 期。

③ 谢作栩、王蔚虹、陈小伟:《我国女性高等教育入学机会的城乡差异研究——基于不同类型高校的分析》,《中国地质大学学报》(社会科学版) 2008 年第 6 期。

二 研究的视角

我们可以将已有的针对城乡高等教育机会差异、教育获得差异的研究大致归纳为两种解释框架：结构主义视角和行为主义视角。前者认为影响个体教育差异的主要原因可归结为社会结构及其结构子系统的作用。其中最为典型的是有关家庭社会经济背景和文化资本的研究，即从父母社会经济地位或阶层位置、家庭文化资本传承对城乡高等教育机会获得、成就差异的影响方面进行探索和论证。但心理学家并没有完全接受这种外在结构影响的观点，他们认为无论是家庭背景还是文化资本的解释，都忽略了个体作为人的主观能动性。他们从个体内在认知的角度对影响理论进行了截然不同的诠释，行为选择的认知加工理论便是其中最具代表性的观点。两种解释框架都对高等教育差异提出了部分合理的阐释，但二者之间明显的二元对立使彼此都能明确指出对方理论中不可回避的缺陷。在寻求对教育差异更为科学合理的解释的过程中，"互动论"社会学家进行了尝试。他们试图超越这种二元对立，接受彼此的合理性，他们将个体的主观认知放置于客观环境之中，将主客体关系视为互动的过程，认为社会经济地位和文化资本不仅是客观存在的结构，也是个体进行认知加工和行为选择的"内在之物"，进而论证高等教育差异是主客体多元因素共同作用的结果。本文也正是基于"互动论"的研究视角。在解释框架的基础上，大量的实证研究所建构的图景展示了影响高等教育机会差异和成就差异的丰富成果，但是实证研究所强调的客观中立、"价值无涉"、量化分析等，使其缺乏对事件人物，尤其是农村女性所经历的弱势累积的不平等教育过程进行深度研究，这多少使高等教育差异研究少了那么一些"厚度"和"人性"的色彩。本研究之目的也正是希望通过对高等教育大众化背景下农村女大学生就学选择过程的深度访谈和质性分析，以人类学叙事研究的方法为已有研究结果提供解释。本文以社会学的结构与行动理论为分析依据，以农村女学生对教育选择和就读选择的个人心理行为作为研究起点，以宏大的高等教育公平为研究目标，批判了结构限制对个体行为选择的隐性不公，并提出了在制度桎梏之下从个体选择的心理行为层面制定促进教育公平策略的观点。

三 个案研究:一位农村女大学生的叙说

1. 高考的决策与选择

（1）农村父母对女性获得高等教育的期望具有不确定性

相对于农村男性和城市女性，农村女性接受高等教育的几率要低得多，农村家庭经济条件、人口观念以及传统封闭的乡土文化是造成这一低概率的主要原因。20 世纪 70 年代末期，中国开始实行计划生育，但是农村"养儿防老"的观念仍然使许多农村家庭不惜违反生育政策也要生育男性，尤其是中西部农村这种观念更为严重，所导致的结果便是中西部农村生育率普遍偏高①，这使得以务农为生、原本就不富裕的家庭更加贫困，因此在面临子代受教育问题上就不得不做出选择。大部分农村家庭的孩子在义务教育阶段后就分流，只有少部分"会读书"的孩子才有机会继续上学。在资源匮乏的农村，如果家庭经济无法供养全部子女继续非义务教育阶段的学习，那么举全家之力首先考虑的是儿子的前途，其次才是女儿。总体而言，农村父母对儿子的教育期望远远高于女儿，农村女性只是父权制社会中的利益牺牲群体或替补群体。这在我们的访谈中也得到了印证:

> 我爸妈都是务农的，种地，大概年收入，不太确定，估计也就是一年靠种地的话，也就两万左右，家里有我、爸妈和两个妹妹，两个妹妹今年一个四岁多，一个两岁多。我解释一下为何年龄差距这么大，原来（在我）和妹之间有一个弟弟，在他初二的时候，因为某种原因去世了，由于爸妈农村的思想，没儿子不行，

---

① 郭志刚等:《从政策生育率看中国计划生育政策的多样性》，《人口研究》2003 年第 5 期。

只能再生，但接下来却生了两个妹妹，家庭基本上就是这样。

我上这个（大）学，在初二之前或许没这个意识上（大）学，父母的期望也就是上个初中，最多高中，然后打工，像平常人一样挣钱就行了。家里出事后，爸妈才把全部希望寄托到我身上，让我好好上学，将来为他们争光，给他们长面子，毕竟村里没几个能坚持的，村里那年就两个人（最终参加高考）。学习上爸爸从不过问，我妈说得最多的话就是，你就是家里的希望，你考上了是你自己的出息，考不上自己受罪。

（2）模糊的认识带来相对较低的高考目标定位

我国高等学历教育分为专科、本科、研究生三个层次，在本科教育层次中根据录取批次不同还分为一本（重点本科和普通一本）、二本和三本。根据我国《高等教育法》，一、二、三本具有同样的本科学历和文凭，之所以对其进行分类，主要是以学校偏重于理论还是实践，以及学生高考成绩为标准，帮助学生自我定位和适应社会对不同规格人才的需求。然而，事实上三类层次是有优劣等级特性的，并成为一种"集体默许"的遵循标准，但对这一标准的认识具有明显的城乡差异。相对于城市人消息来源的灵通和情况分析的准确，农村人对高等教育的认识似乎显得过于质朴。中国高等教育几十年来的改革和变化情况——从精英到大众、社会对个体教育水平要求不断提高、大学文凭含金量持续下降的现实对他们而言只是一种朦胧的认识，他们没有能力也没有意识去具体分析，只是依稀地觉得，"现在读个大学不像以前那么管用了，但是能读个本科还是好的"。这种模糊性认识所带来的结果便是在机会成本并不高的情况下，农村女学生也自觉地偏向于保守的目标定位——只要是本科就行。

在初中时候父母没有明确考什么大学，高一高二也不明确，高三开家长会，老师评估成绩说我考二本没问题，父母才希望考二本，但这也不绝对，其实他们自始至终认为考大学就行，没有为子女明确目标。我原来还想过要考复旦，到上高二的时候，感觉复旦离我太远了，那个时候我就说，我考个二本就行，也许发挥好了可以考个一本。等到高三时，经过老师一系列的工作啦，历年成绩，升学比例，我说我想考个二本，我一定考个二本，当时班主任也跟我说了，你这成绩努努力肯定能考个好二本，我也是这样认为的。模拟成绩在班上（高中里面的极普通班）是前一二名，老师说，班里每年也有几个考二本的，你这成绩，肯定也能考个二本，高考前我还坚信能考个好二本。爸妈的意见就是，即使考不上二本，你考个三本，考个大专我也让你上。

（3）文理分科与专业选择中家庭帮助非常有限

专业的就业前途历来是中国考生高考报考的首要考虑因素之一。在城市，家长从孩子文理分科开始就参与到对未来专业就业前景的分析当中，但是在农村，家长所能给予的帮助却是极为有限的。正如访谈者所谈到的：

我高三的时候，我爸从当时一个教书的亲戚那里了解到理科就业前景好，但我之前报的是文科，我爸说，还不如让你报理科呢。因为当时分文理时是自己做主，问我爸妈意见时，他们说，无论报文科还是理科，你看着办，你自己的未来自己把握，将来混成什么样是自己的选择。后来父母说还不如当时让报理科呢，我说，当时报的时候你们一点参考意见也不给，让我自己选，人家爸妈都分析分析，根据自己优势，现在你们又说我，我不管了，就这样了。

此外，农村家庭中两代人保守和激进的冲突也在其中体现出来。对农村女孩来说，家族长辈的期望是读师范或其他有助于寻找稳定工作的专业，以后能找个体制内的工作就满意了。但是对于从贫困农村家庭中很不容易才走出来的女性，她们有比父辈更广阔的视野，也有对社会的自我认识与思考，当有机会把握自己命运的时候，这种自我认识便充分体现出来了：

> 我爸的意思是，你报的话，你要报师范类的，教师，能给我找个工作。我不喜欢这一行，我的性格是比较开朗的，我认为我过不惯这种平静的生活，我要考，我最理想的还是考经济方面的。因为我了解了经济专业比较好一点儿。一方面是感觉经济方面的挣钱比较快，另一方面是感觉现在的社会，只有你有钱，要么有钱要么有权，这是经常说的。身边同学也有这样的，高中的时候，我们有好班，素质班，有普通班，如果有权的话，可以上好的班级，所以我认为，要么有钱要么有权。你要有钱的话，你给老师送点好的东西，你也可以上好的班级，所以我认为我要有钱。但是现在各行各业我感觉还是搞经济来钱比较快，所以我就是想考经济方面的。去年时候，高考前关于这个问题我和我爸的争议比较大，他让我考师范，让我加油考师范，我说我不愿意，不想做教师，实在是不行了，再考虑做这行。

(4) 考试结果与就读选择

资本理论对城乡教育差异的解释中，经济资本、社会资本与文化资本的多寡及运作，对学生教育获得和教育成就具有重要影响。在二元社会结构体制中，城市家庭所拥有的资本数量远远多于农村家庭，因此，农村学生即使付出与城市学生同样多的努力，也很难取得同等的教育成就。中等的自我和他人期许、并不算拔尖的成绩和处于劣势的资本，最终通过高考尘埃落定，理想与现实终归是有差距的。尽管对于城乡学生而言未能达到预期目标似乎都很常见，但面对没有达到自己应该达到的能力目标时，两者却可能出现截然不同的态度。对于城市学生来讲，复读也许是不难做出的抉择——他们只需要考虑明年成功的可能性。但是对于农村学生，尤其是农村女学生而言，复读所需花费的时间和金钱是她们不得不考虑的因素。

去年高考成绩下来,差十多分挂二本线,当时全家的意见是让我复读一年,班主任也多次给我打电话让我复读,说你这成绩,你又那么聪明,复读一年明年考一本没啥问题。我当时想,我这种性格我认为我是坐不下去,一年的高四我感觉我熬不过来。我当时就给爸分析,你上三本和二本有什么区别?就是钱比那高,但是那老师什么都是一样的,再说现在的就业都是靠能力,再说现在二本一年四五千,三本一年一万多,也就是贵一半,四年多出来两万多块钱,我上一年高四我最少花两万吧?我晚工作一年,我挣的不止两万吧?这样算下来,上二本上三本也没啥区别,并且提前一年就业,也提前有一年经验。

我当时报三本之前,也考虑了家庭经济,本来想报大专的,学校也选好了,但是爸妈不让,他们说,要么你复读,要么上三本,因为在他们的思想里,本科毕竟比大专好,所以我报了这个三本,没上大专。

对农村女学生而言,她们已经察觉到城乡在自主教育投入之间的巨大差异,但是很显然,她们没有对这类现象表现出极大的不满或抗议,也不认为这是社会不良运作的表现形式,甚至认为这是一种相对合理的现象:农村贫穷所以没有足够的资本支持子女学习,毕竟出身无法改变。因此,当她们把自己归类于没有原始资本、只能靠自己努力的群体时,她们通过与那些有资本却不如自己的城市学生进行对比来增进对自己的认可。

我觉得这就是农村和城市的差别吧,对这我没什么想法,可能我心态很好。我就想城里的也有考得比自己低的,他们也有考大专的,也有考和我一样的,他们也上辅导班,但是我上完四年大学之后说不定我找的工作比他们还好。

2. 就读过程中的冲突、博弈与选择

（1）弃学想法的产生源于"理性"权衡

1999 年扩招政策的执行使我国高等教育规模在短期内得以迅速扩大，高校数量的增多和学生资助体系的不断健全促使高等教育入学人数大幅增加，短短几年便进入大众化阶段，但是城乡差异依然明显。[①]对于农村学生而言，最终有资格迈入高考门槛的依然是少数，很多学生在完成九年义务教育后便止步高一级教育，农村学生以自我淘汰的方式默认自己在教育选拔中的失败。[②] 正如本案例中女大学生所谈到的，当年全村也就两个人能够参加高考。因此，大学对于农村女大学生而言，依然是得之不易的稀缺资源。按照常理，她更应珍惜这种机会，但事实上，本案例访谈对象却谈到自己曾经产生弃学的想法，而且这种想法相当强烈和持久。为什么会出现这种矛盾和讽刺的现象呢？到底是什么原因使她们产生这种几乎将原有信仰全盘推翻的想法？访谈发现，这种想法源自进入大学后她们对自己大学文凭与未来物质回报大小的"理性"权衡。

> 我现在在这儿学个法学，但是上大学之后，上学期有一次听我旁边同学说，有个招聘会，去感受了一下，一个 H 大的研究生在那儿找工作也找不到，我看到学校有个校报记者在那儿采访了一个什么省招办的主任（想表达的可能是用人单位领导），问他，你招人的第一印象是什么？当时他说，第一印象就是看你顺眼不顺眼，也不看学历也不看啥，顺眼了看能力，最后才看学历。我感觉学历是往后推的，而且一个本科生毕业一个月才拿两千多块钱，我感觉我还不如不上学呢！后来我一个姑姑也给我打电话，劝我，要不你别上学了，我给你找个工作，毕竟你现在才大一，

① 李春玲：《高等教育扩张与教育机会不平等——高校扩招的平等化效应考查》，《社会学研究》2010 年第 3 期。

② 曹晶：《社会分层功能的弱化——转型期农村教育的根本性危机》，博士学位论文，华东师范大学，2007 年，第 1 页。

你回头不上学还来得及,你把省下来的钱投资个店,你一个月卖两家,你都能挣个四五千块钱,你都比一个大学生还能耐呢,并且还自己当老板,自己想干就干,不想干就不干,我当时就心动了。我姑父小学文化,现在做生意,车房都买了。我小时候在他们家玩看他们做生意,我就觉得我以后也要挣钱。读大学以前觉得读了大学找工作肯定不会差,现在才感觉以前的想法太天真了。

(2)内心的博弈与最终的选择:"面子"文化与村里人的议论和家人的"脸面"。对农村女大学生来说,弃学还是继续完成学业是一个两难的选择。不仅要考虑现实中的重重困境,而且还要思考做出任何抉择都可能遇到的困扰。在农村人的眼中,有文化与没文化的群体是被有区别地对待的,有文化的人更会受到村里人的尊重。封闭的农村社区、狭窄的人际交往范围、邻里之间的言论,常常会左右个体思维的过程,影响最终的决策。

我纠结了很久,本来感觉上学还不如把四年学费生活费省下来,干个个体户,我把想法给我妈说了,但爸妈不同意。在父母和村里人眼里,那种工商者和大学生地位就是不一样。现在我爸对我要求就是好好学习,你能考司法考试过了拿个律师证;我妈对我要求是好好学习,能往上考就往上考个研究生。我现在我要是不考虑爸妈的想法,按照我自己的意愿我肯定是不想上。但另一方面,我还在纠结,如果我不上了,那我们底下那一庄人都知道你上大学,然后你不上了,就像农村那种闲言碎语的,你怎么又不上了,人家又该猜测了,肯定在学校干什么坏事了,结果被学校开除了。我爸妈肯定受不了(闲言)。所以说,现在,虽然我现在还有点不想上,但是我爸我妈那个想法在那儿,我也不能(不理会)。还有我那种(农村)身份,我家在城里的话,我有可能会这样做,但是在农村那种,人素质不太高,有人在背后讨论着,所以我还是坚持上学。

对大学其他收益的分析。位于城市的大学与农村女大学生曾经所处的农村社区有着迥异的文化，文化的冲击和碰撞也影响着她们的抉择。对渴望未来成功的农村女大学生而言，以一个辍学者的身份，在陌生的城市文化中打拼，这份艰辛可想而知。而大学生的身份可以带给个体置身城市的安全感，大学生活可以成为她们慢慢感知和融入城市的最佳途径，大学同学可以转变为未来立足城市的社会资本，大学文凭也可以作为自己区别于其他农村女性的权威证明。最终，这位农村女大学生经过衡量之后，选择先完成学业，尽管这份选择充满了对未来的不确定和迷茫。

> 我感觉法学，我很想挖掘这一块，内心想把所有法条都研究熟。抛开挣钱不讲，我还是非常想上学的，从一开始，我就认为上学不光是为了以后，还是一个自己充实自己的过程，自己可以提高，你一个上学和不上学的站在一块儿，气质明显不一样。我就这种感觉，从一开始，抛开工作好坏之类，我感觉上学还是比较有用的。

> 如果现在辍学，往好的想，能挣一些钱，经济能充裕，在城里买房子，把爸妈接来住，但是这种生活还不是我想要的，我想把事业越做越大，有管理运营的。像我姑父小学文化，现在有钱了也不会想到这。

> 还有上大学感觉是个人际交往的过程，没接触这一点没办法交往这一层，你要高中毕业，你接触的人都是高中的，你要是上大学，你的人群圈，人家的素质，你的朋友圈都比以前广，比以前更高一层次。

> 我作为女生，上完本科后，我嫁的人不会找个本科以下的人嫁了，我有孩子后，到他们那会儿，我可以给他们提供更好的条件。我会让他从小学乐器或舞蹈，这些我从小渴望但是没有条件学的东西。我现在奋斗就是为了让他将来能有更好的生活质量。

诚然，对于本研究而言，这位农村女大学生最终做出何种选择并非我们分析的重点，之所以在文中呈现，是因为叙说的内容带给了笔者触动和启发，这在文章最后一段将提及。我们首要关注的是现象背后的一些东西，比如，相对城市学生，农村女大学生为何会更多地面临诸如此类的抉择？她们的选择与其他群体如城市大学生相比有何不同？又因何不同？

四 行为选择与结构设限

1. 行动与结构

吉登斯认为，结构并非人的行动的外在之物，而是人们行动可以利用的"规则"和"资源"。他指出结构既要理解为行动的结果，也要理解为行动的媒介；行动者的行动既维持着结构同时也改变着结构。[①] 在进行行动时，行动者不仅有其行动的理由和动机，而且还能对自己的行动及所处情境的社会结构进行反思性监控；但是行动者的知识又是不完全的，故其行动总会遇到一些"未被认知的行动条件"，即有限理性——这就是社会结构，进而导致一些"非预期的行动后果"，而后者又会反过来成为前者。[②]

布迪厄用自己独特的概念对结构进行了深入分析，在他看来，场域、资本都是结构不同向度的构成要素。而"惯习"则是布迪厄用以联系社会结构与个体相互作用的重要概念，属于主体实践性地认识社会的一种认知结构。社会行动并非直接取决于结构，结构通常都是通过惯习这一认知结构间接地支配着社会行动的。同时，惯习反过来又会对结构的形成起到一定的制约作用，对结构的再生产做出贡献[③]。

---

① 李猛：《从帕森斯时代到后帕森斯时代的西方社会学》，《清华大学学报》（哲学社会科学版）1996 年第 2 期。

② ［英］安东尼·吉登斯：《社会的构成》，李康等译，生活·读书·新知三联书店 1998 年版，第 63 页。

③ ［美］乔纳森·特纳：《社会学理论的结构》，邱泽奇、张茂元等译，华夏出版社 2001 年版，第 175 页。

在布迪厄的分析中，惯习是外部结构内在于个体的认知行动模式，个体的认知、决策与行动无不建立在由场域和资本交相构建的结构基础之上，也就是说，个体行为选择是结构限制下的选择，结构圈定了个体可做出选择的范围和框架，结构是施加在行动者身上的决定性尺度和外在约束。

2. 高等教育与有限选择

无论是吉登斯的"个体之于结构"还是布迪厄的"结构之于个体"，其共同的特点是在结构框架下来理解个体行为选择，这亦是"互动论"的主流观点。放置于我国的社会背景和教育环境，它同样具有较强的解释力。结合农村女大学生的生活叙事，笔者尝试通过以上理论来解释农村女性如何被置于一个有限的结构中来进行行为选择，以及在选择过程中结构的作用：

（1）农村女大学生的社会结构与认知结构。农村女性具有家庭背景和性别"先赋型"的双重劣势，在二元结构严重分化和性别制度不公的中国农村，"先赋型"劣势资本使她们在教育中从一开始便处于宏观社会结构中的底层。在农村和城市相对封闭的循环圈中，"先赋型"的劣势资本所带来的后果，便是"后致型"资本的同样贫乏，并使其继续位列社会结构场域的下游位置。在这种社会结构中生成的认知结构或行为惯习必然具有外在结构场域的特性。随着社会关系的拓展，得以进入高一级教育层次的农村女性，她们所接触的新人新事，理解的新情景和新规则又会作为一种新的元素不断地修补和扩展原有的社会结构和认知结构，因此在农村女大学生中所体现的结构便具有多重性。构成场域的资本累积是长期的甚至"无意识"的过程，因此相对于城市学生优势资本累积建构的场域结构而言，农村女大学生所累积的资本的结构在范围和强度上都显得非常薄弱，这也就决定了她们行为选择的有限性。

（2）未被行动者认知的行动条件。由于场域中所处的较低位置和有限累积的资本，农村女大学生在抉择过程中便会遇到更多"未被认知的行动条件"。本案例中的农村女大学生，其在高中阶段对文理分科、未来专业选择、学校层级的现实意义等许多关涉未来发展的事件进行选择前都未能有充分的认知。然而已知与未知总是相对的，当未知条件成为已知条件的时候，个体就会对先前的行为选择进行反思，但这种反思仍限于结构的桎梏，因此所带来的行动也必然拘泥于结构。

（3）结构及其变化对行为选择的限制。吉登斯认为，结构不是一成不变的，个体的决策和行为所带来的结果不断使结构获得新的元素，不断变化的结构又再作用于个体的决策和行为，如此循环反复。本案例中农村女大学生弃学的念头与继续学业的行为选择，便是在结构不断变化的过程中生成的；而来自城市较高阶层的大学生的社会结构和认知结构则相对稳定，故在就读过程中产生这种冲突和危机的情况较少。正如克里斯·希林（Shilling C.）所言，当原有的决策和行为不能继续给行动者带来预期的效果和好处，行动者就有了对这种决策和行为模式进行反思的可能；既然原有的行为模式已经不适用于新的结构，新的行为模式就有可能产生，并用于处理行动者遇到的冲突和危机。[1] 由此可见，只有结构有了新的变化才有可能产生新的行为，原有结构越有限，在新的环境下导致结构变化的可能性就越多。农村女大学生认知结构与社会结构变化的不同步和不一致，导致她们置于二者限制之下的行为选择总是充满了矛盾和不确定。

五　简要的总结与思考

农村女性具有阶层出生和性别"先赋型"的双重劣势，社会的结构性矛盾和制度的不健全使她们在高等教育选择和就学过程中充满了矛盾与艰辛，制度和结构所赋予个人的场域和资本始终左右着她们最终的选择，这种个体与结构的二重化过程在某种程度上隐蔽地降低了个人的期望目标。新目标的达成转化为新的结构元素又再作用于个体行为，或惯习化，或产生冲突和危机而打破现有结构。原有结构越有

---

① Shilling C. , "Physical Capital and Situated Action: A New Direction for Corporeal Sociology", *British Journal of Sociology of Education*, Vol. 25, No. 4, 2004, pp. 473 – 487.

限，新结构中的冲突和危机就会越多，她们的行为选择也就越局限越艰难。

人类社会自从有了劳动分工便有了社会阶层，指望消除阶层分化来改变教育不公或许只是乌托邦式的美好寄托。学校教育的产生让改革者看到了改变的希望。《科尔曼报告》曾指出学校的成功应该从它减少社会经济文化分层对学生成绩的影响来评价。[①] 已有研究表明，我国高等教育同时具有促进社会流动和阶层固化的功能，然而在现实中由于弱势群体累积的劣势以及既得利益者对自身利益的维护，高等教育反而成了维持和复制社会结构不平等的工具。[②] 这在这位农村女大学生的叙说中也得到充分体现：尽管迈入了大学门槛，但与城市学生相比，她们依然徘徊于场域的较低层次。但是，在最后部分的叙说中，抛开高等教育的物质功利性，即便是低层次的高等教育，对于农村女大学生而言同样具有对个体重新塑造的功能——是她们渴望有别于其他农村女性而融入城市的途径。从这个意义上来说，她们对高等教育还是具有集体信任的。这也为我们的高等教育公平政策制定提供了一些启示：高等教育要使人至少在某种程度上满足对教育的期望（动态的、距离的、由低向高流动的期望），这个期望有一个临界值，如果达到便认为高等教育发挥了促进社会公平的作用。个人对教育期望的临界值因人而异且具有相对性，高等教育公平的设计不仅要使个体产生这种期望，最重要的是帮助他们达成这种期望。

目前我国高等教育公平政策的制定，其出发点在于改变社会结构和制度中的不平等，包括农村地区资金帮扶、农村学校物质配备和强制性男女平等政策等。财力物力耗费不少，但是城乡教育的结构性矛盾和农村女性劣势地位等问题依然突出。解决结构和体制问题不是一朝一夕的事情，只要城乡二元结构和传统性别观念存在，城乡差异和性别差异就不可能完全消失，教育差异也必然存在。在社会结构和制

---

① 王艳玲：《教育公平与教师责任：科尔曼报告的启示——美国宾夕法尼亚州立大学庞雪玲教授访谈》，《全球教育展望》2013 年第 4 期。

② 张继明：《高等教育之社会分层功能分析》，《高教发展与评估》2012 年第 1 期。

度观念难以在短时间内改变的前提下，简单地批判或尝试改变高等教育等级制度，这无疑是事倍功半甚至徒劳无功的。在宏观结构体制改变的同时，或许可尝试不平等制度内的相对公平策略，如从微观教育决策模式理论角度出发，如何使她们提高个体教育收益，降低成本和失败风险，扩展增强个人结构网络，达到某种程度的教育期望等，或许可以作为现有体制中长效性政策设计的另一种思路。

（该文原发表于《高等教育研究》2013 年第 8 期）

参考文献

著作类

1. 郭延军:《发展中的美国女性就业权平等保护》, 博士学位论文, 华东政法大学, 2010 年。

2. 韩湘景主编:《2009—2010 年: 中国女性生活状况报告》, 社会科学文献出版社 2010 年版。

3. 李慧英主编:《社会性别与公共政策》, 当代中国出版社 2002 年版。

4. 李小江:《女性/性别的学术问题》, 山东人民出版社 2005 年版。

5. 李莹主编:《中国职场性别歧视调查》, 中国社会科学出版社 2010 年版。

6. 李银河:《女性主义》, 山东人民出版社 2005 年版。

7. 李银河主编:《妇女: 最漫长的革命》, 中国妇女出版社 2007 年版。

8. 刘伯红主编:《女性权利——聚焦〈劳动法〉和〈婚姻法〉》, 当代中国出版社 2002 年版。

9. 马元曦主编:《社会性别与发展文集》, 生活·读书·新知三联书店 2000 年版。

10. 潘毅:《中国女工: 新兴打工者主体的形成》, 任焰译, 九州出版社 2011 年版。

11. 谭琳、姜秀花主编:《社会性别平等与法律研究和对策》, 社会科学文献出版社 2007 年版。

12. 谭琳、刘伯红主编:《中国妇女研究十年》(1995—2005), 社会科学文献出版社 2005 年版。

13. 王政、杜芳琴主编：《社会性别研究选译》，生活·读书·新知三联书店 1998 版。

14. 肖巧平：《社会性别视野下的法律》，中国传媒大学出版社 2006 年版。

15. 颜士梅：《企业人力资源开发中的性别歧视问题研究》，科学出版社 2009 年版。

16. 杨雪燕、李树苗：《社会性别量表的开发与应用：中国农村生殖健康领域研究》，社会科学文献出版社 2008 年版。

17. 张抗私：《劳动力市场性别歧视问题研究》，东北财经大学出版社 2005 年版。

18. 周敏：《中国参政、就业政策中的性别平等问题研究》，博士学位论文，吉林大学，2011 年。

19. 周颜玲、凯瑟琳·W.伯海德：《全球视角：妇女、家庭与公共政策》，社会科学文献出版社 2004 年版。

20. ［澳］马尔科姆·沃特斯：《现代社会学理论》，杨善华等译，华夏出版社 2000 年版。

21. ［法］皮埃尔·布尔迪厄：《男性统治》，刘晖译，海天出版社 2002 年版。

22. ［法］皮埃尔·勒鲁：《论平等》，王允道译，商务印书馆 1988 年版。

23. ［法］西蒙娜·德·波伏娃：《第二性》，陶铁柱译，中国书籍出版社 1998 年版。

24. ［古希腊］亚里士多德：《政治学》，吴寿彭译，商务印书馆 1997 年版。

25. ［美］Neil Gilbert, Paul Terrell：《社会福利政策导论》，黄晨熹、周烨、刘红译，华东理工大学出版社 2003 年版。

26. ［美］贝蒂·弗里丹：《女性的奥秘》，程锡麟等译，四川人民出版社 1988 年版。

27. ［美］丹尼尔·贝尔：《后工业社会的来临》，高铦译，新华出版社 1997 年版。

28. ［美］乔纳森·科尔、斯蒂芬·科尔：《科学界的社会分层》，赵佳苓、顾昕、黄绍林译，华夏出版社 1989 年版

29. ［美］乔纳森·特纳：《社会学理论的结构》，邱泽奇、张茂元等译，华夏出版社 2001 年版。

30. ［美］约翰·罗尔斯：《正义论》，何怀宏、何包钢、廖申白译，中国社会科学出版社 1988 年版。

31. ［美］詹姆斯·C. 斯科特：《弱者的武器》，郑广怀、张敏、何江穗译，南京译林出版社 2011 年版。

32. ［美］珍妮·H. 巴兰坦：《教育社会学：一种系统分析法》，朱志勇、范晓慧译，凤凰出版传媒集团、江苏教育出版社 2005 年版。

33. ［英］安东尼·吉登斯：《社会的构成》，李康等译，生活·读书·新知三联书店 1998 年版。

34. ［英］坎迪达·马奇等：《社会性别分析框架指南》，社会性别意识资源小组译，社会科学文献出版社 2004 年版。

35. ［英］玛丽·沃斯通克拉夫特，约翰·斯图尔特·穆勒：《女权辩护、妇女的屈从地位》，汪溪译，商务印书馆 1995 年版。

36. ［英］斯蒂芬·J. 鲍尔：《教育改革——批判和后结构主义的视角》，侯定凯译，华东师范大学出版社 2002 年版。

37. G. Esping-Andersen, *The Three Worlds of Welfare Capitalism*, NJ: Princeton Univ. Press, 1990.

38. G. Sornnert, G. Holton, *Who Sueeeeds in Seience：The Gender Dimension*, New York：Rutgers University Press, 1995.

39. I. Ajzen, Fishbein M. , *Understanding Attitudes and Predicting Social Behavior*, Englewood-Cliffs, N. J. : Prentice-Hall, 1980.

40. J. Lewis, *Women and Social Policy in Europe：Work, Family and the State*, England：Edward Elgar, 1993.

41. K. Millet, *Sexual Politics*, New York ：Avon/Equinox, 1971.

42. R. A. Epstein, *Forbidden Grounds：The Case Against Employment Dis-*

crimination Laws. Cambridge，MA：Harvard University Press，1992.

43. Zuckerman H.，Cole J. R. & Bruer J. T. （Eds.），*The Outer Circle*：*Women in Scientific Community*，New York：W. W. Norton & Company，1991.

论文类

1. 陈方：《性别与公共政策对话》，《中华女子学院学报》2011 年第 3 期。

2. 陈鹏：《作为一种底层政治的日常反抗》，《社会学家茶座》2009 年第 1 期。

3. 丁小萍：《从形式平等走向实质平等——我国妇女法的社会性别分析》，《浙江学刊》2007 年第 3 期。

4. 杜洁：《以研究促进政策和法律纳入社会性别视角——社会性别与法律/政策项目的探索》，《妇女研究论丛》2006 年第 S2 期。

5. 杜洁：《政策的社会性别分析：论国外相关实践及意义》，第二届社会性别与公共管理论坛论文集，2007 年。

6. 风笑天：《独生子女：媒介负面形象的建构与实证》，《社会学研究》2010 年第 3 期。

7. 郭砾、赵云：《平衡工作与家庭：国际视角与中国政策》，《山西师大学报》（社会科学版）2013 年第 2 期

8. 蒋永萍：《社会性别与公共政策研究的兴起与发展》，第二届社会性别与公共管理论坛论文集，2007 年。

9. 梁丽萍：《女性就业与公共政策的选择——以山西妇女就业状况为例》，《山西大学学报》（哲学社会科学版）2006 年第 1 期。

10. 林卡、唐琳：《妇女与社会政策——论妇女地位在北欧国家的变迁》，《妇女研究论丛》2006 年第 2 期。

11. 林卡、唐琳：《论女性主义研究的方法论意义》，《妇女研究论丛》2007 年第 1 期。

12. 刘春燕、杨罗观翠：《性别与福利——对福利政策社会性别分析的

评述》，《妇女研究论丛》2010 年第 4 期。

13. 刘军强：《社会政策发展的动力：20 世纪 60 年代以来的理论发展述评》，《社会学研究》2010 年第 4 期。

14. 彭华民：《福利三角：一个社会政策分析的范式》，《社会学研究》2006 年第 6 期。

15. 彭华民、黄叶青：《欧盟反社会排斥的社会政策发展研究——以劳动力市场问题为例》，《社会工作》2006 年第 7 期。

16. 赛维·苏美尔：《斯堪的纳维亚与欧盟"工作—家庭协调"政策过程的批判性回顾》，《公共行政评论》2013 年第 3 期。

17. 王立：《平等的双重维度：形式平等和实质平等》，《理论探讨》2011 年第 2 期。

18. 吴小英：《女性主义认识论与公共政策》，《妇女研究论丛》1998 年第 1 期。

19. 吴小英：《市场化背景下性别话语的转型》，《中国社会科学》2009 年第 2 期。

20. 武中哲：《单位制变革与男女平等就业的社会政策选择》，《求实》2008 年第 3 期。

21. 熊跃根：《中国的社会转型与妇女福利的发展：本土经验及其反思》，《学海》2012 年第 5 期。

22. 杨团：《社会政策研究范式的演化及其启示》，《中国社会科学》2002 年第 4 期。

23. 郑广怀：《社会转型与个体痛楚——评〈中国制造：全球化工厂下的女工〉》，《社会学研究》2007 年第 2 期。

24. Adalbert Evers, "Mixed Welfare System and Hybrid Organisations-changes in the Governance and Provision of Social Services", *International Journal of Public Administration*. Vol. 28, No. 9 – 10, 2005.

25. Anker R., "Theories of Occupational Segregation by Sex: An Overview", *International Labor Review*, Vol. 136, No. 3, 1997.

26. Ann Orloff, "Gender in the Welfare State", *Annual Review of Sociolo-*

gy, Vol. 22, 1996.

27. Ann Shola Orloff, "Gendering the Comparative Analysis of Welfare States: An Unfinished Agenda", *Sociological Theory*, Vol. 27, No. 3, 2009.

28. Glenda Strachan, John Burgess and Lindy Henderson, "Equal Employment Opportunity Legislation and Policies: The Australian Experience", *Equal Opportunities International*, Vol. 26, No. 6, 2007.

29. Gross Edward, "Plus Ca Change...? The Sexual Structure of Occupations over Time", *Social Problems*, Vol. 16, No. 2, 1968.

30. Haya Stier, Noah Lewin-Epstein, Michael Braun, "Welfare Regimes, Family-Supportive Policies, and Women's Employment along the Life-Course", *American Journal of Sociology*, Vol. 106, No. 6, 2001.

31. I. Ajzen, "The Theory of Planned Behavior", *Organization Behavior and Human Decision Process*, Vol. 50, No. 2, 1991.

32. Irene Bruegel, Dianne Perrons, "Deregulation and Women's Employment: The diverse experiences of women in Britain", *Feminist Econonics*, Vol. 4, No. 1, 1998.

33. Janet C. Gornick, Jerry A. Jacobs, "Gender, the Welfare State, and Public Employment: A Comparative Study of Seven Industrialized Countries", *American Sociological Review*, Vol. 63, No. 5, 1988.

34. Joanne D. Leck, "Making Employment Equity Programs Work for Women", *Canadian Public Policy*, Vol. 28, 2002.

35. Julia S. O' Connor, "Gender, Class and Citizenship in the Comparative Analysis of Welfare State Regimes: Theoretical and Methodological Issues", *The British Journal of Sociology*, Vol. 44. No. 3, 1999.

36. Lynne A. Haney, "Engendering the Welfare State: A Review Article", *Comparative Studies in Society and History*, Vol. 40, No. 4, 1998.

37. Mary Mcintosh, "Engendering Economic Policy: the Women's Budget Group", *Women: A Cultural Review* Vol. 12. No. 2, 2001.

38. Nicole M. Fortin, "Gender Role Attitudes and the Labour-market Outcomes of Women across OECD Countries", *Oxford Review of Economic Policy*, Vol. 21, No. 3, 2005.

39. Tanja van der Lippe, Liset van Dijk, "Comparative Research on Women's Employment", *Annual Review of Sociology*, Vol. 28, 2002.

40. Trond Petersen, Ishak Saporta, "The Opportunity Structure for Discrimination", *American Journal of Sociology*, Vol. 109, No. 4, 2004.

41. Y. Barry Chung, "Work Discrimination and Coping Strategies: Conceptual Frameworks for Counseling Lesbian, Gay, and Bisexualclients", *Career Development Quarterly*, Vol. 50. No. 1, 2001.